KB059387

말 잘한다는 소리를 들으면 소원이 없겠다

말 잘한다는

소리를 들으면

정흥수(흥버튼)
지음

소원이 없겠다

따라 하면
발음부터
설득력까지
확 달라지는
5단계 트레이닝

비즈니스북스

말 잘한다는 소리를 들으면 소원이 없겠다

1판 1쇄 발행 2022년 6월 6일
1판 9쇄 발행 2024년 6월 28일

지은이 | 정홍수
발행인 | 홍영태
편집인 | 김미란
발행처 | (주)비즈니스북스
등 록 | 제2000-000225호(2000년 2월 28일)
주 소 | 03991 서울시 마포구 월드컵북로6길 3 이노베이스빌딩 7층
전 화 | (02)338-9449
팩 스 | (02)338-6543
대표메일 | bb@businessbooks.co.kr
홈페이지 | http://www.businessbooks.co.kr
블로그 | http://blog.naver.com/biz_books
페이스북 | thebizbooks
ISBN 979-11-6254-282-8   03190

비즈니스북스는 독자 여러분의 소중한 아이디어와 원고 투고를 기다리고 있습니다.
원고가 있으신 분은 ms1@businessbooks.co.kr로 간단한 개요와 취지, 연락처 등을 보내 주세요.

말을 잘하게 되면 알게 되는 것들

말하기를 두려워하고, 발표 울렁증이 심하고, 말수가 적었던 내가 말하기 책을 집필한 건 기적이다. 2008년 대학교를 졸업하고 나는 별안간 아나운서를 준비했다. 삶에 유익한 정보를 전하는 뉴스를 진행하는 아나운서가 되고 싶었다. 그러나 느지막이 시작한 도전이었고, 주변의 응원도 적었다.

　매일 아침부터 밤늦도록 발성과 아나운서 방송 원고로 훈련했다. 면접을 앞두고 1,000개의 예상 질문에 답변을 써서 외웠다. 그렇게 2009년 아나운서로 합격했다. 앵커가 돼 원하던 뉴스를 진행하며 시청자의 삶에 보탬이 되는 소식을 알리기 위해 힘썼다.

　그로부터 10년 후 확장성과 새로움에 매료돼 틱톡과 유튜브에 '홍버튼' 채널을 개설했고, 크리에이터가 됐다. 재능 공유 플랫폼에 스피치 수업도 개설했다. 직장인들에게 스피치를 알려주면 그들의 삶이 승승장구할 것이라고 확신했기 때문이다. 나의 예상은 적중했다. 수강생들은 크게 만족했고 후한 후기를 남겼다. 수강생은 기하

급수적으로 늘었다.

　이를 발판 삼아 온라인 교육 플랫폼에 진출했다. '기초 스피치'를 시작으로 말하기와 관련된 다양한 강의를 만들었다. 국내 유수의 기업들에 출강해 말하기 코칭도 하고 있다. 나의 삶을 바꾼 말의 기적은, 나의 수강생들에게 연속해 일어나고 있다. 이제 당신 차례.

기회를 잡는 말의 힘

무엇보다 나를 위해서 말을 잘해야 한다. 말하기는 상대방에게 메시지를 전달하는 행위이지만 그 결과는 자신에게 영향을 미치기 때문이다.

　원하는 것을 얻고 싶다면 상대방의 관점으로 말해야 한다. 투자를 받고 싶다면 그 돈으로 무엇을 할지가 아니라 투자자가 얻을 미래 수익을 말해야 한다. 입사하고 싶으면 자신이 회사에 들어갈 만한 인재인지가 아니라 회사가 나를 채용해 얻을 이익과 가치를 말해야 한다. 가족과 친구, 연인이 내 기분에 공감해주기를 바라면 그들이 알아들을 수 있는 말로 감정과 상황을 설명해야 한다.

　미디어가 발달하면서 개인의 말하기 역량은 점점 더 중요해지고 있다. 누구나 유튜브, 틱톡으로 방송할 수 있다. 인플루언서가 돼 연예인을 뛰어넘는 인기를 누리고 부를 창출하기도 하고, 셀러가 돼 실시간 동영상 판매 방송인 라이브 커머스를 통해 매출을 올리기도 한다. 나를 적극적으로 보여줘야 하는 시대가 된 것이다.

　내가 뛰어난 사람이라면 스스로 그 가치를 알려야 한다. 우리 회사의 제품과 서비스가 세상에 꼭 필요한 것이라면 사람들에게 이것이 왜 필요한지, 어떤 도움을 줄 수 있는지 말하라. 기회가 왔을 때 확실히 붙잡는 힘은 누구에게나 있다. 바로 말의 힘이다.

왜 누구는 말을 잘하고 누구는 못할까?

입만 열면 확 깨는 사람이 있는가 하면, 말을 시작하고 호감도가 확 상승하는 사람도 있다. 목소리가 좋은 사람은 호감도도 높다. 안정적인 중저음의 목소리는 대화하는 상대를 편하게 해주고 발표할 때 신뢰를 준다. 반대로 목소리가 좋지 않은 사람은 상대를 긴장하게 만든다. 목소리가 불안정하게 떨리거나 고음으로 말하거나 헛기침을 자주 하면 내용에 집중하기 어렵다. 또박또박한 발음으로 말하는 사람은 똑똑해 보인다. 일을 야무지게 처리할 것 같고 믿음이 간다. 우물우물 말하는 사람은 매사에 자신감이 없어 보인다. 무슨 말인지 알아듣지 못해서 상대방이 되묻는 경우가 잦다.

상황에 알맞은 말투로 전달력을 높일 수 있다. 재미있는 영화나 드라마는 배우들의 연기력, 즉 대사 전달력이 뛰어나다. 그들은 화날 때 말투, 슬플 때 말투, 장난칠 때 말투, 사랑을 속삭이는 말투가 다다르다. 또 발표에 유독 뛰어난 사람이 있다. 단 30초만 말해도 오랫동안 인상에 남는 그들은 손쉽게 청중을 휘어잡고 함께 웃고 운다.

그들은 어떻게 말을 잘하는 걸까? 왜 나는 그렇게 하지 못할까? 답은 말하는 법을 배우지 않아서다. 말하기는 배우고 연습하면 누구든 실력이 는다. 면접, 보고, 프레젠테이션, 투자 유치, 강연, 교육, 방송, 연설, 자기소개, 건배사, 유튜브 방송 모두 잘할 수 있다. 더 이상 피하지 말고 말하는 법을 배우도록 하자.

말을 잘할수록 삶은 풍요로워진다

말을 잘하면 수익을 창출한다. 회사에 들어가려면 면접을 치러야 하고 면접에 합격하려면 말을 잘해야 한다. 한번 면접에 합격하면 이제 면접에 자신감이 생긴다. 더 큰 회사에 이직할 수도 있고 다른 직업으로 바꾸는 일이 두렵지 않다. 창업 초기에는 제품과 서비스보다 대표의 매력도가 중요하다. 투자자는 비전을 보고 투자한다. 말을 잘하면 거래처가 늘고 매출을 높일 수 있다. 한마디로, 말을 잘하면 돈을 잘 번다.

또한 말을 잘하면 인간관계가 넓고 깊어진다. 대화는 어렵다. 상대가 어떻게 나올지 예상할 수 없고 사람의 마음은 짐작할 수 없기 때문이다. 그래서 말을 잘해야 한다. 같은 말이라도 어떻게 말하느냐에 따라 결과는 천지 차이다. 걱정이 불신으로, 농담이 상처로, 말을 아끼는 게 무관심으로, 충고가 잔소리로 들리기도 한다. 이것이 말의 묘미이기도 하다.

말을 잘하면 나를 알 수 있다. 말을 잘한다는 것은 내가 누구인지, 내가 어떤 사람인지 정확히 아는 것이다. 그렇기에 어디서든, 누구 앞이든 흔들림 없이 말을 잘할 수 있다. 생각을 분명히 밝히고, 필요한 것을 명확히 요구하고, 거절할 때 단호하게 뿌리치고, 틀린 건 곧바로 인정하고, 잘하는 것은 당당하게 선보이자. 나를 알아갈수록 삶은 풍요로워진다.

말하기 실력을 키워주는 가장 실용적인 책

이 책은 당신을 탁월하게 말을 잘하는 사람으로 견인할 것이다. 말하기 방법을 목소리, 발음, 말투, 발표, 비언어로 나눠 각각의 방법을 꼼꼼하게 기록했다. 나를 포함해 수십만 명의 수강생의 말하기 실력을 비약적으로 끌어올린, 실질적인 도움을 주는 비법이라고 자부한다. 누구에게나 적용할 수 있는 방법이며 시간이 흘러도 변하지 않는 말하기의 본질을 담고자 했다. 말하기의 모든 상황에서 두루 쓰일 수 있는 실용서로 항상 옆에 두고 참고하기를 바란다. 한 번만 읽어도 눈에 띄게 말하기 실력이 늘 것이다. 그리고 10번 이상 읽으면 말하기에 통달한 사람이 돼 있을 것이다.

이 책을 200퍼센트 활용하는 10가지 방법

❶ 10쪽의 '말하기 진단 체크리스트'를 통해 자신의 상태를 파악하고 목표를 세워보자.

❷ 책을 처음부터 끝까지 정독한다.

❸ 체크리스트에서 표시가 많았던 단계를 다시 꼼꼼하게 읽는다.

❹ 예문은 반드시 소리 내어 읽고 연습한 뒤 녹음해서 들어보자.

❺ QR코드를 스마트폰 카메라로 비추면 관련 영상으로 연결돼 생생하게 공부할 수 있다. 동영상 강의를 꼭 챙겨보자.

❻ 책을 읽지 않을 때도 영상을 라디오처럼 듣자. 복습이 중요하다.

❼ 그날 읽은 내용은 바로 일상에 적용하자. 그래야 실력이 빨리 는다.

❽ 주변에 말하기 공부를 하고 있다고 알리자. 그리고 함께 공부하자.

❾ 말하기 상황마다 책을 옆에 두고 보자.

❿ 책을 10번 읽을 때까지 보고 또 보자. 읽을 때마다 다른 내용이 눈에 들어올 것이다.

☑ 말하기 진단 체크리스트

자신이 말하는 모습에서 무엇이 가장 문제라고 생각하는가? 목소리가 듣기 싫은가? 발표만 하면 머릿속이 하얘지는가? 사람들이 지루해하는 것 같아 금방 주눅이 드는가? 아래 체크리스트 중 자신에게 해당하는 사항에 표시해보자. 표시가 많이 된 단계부터 하나씩 고쳐도 좋다.

☐ 목소리에 힘이 없다.

☐ 조금만 크게 말해도 목이 아파서 자주 물을 마신다.

☐ 시끄러운 곳에서 잠깐 대화를 해도 목이 아프다.

☐ 나의 목소리 톤은 고음이다.

☐ 녹음한 내 목소리가 듣기 싫다.

☐ 말끝을 흐지부지 얼버무린다.

☐ 발표할 때 목소리가 자주 떨리는 걸 느낀다.

☐ 웅얼웅얼한다는 소리를 듣는다.

☐ 상대방이 내 말을 되묻는 경우가 많다.

☐ 부모님, 선생님으로부터 똑바로 말하라는 소리를 들었다.

☐ 치아를 교정한 뒤부터 발음이 나빠진 걸 느낀다.

☐ 특정 발음이 되지 않는다.

☐ 발음 연습을 위해 책을 읽으며 연습한 적이 있다.

☐ 혀가 짧은 것 같다.

☐ 오래 말하면 사람들이 지루해할까 봐 걱정된다.

☐ 사투리를 고치고 싶다.

☐ 아이처럼 말한다는 이야기를 듣는다.

☐ 재미있게 이야기하는 사람이 부럽다.

☐ 영혼 없이 말한다는 소리를 듣는다.

☐ 전문가처럼 말하고 싶다.

☐ 흥분하면 말이 빨라질 때가 있다.

☐ 발표만 하면 머릿속이 하얘진다.

☐ 발표 자료를 만드는 시간이 오래 걸린다.

☐ 발표를 앞두고 머릿속으로 떠올리며 연습한다.

☐ 보통 혼자서 발표 연습을 해왔다.

☐ 발표 내용을 달달 외워도 무대에 서면 까맣게 잊는다.

☐ 무대에 서면 손과 다리까지 바들바들 떨리는 것 같다.

☐ 발표는 웬만하면 피하고 싶다(또는 피하며 살아왔다).

☐ 눈을 보고 말하는 게 떨린다.

☐ 발표할 때 한곳에 서서 한다.

☐ 손을 많이 쓰면서 말하는 편이다.

☐ 발표할 때 손을 어떻게 해야 할지 모르겠다.

☐ 짝다리를 짚고 선다.

☐ 내 모습이 당당해 보이지 않는다.

☐ 내 모습을 촬영해서 보는 게 부끄럽다.

차
례

1 단계 • • •

발성을 바꾸면
목소리가 좋아진다

2단계 • • • •

발음만 좋아도
사람이 달라 보인다

3단계 • • • •

말투만 바꿔도
말이 먹히기 시작한다

4 단계 • • •

설득력 있는 발표는 누구나 할 수 있다

5 단계 • • •

비언어를 잘 활용하면 매력적으로 보인다

발성을 바꾸면
목소리가 좋아진다

타고난 목소리도 바꾸는
복식호흡 발성

말하기의 첫 관문은 목소리다. 많은 사람이 목소리를 바꾸고 싶다고 수업을 신청한다. "발표할 때 염소처럼 목소리가 떨려요.", "시끄러운 곳에서 말하면 금방 목이 쉬어 고민이에요.", "자신 없이 말한다는 소리를 들어요.", "고음으로 말하는 습관이 있고 목소리가 작아서 걱정이에요." 등 고민들을 이야기한다. 그러고는 이렇게 덧붙인다. "정말 목소리를 바꿀 수 있나요?"

목소리는 타고난다. 그러나 복식호흡 발성으로 새로운 목소리를 낼 수 있다. 집전화를 주로 사용하던 시절에는 전화를 받은 딸의 목소리를 엄마로 착각하는 경우가 더러 있었다. 이는 목소리가 타고나는 것임을 보여준다. 그런데 가족 모두가 노래를 못 부르는데 열심히 갈고닦아 노래를 잘하게 된 사람도 있다. 이는 후천적 학습의 결과다.

복식호흡 발성도 마찬가지다. 말할 때 쓰는 복식호흡을 통해 누구든지 아나운서처럼 말할 수 있다. 지금까지 목소리가 좋지 않았던 건 단지 목소리를 잘 내는 법을 배우지 않았기 때문이다. 목소리는 기량이다. 갈고닦을

수록 실력이 향상된다. 이제껏 아나운서와 배우의 훌륭한 목소리에 감탄했다면 지금부터는 직접 훌륭한 목소리를 낼 차례다.

　이번 장에서 당신은 자신에게 어울리는 목소리를 찾을 것이다. 예쁜 목소리, 듣기 좋은 목소리, 친절한 목소리, 자신감 있는 목소리, 울림이 있는 목소리를 내는 방법을 배워보자. 복식호흡 발성을 하면 우렁차고 단단한 목소리가 나온다. 목소리만으로 신뢰를 주고 자신감 있는 사람으로 거듭날 수 있다. 서두르지 말고 하나씩 익혀 매일 꾸준히 연습하자.

목소리가
마음에 안 드는 이유

예전에 나는 지금의 목소리와 달리 톤이 높았다. 이 사실을 아나운서 학원에 다니면서 알았다. 나는 마치 화난 기자처럼 뉴스를 읽었다. 원고를 읽을 때마다 목이 따가웠고 기침도 자주 했다. 목소리를 중저음으로 크게 내기 위해 무리해서 목에 힘을 준 탓이었다. 학원에서는 한 회에 세 시간 정도 수업을 했는데, 수시로 물을 마시러 들락거리곤 했다. 이런 내가 과연 아나운서가 될 수 있을지 걱정도 됐다. 그때만 해도 타고나는 목소리만 있는 건 줄 알았다.

듣기 싫은 목소리 때문에
말하는 게 두려워요

스피치 강의를 하면서 목소리 때문에 고민하는 사람을 수두룩하게 만났다. "자신감 없는 목소리를 고치고 싶다.", "목소리가 마음에 들지 않는다.", "목소리가 작아서 걱정이다.", "조금만 오래 말해도 목이 아프다.", "목소리 톤을 낮추고 싶다.", "목소리가 갈라진다.", "긴장하면 염소 목소리처럼 떨린다.", "높고 얇은 목소리라 별로다.", "목소리 좋은 사람이 부럽다." 등 이들은 하나같이 자신의 목소리를 바꾸고 싶어 했다. 이 책을 집어 든 사람들도 아마 비슷한 고민을 안고 있을 것이다. 하지만 결론부터 말하면 당신은 이미 좋은 목소리를 가지고 있다. 다만 밖으로 나오지 않았을 뿐이다.

한번 생각해보자. 주변에 정말 듣기 싫은 목소리를 가진 사람이 있는가? 쉽게 떠오르지 않을 것이다. 실제로 그런 목소리를 가진 사람은 드물기 때문이다. 만약 누군가 떠올랐다고 해도 목소리가 이상한 게 아니라 그 사람이 싫어서 그렇게 들렸을 확률이 높다. 사람이 싫으면 꼴도 보기 싫고 목소리도 듣기 싫은 법이다.

목소리가 안 좋은 이유는
발성이 안 좋기 때문

아나운서의 목소리는 왜 듣기 좋을까? 발성과 발음을 잘하기 때문이다. 다시 말해서 발성과 발음이 좋지 않으면 목소리도 안 좋다. 성능이 훌륭한 자동차를 운전에 능숙한 사람이 몰면 승차감이 좋지만 운전에 서투른 사람이 몰면 멀미가 난다. 승차감이고 뭐고 느낄 겨를이 없다.

목소리가 안 좋은 사람은 운전에 서툰 사람과 같다. 목소리를 좋게 내는 방법을 모른다. 그저 목으로만 소리를 낼 뿐이다. 이것이 문제다. 힘이 없고 목이 아프고 불안정한 소리가 나는 이유는 목으로만 소리 내기 때문이다. 무거운 짐을 손으로만 들면 힘들 뿐 아니라 손목도 다치고 허리도 삐끗한다. 팔뚝과 등허리, 허벅지의 힘을 골고루 써야 힘들지 않게 거뜬히 들 수 있는 것과 마찬가지다.

목소리가 작은 사람은 보통 목을 쥐어짜며 말하는데 그러면 성대에 무리가 가서 상처가 생긴다. 긁히는 소리, 쇳소리가 나고 조금만 말해도 목에 힘이 들어가고 아프다. 누적된 목 통증은 소리를 작게 내는 원인이다. 소리가 작으면 톤을 높이게 된다. 고음으로 말하는 사람이 목소리도 작은 이유가 여기에 있다. 톤이 높으면 소리가 얼굴 위로 올라가서 콧소리가 섞인다.

발표할 때 목소리 떨림이 심해서 이른바 '음 이탈' 소리가 나는 이들도 있다. 이들의 목소리는 대체로 작고 고음인데, 떨림이 심한 이유는 사실 발표에 대한 두려움이나 긴장감보다 발성 문제인 경우가 많다. 목으로만 소리를 내면 힘이 부족하다. 소리를 안정적으로 잡아주지 못하고 불안정하다 보니 떨릴 수밖에 없다. 떨림을 감추려고 헛기침을 하기도 하는데 이는 목 상태를 악화시키는 행동이다.

평소보다 발표할 때 목소리를 더 떠는 이유는 발성에 신경을 쓰지 못해서다. 앞에 나와서 말하는 게 익숙지 않아 긴장한다. 준비한 걸 잊어버리지 않으려고 촉각이 곤두서 있다. 청중의 반응을 살피고 자료도 넘기고 이것저것 신경 쓸 게 많다. 계속 한자리에 서 있다 보니 몸도 불편하다. 가뜩이나 불안정한 목소리가 요동을 친다.

발음을 잘하지 못해서 목소리가 나쁜 경우도 상당하다. 대부분의 사람이 안 좋은 발음으로 말해서 발음 좋은 소수의 목소리가 두드러지는 것이다. 혀의 위치가 올바르지 않으면 발음이 뭉개진다. 불분명한 발음은 목소리를 이상하게 만든다. 입을 작게 벌리거나 우물거리면서 말하는 사람도 부지기수다. 소리가 입안에서 맴돌고 밖으로 나가지 않아 답답하게 느껴진다. 발음을 어떻게 해야 올바른 소리가 나는지 몰라서 그렇다.

복식호흡 발성으로
목소리를 바꾸다

나는 연기 학원에서 복식호흡 발성을 배웠다. 지금의 목소리는 그때 만든 것이다. 학원에 처음 갔던 날의 기억이 아직도 선연하게 떠오른다. 연습실에는 요가 매트가 깔려 있었고 선생님은 우리에게 매트에 똑바로 누우라고 했다. 연기 학원의 수업 방식은 독특하구나 싶었다. 우리는 매트에 한 사람씩 드러누웠다. 선생님은 불을 끄더니 잠시 쉬라면서 나갔다. 나는 친구들과 수다를 떨다가 긴장이 풀려서 그만 잠들 뻔했다. 때마침 선생님이 들어왔다.

"자, 배에 손을 올려볼까요? 배가 어떻게 움직이죠?"

"오르락내리락해요."

"맞아요. 이게 바로 복식호흡이에요. 숨 쉬듯 편하게 복식호흡을 하면서 발성하는 겁니다."

놀라웠다. 그동안 해오던 발성과 딴판이었다. 그전까지는 목과 어깨, 가슴에 바짝 힘이 들어간 채 원고를 읽었다. 누운 것처럼 편한 상태로 선생님처럼 풍성한 성량을 낼 수 있다니! 선생님은 현역 배우였는데 발성과 발음이 대단했다. 아나운서 배역을 한 적도 없다면서 뉴스 원고를 현직 앵커 못지않게 소화했다. 이번에야말로 복식호흡 발성을 제대로 배우겠다는 확신이 들었다.

그때부터 매일 9시간 이상 복식호흡 발성을 연습했다. 누워서, 서서, 거울 앞에서, 걸으면서 훈련했다. 저음의 또랑또랑한 목소리가 몸속에서 뿜어져 나왔다. 발성을 배우기 시작한 지 9개월 만이었다. 잘못된 습관을 바로잡는 데까지 시간이 꽤 걸렸다. 발성법 덕분에 목소리는 중저음으로 낮아졌고, 톤을 높여도 배로 힘찬 소리를 낼 수 있었다. 그렇게 나는 아나운서가 됐다.

아나운서로 시작해 10년간 방송하면서 하루도 빼놓지 않고 발성 연습을 했다. 언젠가부터 의식하지 않아도 말할 때는 저절로 복식호흡 발성을 한다. 그래서 항상 목소리가 좋다. 내가 원하는 대로 상황에 알맞게 목소리의 높낮이를 조절하고, 소리의 크기는 숨의 양으로 조절한다. 뉴스를 전할 때는 낮고 신중한 톤으로, 교양 프로그램을 진행할 때는 친절하고 부드러운 음색으로 방송한다.

꾸준히 발성 연습을 하다 보니 아무리 오랜 시간 방송을 해도 목이 아프지 않았다. 한번은 지방선거 개표 방송을 16시간 동안 생중계한 적이 있었다. 쪽잠을 자다가 일어나서 바로 뉴스에 들어가도 낭랑한 목소리를 유지했다. 스피치 강의를 본격적으로 시작한 해에는 하루에 10시간씩 거의 매일 수업했다. 몸은 피곤했지만 목은 멀쩡했다. 수강생들은 말을 오래 하면 목이 아프지 않냐고 묻곤 한다. 그럴 때마다 나는 이렇게 답한다. "전혀요."

그동안 수많은 연습을 통해 터득한 발성법을 사람들에게 가르치면서 큰 보람을 느낀다. 수강생들은 하나같이 극적인 변화가 있었다고 말한다. "복식호흡 발성을 하니까 발표할 때 떨리지 않아요.", "목이 안 아파요.", "목소리가 커지니까 자신감이 생겨요.", "와, 이거 제 목소리 맞아요?", "팀원들이 아나운서 같대요.", "목소리 좋다고 회사에서 사회를 맡겼어요.", "사람들이 제 말에 주목하는 게 느껴져요.", "요즘 무슨 수업을 듣느냐고 하더라고요.", "대표님께 칭찬을 받았어요.", "밤마다 아이에게 책을 읽어주는데 아이가 제 목소리를 좋아해요."

이들이 얼마나 벅찰지 나는 안다. 나 역시 목소리가 단단해진 후 기적 같은 삶을 살고 있기 때문이다.

당신도 좋은 목소리를 가질 수 있다

누구나 좋은 목소리를 가질 수 있다. 내 목소리가 바뀌고 수강생의 목소리가 달라지는 걸 겪으며 확신했다. 우리는 끊임없이 말하고 산다. 좋은 목소리를 가져야 하는 이유다. 목소리는 나를 표현하는 수단이다. 내가 누구인지, 어떤 사람인지, 무슨 생각을 하고 있는지 목소리로 전달한다. 결과적으로 좋은 목소리는 삶에 긍정적인 변화를 가져온다.

특히 직장 생활은 보고, 회의, 발표의 연속이다. 작고 떨리는 목소리로 보고하면 확신 없이 들린다. 프로젝트가 순조롭지 않은 것 같고 성과가 불투명해 보인다. 반면에 또렷하고 자신 있는 목소리로 말하면 신뢰가 간다. 유능하게 일을 잘하고 있다고 느껴지고 상사의 눈에 띈다. 그런 인상은 발표를 마친 후로도 오랫동안 지속된다. 당연히 승진도 빨라진다. 내게 발성 수업을 듣고 1년도 안 돼 임원으로 발탁된 수강생들도 있었다.

신입사원이라면 어떨까? 목소리가 씩씩하면 내용이 미숙해도 후한 평가를 받는다. 상사는 귀한 인재로 그를 점찍는다. 일은 가르치면 되지만 목소리는 가르치지 못하기 때문이다. 게다가 회사에 발표를 잘하는 사람은 별로 없다. 그렇다 보니 발표가 있으면 자꾸 그 사람에게 맡기게 되고, 하면 할수록 실력이 는다. 점점 회사 내에서 인정을 받고 발표 잘하는 사람으로 소문이 난다. 중요한 업무에 참여할 기회가 늘어나고 빠르게 승진한다.

사업하는 사람도 마찬가지다. 투자자에게 사업을 설명하고 고객에게 제품과 서비스를 판매하려면 말을 해야 한다. 의사, 변호사, 회계사 등 전문직에 종사하는 사람도 고객을 상대한다. 가게를 운영하는 사람, 카페와 식당을 운영하는 사람도 하루에 수많은 고객을 대한다. 이 모든 행위는 말로 이뤄진다. 우리는 의문을 가져야 한다. 이렇게나 중요한 말을 왜 이제껏 제대로 배운 적이 없을까? 지금부터라도 배우고 성장하는 게 답이다.

스피치 강의에서 나는 복식호흡 발성을 제일 먼저 가르친다. 기업 특강에서는 그 자리에 모인 직원이 수백 명이라도 모두 자리에서 일으켜 복식호흡 발성을 알려준다. 내 유튜브 채널 '홍버튼'에서도 복식호흡 발성 영상이 첫 화면에 나온다. 가장 인기 있는 영상이기도 하다. 그만큼 복식호흡 발성은 중요하며 말의 격을 높여주는 첫 단추라고 할 수 있다. 하루라도 빨리 복식호흡 발성을 배워 자신감과 힘이 넘치는 목소리를 얻길 바란다.

매력적인 목소리를 만드는
복식호흡 발성법

10년이 넘도록 매일 아침 복식호흡 발성을 연습하고 있다. 복식호흡 발성은 단순하지만 처음에는 익히는 게 쉽지 않을 수 있다. 그래도 포기하지 말고 아침마다 반복해서 연습해보자. 어느 날엔가 기적처럼 '내게 이런 목소리가 있었다고?' 하며 놀라움을 금치 못하는 순간이 올 것이다.

  복식호흡은 노래를 부를 때나 필라테스, 요가를 할 때도 한다. 여기서는 여러 가지 복식호흡 방법 중에서도 '아나운서와 배우의 발성법'을 소개할 것이다. 우리의 목표는 복식호흡으로 말하는 것이다. 이 발성법을 통해 자연스럽게 호흡하면서 단단한 목소리를 내는 법을 익혀보자.

내 목소리를 찾아주는
복식호흡 발성법

홍버튼의
강의 영상

숨을 마시고 저음으로 크게 '아~' 하고 소리를 낸다. '아~'는 한 호흡으로 말할 수 있는 문장의 길이다. 호흡량이 늘어날수록 한 문장을 안정적으로 말할 수 있다.

복식호흡 발성법

❶ 턱 벌리기 　　　　　　　❷ 숨 마시기

❸ 아랫배에 숨 채우기 　　　❹ 저음으로 배에서 소리 내기

❺ '아~'를 10초 유지하기

---

1. 턱 벌리기

복식호흡 발성의 첫 번째 순서는 턱을 벌리는 것이다. 검지와 중지가 세로로 들어갈 만큼 턱을 벌린다. 턱을 크게 벌려야 숨을 한 번에 많이 마실 수 있다. 입술을 벌리는 게 아니다. 아래턱을 여는 것이다. 입술엔 힘을 뺀 채 턱만 벌린다. 턱관절이 아플 수 있으므로 무리해서 크게 벌리지 않는다. 하지만 입을 작게 벌리는 습관이 있으면 손가락이 한 개 들어갈 만큼만 벌리고선 크게 벌렸다고 착각하기도 한다. 거울을 보며 턱을 얼마나 벌렸는지 확인하자. 턱을 여는 습관이 들면 모음 발음을 시원하게 할 수 있다. 발성 연습을 시작할 때부터 올바른 습관을 들이도록 하자.

2. 숨 마시기

입으로 숨을 들이마신다. 0.01초 안에 공기를 빨아들여 마치 공기가 목을 치는 느낌이 나야 한다. 턱을 벌린 채 숨을 마시는 것에 주목하자. 대체로 입을 다물고 코로 숨을 마시는데 이는 그냥 숨을 쉬는 것이다. 우리의 목표는 복식호흡으로 말하는 것이다. 그러려면 입으로 숨을 마시는 연습이 필요하다. 말하다가 중간에 입을 다물고 코로 숨을 마시면 전달력이 떨어진다. 코로 숨을 마시면 많은 양을 흡입할 수 없다. 입보다 콧구멍이 훨씬 작기 때문이다. 입으로 숨을 마시면 짧은 시간 안에 충분한 양을 몸속에 채울 수 있다. 그런 다음 말하면 안정적이고 시원한 소리를 낼 수 있다. 단, 너무 깊게 숨을 마시면 어지러울 수 있으니 주의한다. 턱을 벌린 채 단숨에 공기를 흡입하도록 한다.

3. 아랫배에 숨 채우기

복식호흡으로 숨을 마시면 아랫배가 나온다. 흔히 '똥배'라고 부르는 곳에 공기를 채우는 것이다. 음식을 먹으면 배가 나오는 것과 비슷하다. '숨을 먹었으니 배가 나온다.'고 생각하라. 양손을 아랫배에 올려놓고 배가 나오는지 확인한다. 간혹 윗배가 나올 수도 있는데 이는 자연스러운 현상이다. 이럴 때는 의식적으로 아랫배로 공기를 내려보내자. 일부러 아랫배를 부풀려도 괜찮다. 계속하면 나중엔 의식하지 않아도 자연스럽게 하게 된다. 숨이 아래쪽으로 내려갈수록 소리의 출발점이 낮아져 안정적인 소리가 나온다.

4. 저음으로 배에서 소리 내기

저음으로 '아~' 하고 소리를 낸다. 소리의 출발점은 아랫배다. 아래에서부터 위로 소리가 올라가야 한다. 공기가 채워진 아랫배를 집어넣으면서 소리를 낸다. 뱃살을 집어넣는 힘과 똑같다. 배 속에 있던 공기가 나가면서 소리가 나는 것이다. 저음은 자신이 낼 수 있는 가장 낮은음으로 낸다. 목을 누르면서 소리를 내지 않도록 주의하고 아랫배에서 소리가 나는지 확인한다. 낮은 음성을 낼 수 있어야 한 문장 안에서 톤을 변화시켜 자연스러운 말투를 구사할 수 있다. 그리고 복식호흡 발성은 저음으로 해야 배의 움직임을 효과적으로 연습할 수 있고 울림 있는 소리가 나온다.

5. '아~'를 10초 유지하기

저음을 유지하면서 크게 '아~' 하고 소리를 낸다. 배에서 점점 공기가 빠져나가면서 소리가 나고 배가 홀쭉해진다. 공기가 다 빠져나갈 때까지 배에 힘을 준다. 뒤로 갈수록 소리가 작아지면 안 된다. 예컨대 10초간 '아~'를 하는데 7초부터 소리가 줄어드는 경우다. 보통 말끝을 흐리는 사람, 문장 끝을 불분명하게 말하는 사람이 발성 연습할 때도 이런 습관이 나온다. 소리의 크기는 10초까지 일정해야 한다. 그래야 전달력을 갖출 수 있고, 문장 끝을 확실히 말할수록 자신감 있어 보인다. 스마트폰으로 녹음을 하면 소리의 크기를 알 수 있다. 만약 10초가 어려우면 5초를 목표로 연습하고 점점 시간을 늘려나간다.

복식호흡 발성을 할 때는
이것에 주의하자

자세를 바르게 한다

허리를 펴고 상체를 곧게 편다. 등에 벽이 있다고 생각하자. 벽에서 등이 떨어지지 않도록 허리를 곧추세운다. 입술은 정면을 향한다. 목이 꺾여 있으면 공기 흐름이 방해를 받아 숨을 마실 때도 적은 양이 들어가고 나오는 소리도 작다. 처음부터 바른 자세를 유지한 채 숨을 마시고 발성 연습을 하도록 한다.

소리가 괜찮은지 신경 쓰지 않는다

발성 연습을 하는 도중에 '내가 소리를 잘 내고 있나?' 생각하면 그 순간 소리의 방향이 나의 귀를 향한다. 그러면 소리를 크게 낼 수 없다. 나의 눈높이에서 정면으로 보이는 곳에 소리를 직진으로 보내자. 그렇게 해야 시원하고 풍성한 소리가 난다. 소리를 확인하고 싶다면 녹음을 해서 연습이 끝나면 듣자.

한 지점에 소리를 보낸다

정면으로 보이는 먼 곳에 점을 하나 찍고 그곳으로 소리를 보낸다. 점은 멀수록 좋다. 발성 연습을 하며 이곳저곳 둘러보지 않는다. 시선을 분산시키면 소리도 이곳저곳으로 퍼진다. 한곳을 응시한 채 연습해야 소리가 하나로 모이고 탁탁 귀에 꽂히는 소리가 나온다.

호흡할 때 가슴이 올라오면 반대로 하는 것

배로 숨을 보내는 게 익숙지 않으면 가슴이 올라오는데 이는 흉식호흡이다. 운동 후 가쁘게 숨을 내쉴 때 가슴과 어깨가 올라가는 것과 같은 호흡이다. 복식호흡은 말 그대로 배로 호흡하는 것이다. 발성을 연습할 때는 가슴과 어깨가 올라오지 않도록 해야 한다. 가슴이 올라오면 한 손은 가슴에, 한 손은 배에 올려놓고 연습한다.

저음으로 큰 소리를 유지한다

소리의 크기는 커야 한다. 소리를 크게 낼수록 성량이 풍부해진다. '아~'를 연습할 때 시작부터 끝날 때까지 큰 소리를 내도록 한다. 단, 소리를 크게 내려고 목을 써서는 안 된다. 저음으로 큰 소리를 내려면 반드시 배의 공기를 이용해야 한다. 공기 없이 목으로 저음을 크게 내려고 하면 소리가 잘 나오지 않는다.

목에 힘을 뺀다

고음으로 말하는 습관이 있는 사람은 발성을 연습할 때도 목을 사용하는 습관이 나온다. 이럴 때는 거울 앞에서 연습하도록 한다. 목에 힘을 주면 주변 근육이 움직이는 게 보인다. 소리는 배에서부터 나와야 한다. 목은 단지 소리가 지나가는 통로일 뿐이다. 목에 신경 쓰지 말고 편안한 상태로 둔 채 소리를 내도록 한다.

일부러 길게 하지 않는다

10초를 목표로 잡았지만 6초부터 힘들 수 있다. 그러면 5초까지만 큰 소리로 연습한다. 일부러 10초를 채우기 위해 무리하게 배를 쥐어짜면서 소리를 내선 안 된다. 자칫 목에 힘이 들어갈 수 있다. 자신의 호흡량이 아직 5초인 것을 인정하고 욕심내지 않도록 한다. 연습량이 늘어날수록 호흡량도 길어지므로 걱정할 필요는 없다.

입을 벌린 채 가만히 둔다

'아~'를 연습하다 보면 입이 점점 닫히는 경우가 있다. 연습할 때는 배만 움직인다. 그 외 모든 움직임은 고정한다. 바른 자세를 유지하고 시선은 한곳을 보도록 한다. 턱을 벌린 채 공기를 마시고 배로 소리를 내며, 다시 공기를 마실 때도 턱을 닫지 않는다. 그래야 숨을 빠르게 마시는 법을 터득한다.

목이 불편하면 중단한다

연습 초기에 배로 소리가 나는지 아닌지 헷갈릴 수 있다. 숨을 마실 때 배가 부풀긴 하는데 소리는 목으로 내는 사람이 있다. 이런 경우는 연습할수록 목이 아프다. 대부분 고음으로 말하는 사람들이 이렇다. 1초만 '아~'를 해보면서 배에서 소리가 올라오는지 확인해보자. 목이 따갑다면 물을 자주 마시도록 한다.

복식호흡 발성은 아침마다 연습한다. 1분만 해도 효과가 있다. 이렇게 아침에 발성을 연습하면 그날 말할 때마다 자신이 배를 쓰는지 의식할 수 있다. 아침에 일어나 스트레칭으로 몸을 깨우는 것처럼 발성 연습으로 목소리를 가다듬도록 하자.

긴장과 떨림을 잡아주는
스타카토 발성법

아나운서가 되고 2년 차 무렵에 신문방송대학원에 입학했다. 아나운서로 일하는 게 무척 즐거워서 평생 언론인으로 살고 싶다는 생각이 들었다. 그러기 위해선 올바른 언론인의 길을 걸어야겠다고, 그렇다면 그 길을 학문적으로 연구하고 있는 교수님과 선배들에게 배워야겠다고 생각했다. 호기롭게 회사를 관두고 대학원에 갔는데 얼마 지나지 않아 자퇴를 고심했다. 수업이 온통 발표와 토론으로 가득했던 것이다. 끔찍했다.

절실하면 발표의
두려움도 극복할 수 있다

발표는 학창 시절을 통틀어 두려움의 대상이었다. 조별 발표 과제가 있으면 나는 언제나 자료 조사를 담당했고 발표는 다른 친구가 하게 했다. 회사에서는 아나운서라 다른 직종에 비해 발표할 일이 적었다. 발표를 늘 피해왔던 내가 대학원에서 발표를 할 줄이야. 더구나 선배와 동기들은 각종 언론사의 고위 관계자였다. 그들 앞에서 발표한다는 것은 방송국 최종 면접을 보는 것과 맞먹는 압박감에 시달리게 했다.

처음 대학원에서 발표한 날, 나는 긴장감에 그만 까무러칠 뻔했다. 손과 다리가 후들거리고 눈앞이 하얘졌다. 심장 소리가 강의실 전체를 뒤흔들 것처럼 쿵쾅거렸다. 겨우 발표를 끝내고 나자 자괴감이 몰려왔다. 그리고 그날 밤 선택의 기로에 섰다. 포기할 것인가, 부딪힐 것인가. 퇴사까지 하고 간 대학원 아닌가. 부모님의 반대와 상사의 만류를 뿌리치고 공부하고 싶어서 왔는데 이대로 물러설 순 없었다. 부딪히자!

나는 발표에 대한 두려움을 극복하기로 했다. 친한 동기에게 도움을 요청했다. 내가 얼마나 발표를 두려워하는지 고백하면서 다음에 발표할 때 어느 정도로 떠는지 봐달라고 부탁했다.

"나 어땠어? 목소리가 엄청나게 떨렸어?"

"안 떨던데."

그럴 리가 없었다. 발표하면서 분명 목소리도 떨렸고 손도 떨었다. 발표 스크립트 종이까지 흔들릴 정도였다. 그다음 발표에서도 동기에게 같은 부탁을 했다. 이번에는 발표를 녹음했다. 동기는 이번에도 "진짜 안 떨었다."라고 말했다. 녹음해둔 것을 듣고서야 그의 말을 믿을 수 있었다. 내 목소리는 하나도 떨리지 않았다! 멀쩡했다.

떨지 않았을 뿐 아니라 차분하고 침착했고 깨끗했다. 전혀 떠는 사람의 목소리가 아니었다.

매일 규칙적으로 한 복식호흡 발성의 효과였다. 이후로도 발표할 때마다 녹음해서 확인했다. 나는 복식호흡 발성의 위대함에 감복했다. 발표할 당시엔 분명 떨었지만 배로 소리를 낸 덕분에 심장의 떨림과는 별개로 목소리가 흔들리지 않았던 것이다. 숨을 주기적으로 마셨고 중저음의 소리를 냈기 때문에 가능한 일이었다.

내가 떨어도 아무도 눈치채지 못한다는 건 얼마나 경이로운가! 마음껏 떨어도 괜찮다는 안위. 그날로 나는 목소리와 긴장이라는 늪에서 벗어났다. 물론 대학원을 졸업할 때까지 사람들이 입을 다물지 못할 만큼 뛰어난 발표를 하진 못했다. 하지만 발표할 때 훨씬 편해졌다. 또한 발표를 잘할 수 있다는 가능성을 발견했다. 복식호흡 발성은 내가 발표 전문가로 성장하는 디딤돌이 됐다.

목소리를 단단하게 해주는
스타카토 발성법

흥버튼의
강의 영상

숨을 마시고 저음으로 '아!' 소리를 짧고 강하게 낸다. '아!'는 한 호흡에 한 번씩 한다. 스타카토는 음을 짧게 끊어서 치는 연주법이다. 가령 피아노 악보에서 한 박자 음표에 스타카토 표시가 있으면 건반을 반 박자로 짧게 친다. 마찬가지로 스타카토 발성을 할 때는 숨을 한 번에 짧고 강하게 쏟아내면서 배로 소리를 내지른다. 이런 발성법은 목소리를 크고 단단하게 만들어준다.

　말할 때는 숨을 마시고 한 문장을 말하고, 다시 숨을 마시고 다음 문장을 말해야 한다. 즉 문장마다 빠르게 숨을 마실 수 있어야 한다. 스타카토 발성은 숨을 재빨리 마시는 법을 연마하게 해준다. 복식호흡 발성이 한 문장을 여유 있게 구사하는 데 도움을 준다면, 스타카토 발성은 단락 전체를 안정적으로 말하는 데 도움을 준다. 두 가지 발성법을 함께 연습해야 목소리가 맑고 선명해진다.

스타카토 발성법

❶ 턱 벌리기　　　　　　　　❷ 숨 마시기

❸ 아랫배에 숨 채우기　　　　❹ 저음으로 배에서 소리 내기

❺ '아!'를 2초에 한 번씩 하기

　스타카토 발성은 짧게 '아!' 하고 소리를 내는 것이다. 마신 숨을 한 번에 뱉으면서 소리를 낸다. 배에서부터 굵고 강한 소리가 나온다. 복식호흡 발성은 배가 천천히 줄어들었다면, 스타카토 발성은 숨이 한 번에 빠져나가서 배가 확 줄어든다. 소리의 크기는 복식호흡 발성 '아~'보다 스타카토 발성 '아!'가 더 크다.

　2초에 한 번씩 '아! 아! 아! 아! 아!'를 한다. 숨을 마시고 '아!', 숨을 마시고 '아!', 숨을 마시고 '아!'를 반복한다. 빠르게 하면 숨을 제대로 마실 수 없다. 충분히 배에 공기를 채우고 '아!' 소리를 내야 한다. 그러면 배 안에 있던 공기가 몽땅 빠져나가면서 반동으로 가슴이 튀어 오른다.

스타카토 발성을 할 때는
이것에 주의하자

저음을 유지하기

'아!' 소리를 연달아 내면서 점점 톤이 올라가는 경우가 있다. 고음으로 말하는 사람일수록 조심해야 하는 부분이다. 고음으로 스타카토 발성을 하면 목이 쉽게 아프다. 소리는 배에서부터 저음으로 나가도록 하고, 나가자마자 바닥에 깔리는 것처럼 낮은 음성으로 한다. 소리에 형상이 있다고 상상하자. 배에서 입 밖으로 튀어나온 '아!'가 안개처럼 바닥에 내려앉는 이미지를 그려보자.

거울 앞에서 연습하기

스타카토 발성이 익숙해질 때까지 거울 앞에 서서 연습한다. 스타카토 발성을 어려워하는 사람이 많은데, 배의 움직임을 확인하면서 해보면 도움이 된다. 배가 확 들어가면서 소리가 나는지 거울로 관찰하자. 평소에 고음으로 말하는 사람은 목 주변 근육이 움직이지 않는지 살펴본다.

천천히 하기

말이 빠를수록 '아!'와 '아!'의 간격을 넓혀야 한다. 한 번에 빠르게 많은 양의 숨을 마시기 위해 스타카토 발성을 연습하는 것이다. 그러려면 '아!', '아!', '아!'를 천천히 해야 바르게 습득할 수 있다. 숨을 마실 때는 여유롭게 충분한 양을 들이켜고 '아!' 소리를 빠르게 내

뱉는다. 2초에 한 번씩 '아!'를 10번 한다면 적어도 20초 이상은 걸려야 한다.

소리를 낼 때 가슴이 나오는가?

반대로 하는 경우가 있다. 숨을 마실 때 가슴이 올라오고 소리를 낼 때 배가 나온다면 흉식호흡으로 하는 것이다. 한 손은 가슴에, 한 손은 배에 올려두고 연습하자. 자꾸 흉식호흡으로 하게 된다면 '아!' 하지 말고 숨을 마실 때 배가 나오는지만 보자. 가슴으로 호흡하면서 스타카토 발성을 하면 목으로 소리를 내게 된다.

턱을 벌리고 있는가?

'아!' 소리를 내고 곧바로 입을 닫지 않는다. 턱을 열어둔 채 '아!' 소리를 내고 그 상태 그대로 숨 마시기를 반복한다. '아!'를 10번 하면 20초간 계속 입을 벌리고 있는 것이다. 복식호흡 발성도 그렇지만 스타카토 발성도 입을 벌리고 있어야 한다. 두 가지 발성법 모두 입으로 숨을 마시고 소리를 내야 한다.

숨이 다 빠져나갈 때까지 배에 힘주기

'아!' 소리를 낸 다음 곧바로 배의 힘을 풀지 않도록 한다. 공기가 배에서 다 나갈 때까지 힘을 준다. 1초간 동작을 유지한다고 생각하자. 배 안을 비워놓은 상태에서 숨을 마셔야 한 번에 마시는 호흡량이 늘어난다. 배의 힘을 푸는 동시에 공기가 저절로 들어가는 걸 느끼면 스타카토 발성을 제대로 하는 것이다.

나에게 알맞은
저음을 찾는 방법

도무지 저음을 어떻게 내는 건지 모르겠다고 하는 사람이 있다. 여기서 소개하는 방법은 갈비뼈 사이 명치를 두 손으로 누른 채 상체를 숙여서 톤을 찾는 방법이다. 아래 순서대로 따라 해보자.

저음을 찾는 방법

❶ 두 손끝을 명치에 대기   ❷ 다리는 어깨너비로 벌리기

❸ 90도로 상체 숙이기   ❹ 배로 숨 마시기

❺ 배를 조이며 '아~' 하기   ❻ 저음 높낮이를 바꾸며 소리 찾기

갈비뼈 사이 명치를 '공명점'이라고 부른다. '공명'은 소리의 울림을 뜻한다. 즉 공명점은 소리가 울리는 지점이다. 배에서부터 저음이 올라오면 공명점을 지나는데 이때 공명점에 진동이 생긴다. 명치를 누르면서 소리를 내면 손끝에 얕은 떨림이 전해진다. 바닥으로 몸을 숙이고 하면 낮은 음성이 크게 잘 나온다. 소리를 찾았다면 감각을 기억한 채 상체를 올린다. 숨을 마시고 복식호흡 발성을 한다.

둔감한 사람은 진동을 못 느낄 수 있다. 저음으로 소리는 잘 나는데 공명이 느껴지지 않을 수도 있다. 명치가 아닌 가슴이나 목, 머리에서 진동을 느낄 수도 있다. 다 괜찮다. 우리 몸은 모두 연결돼 있다. 발성법에서 제일 중요한 건 '배에서 소리가 올라오는 것'이다. 몸이 편하고 저음이 잘 나오면 된다.

발성 연습을 할 때 목에서만 소리가 나는 사람, 고음으로 말하는 사람, 소리가 작은 사람은 저음을 찾는 걸 어려워한다. 자기에게 알맞은 저음은 몸에서 가장 편안하게 나오는 낮은음이다. 배에서부터 올라오는 소리다. 우리 몸이 악기라고 상상하면 쉽게 이해할 수 있다. 아랫배부터 머리까지 세로로 '도레미파솔라시도'가 있는 계이름이 있다고 해보자. 머리로 올라올수록 점점 음이 높아지는 것이다.

가수와 성악가는 발바닥을 이용해 풍성한 저음으로 노래를 부르고, 머리를 사용해 하늘을 찌르는 고음을 내기도 한다. 말할 때도 이와 비슷하다. 배에서부터 나오는 소리가 듣기 좋고 안정감 있는 저음이다. 이 저음은 문장을 시작할 때마다 사용한다. 복식호흡 발성과 스타카토 발성을 번갈아 연습해보자. 아침마다 1분씩 하도록 한다. 물론 그 이상으로 하면 더 좋다.

숨을 마시고
배로 말하는 게 중요하다

성량이나 목소리 말고도 말하는 습관이 고민인 경우도 있다. 예컨대 말을 하면서 '쩝' 소리를 낸다거나, 침을 튀긴다거나, 입안에 침이 고여서 고민이라는 사람들이 있다. 어떤 사람은 말하다가 점점 호흡이 가빠져서 결국 말을 끝내지 못하기도 한다. 긴장하면 말이 빨라지고 발음이 뭉개져 무슨 말을 하는지 전혀 알아듣지 못하게 되는 사람도 있다.

이런 습관을 갖고 있으면 메시지를 제대로 전달하지 못할 뿐 아니라 듣는 사람의 집중을 분산시킨다. 즉 말하는 사람의 긴장된 표정과 산만한 태도에 신경을 쓰게 된다. 모두 숨을 제때 마시지 않아 생기는 습관들로, 말할 때 숨을 적절히 마시는 연습을 하면 훨씬 좋아질 수 있다.

아나운서는
어떻게 숨을 쉴까?

아나운서와 배우를 보자. 뉴스 앵커는 어렵고 복잡한 뉴스도 안정적으로 보도하고 주연 배우는 아무리 긴 대사라도 끄떡없이 소화한다. 이들은 호흡이 가쁘거나 침을 꼴깍 삼키지 않는다. 심지어 숨을 마시는 것도 티가 나지 않는다. 편안하게 호흡하며 자연스럽게 말한다. 복식호흡 발성에 능숙한 사람들이다. 게다가 풍성한 성량까지 갖춰 전달력이 남다르다.

발성을 잘 못하는 사람은 금방 알아차릴 수 있다. 이들은 말할 때 어깨와 가슴을 들썩거린다. 뉴스에서 숨차게 말하는 아나운서나 기자, 대사가 부자연스럽게 들리는 배우가 해당한다. 이는 숨을 가슴으로 마셔서 그렇다. 흉식호흡으로 말하면 체내에 숨이 부족해진다. 심장 박동이 빠르게 뛰면서 말도 빨라진다. 주기적으로 숨을 마셔야 말하는 내내 힘이 있다.

핵심은 입을 벌리고 있어야 한다는 것이다. 입으로 숨을 마셔야 한다. 아나운서가 뉴스를 전할 때 입을 언제 다무는지 보라. 마지막 문장을 말한 뒤, 할 말이 다 끝났을 때 그제야 입을 닫을 것이다. 뉴스라면 "정흥수 기자가 보도합니다."라고 말하고 1초 있다가 입을 닫는다. 프로그램이면 "함께 보시죠."라고 한 뒤에 1초 있다가 입술을 모은다. 배우들도 대사하는 동안에는 입을 열어둔다. 숨을 마시고 말하기 위해서다.

복식호흡 발성
3단계 훈련법

흥버튼의
강의 영상

1. '아~안녕하세요' 말하기

복식호흡 발성법

❶ 턱 벌리기   ❷ 숨 마시기

❸ 아랫배에 숨 채우기   ❹ 저음으로 '아~안녕하세요' 하기

❺ 입 모양만 바꾸고 톤 유지하기

복식호흡 발성으로 '아~'를 하다가 입 모양만 바꿔서 '안녕하세요'라고 말한다. 한 번 마신 숨으로 '아~안녕하세요'라고 말하는 것이다. 톤을 바꾸지 않고 저음 그대로 '안녕하세요'까지 한다. 배는 복식호흡 발성을 할 때처럼 천천히 들어간다. 마지막 글자 '요'까지 소리의 크기와 톤을 유지하고, 소리가 점점 작아지거나 톤이 높아지지 않도록 연습한다.

주의할 점은 '아~'를 하다가 숨을 멈추고 '안녕하세요' 하지 않도록 하는 것이다. 한 호흡으로 연결해서 말해야 한다. '아~'는 저음으로 잘하다가 '안녕하세요'에서 톤이 높아지는 경우도 있다. 이는 고음으로 말하는 습관이 나온 것이다. '아~'의 톤 그대로 하도록 신경 쓰자. 배에 손을 올리고 마지막 글자까지 점점 배가 들어가는지 확인한다.

2. '안녕하세요' 말하기

복식호흡 발성법

❶ 턱 벌리기
❷ 숨 마시기
❸ 아랫배에 숨 채우기
❹ 저음으로 '안녕하세요' 하기
❺ 입 모양만 바꾸고 톤 유지하기

이번에는 '아~'를 하지 않고 숨을 마시자마자 '안녕하세요'라고 말한다. 숨을 마시고 배를 잡아당기면서 '안녕하세요'라고 말해보자. 역시 저음으로, 톤의 변화 없이 일정하게 말한다.

'안녕하세요'를 발음할 때는 복식호흡 발성을 할 때와 마찬가지로 턱을 벌린 채 해야 공기가 시원하게 나가서 소리가 명료하다. 숨을 마시고 '안녕하세요'라고 한 뒤 다시 숨을 마시고 '안녕하세요'를 반복해서 연습하자. 한 숨에 '안녕하세요'를 한 번씩 하는 것이다. 연습할 때는 배에 손을 올리고 한다.

이 연습은 복식호흡 발성을 일상에 적용하기 위함이다. 복식호흡 발성을 연습하는 이유는 배로 말하기 위해서다. 그런데 연습할 때는 우렁차게 '아~'를 잘하다가도 말을 할 때면 원래대로 돌아가는 경우가 허다하다. 이러면 소용이 없다. 말할 때마다 숨을 마시고 배로 말해야 한다. 숨을 마시지 않으면 아예 말을 하지 않겠다는 마음으로, 철저히 살피며 연습하도록 하자.

3. '안녕하세요. ○○○입니다' 말하기

복식호흡 발성법

❶ 턱 벌리기   ❷ 숨 마시기

❸ 아랫배에 숨 채우기   ❹ 저음으로 '안녕하세요. ○○○입니다' 하기

❺ 입 모양만 바꾸고 톤 유지하기

숨을 마시고 저음으로 '안녕하세요. ○○○입니다'라고 이름을 넣어 말한다. 한 번 마신 숨으로 짧은 두 문장을 말하는 연습이다. 천천히 한 글자씩, 또박또박 말하도록 한다. 배는 복식호흡 발성할 때처럼 서서히 들어간다. 양손을 배에 올리고 연습하자. 한 글자마다 길이와 소리의 크기가 똑같도록 끝까지 배에 힘을 준다.

'입니다'를 말할 때 앞 단어의 끝음절에 받침이 없으면 줄여서 말한다. 한 글자라도 줄면 문장이 짧아져 말하기 편하기 때문이다. 예를 들면 '학교입니다[학꿈니다]', '바다입니다[바담니다]'라고 한다. 준말은 국어에서 허용한 범위 안에서만 한다.

숨을 마시고
한 문장씩 말하기

흥버튼의
강의 영상

숨을 마시고 한 문장씩 말하는 연습이다. 다음 예문을 읽어보자.

"안녕하세요. 오소영입니다. 저는 요즘 스피치를 공부하고 있는데요. 숨을 마시고 한 문장을 말하려고 노력하고 있습니다. 발성 연습을 아침마다 하고 있고요. 말할 때 배가 움직이는지 의식하는 습관을 기르고 있습니다."

다음 예문을 읽어보자. '(숨)' 표시에서 숨을 마시고 말한다.

(숨) "안녕하세요. 오소영입니다. (숨) 저는 요즘 스피치를 공부하고 있는데요. (숨) 숨을 마시고 한 문장을 말하려고 노력하고 있습니다. (숨) 발성 연습을 아침마다 하고 있고요. (숨) 말할 때 배가 움직이는지 의식하는 습관을 기르고 있습니다."

숨을 마시고 한 문장을 말하고, 다시 숨을 마시고 다음 문장을 말한다. 기억할 점은 입을 계속 벌리고 있는 것이다. 문장이 끝날 때마다 입을 다물지 않도록 주의한다. 입을 벌리고 있어야 바로바로 숨을 마실 수 있다. 숨은 여유 있게 마신다. 배에 숨을 채우면 곧바로 말한다. 숨을 마시면 배가 나오고, 말할 때는 공기가 나가서 배가 점점 들어가는지 확인한다.

한 문장에 한 번씩 숨을 마시는 습관이 들면 입안에 침이 고이거나 갈증이 나는 현상이 감소한다. 공기가 자주 들락날락하면서 입안이 조금 건조해질 수 있지만 바싹 마르지는 않는다. 나는 방송을 하거나 강연을 할 때 물을 잘 안 마신다. 갈증이 나거나 목이 마르지 않아서 물을 마시고 싶은 생각이 들지 않는다. 복식호흡의 장점이라고 생각한다.

짧은 문장으로
끝까지 힘 있게 말하기

복식호흡 발성을 연습할 때는 배로 소리가 잘 나오는데 일상에서는 잘 안 되고 빨리 말하게 된다고 하는 사람이 있다. 아마도 이들은 평소 긴 문장으로 말하는 습관이 있을 것이다.

긴 문장

"저는 학교에 갔다가 회사에 들러 자료를 찾아서 서울역에서 KTX를 타고 출장으로 부산에 내려갔어요."

짧은 문장

"저는 학교에 갔다 가요. 회사에 들렀어요. 자료를 찾아왔고요. 서울역에서 KTX를 탔습니다. 출장으로 부산에 내려갔어요."

문장이 길면 한 번 마신 숨으로 말하기 힘겹다. 숨을 마시는 타이밍을 잡기도 어렵다. 숨이 차고 말이 빨라지고 침이 고인다. 말하다 말고 침을 꼴깍 삼키거나 '쩝' 소리가 나기도 한다. 쩝은 혓바닥이 입천장에서 빠르게 떨어질 때 나는 소리다. 문장 중간에 침을 삼켰다가 말을 이어가려고 다급하게 입을 벌려서 그렇다. 마침표에서 침을 삼키면 된다. 침을 삼킨 뒤에 입을 열면 쩝 소리가 안 난다.

위 예시를 보면 긴 문장 하나를 다섯 개의 짧은 문장으로 쪼갰다. 그러면 문장이 끝날 때마다 숨을 마실 수 있다. 또한 단문으로 말하면 잘 들려서 상대방이 이해하기 쉽다. 마지막 글자까지 힘 있게 말할 수 있다.

(숨) "저는 학교에 갔다 가요. (숨) 회사에 들렀어요. (숨) 자료를 찾아왔고요. (숨) 서울역에서 KTX를 탔습니다. (숨) 출장으로 부산에 내려갔어요."

그러나 대다수가 긴 문장으로 말한다. 다음은 똑같은 내용을 긴 문장과 짧은 문장으로 표현한 것이다. 소리 내어 읽어보자.

긴 문장

"단문으로 말하는 것의 중요성에 대해 말씀드리겠습니다. 짧은 문장으로 말하면 힘이 있고 마지막 글자까지 소리가 작아지지 않아서 잘 들리는 장점이 있기 때문에 청중이 앉은 자리에서 바로 이해할 수 있습니다. 그리고 한 문장에 하나의 메시지만 담아서 문장을 쪼갤 수 있는 대로 쪼개고 없어도 되는 글자는 삭제하면 깔끔합니다. 지금 이렇게 제가 구사하는 문장은 장문이며 이 문장을 읽어보면 확실히 불편할 겁니다."

짧은 문장

"단문으로 말하세요. 짧은 문장은 힘이 있어요. 마지막 글자까지 소리가 작아지지 않습니다. 잘 들립니다. 청중이 앉은 자리에서 바로 이해할 수 있어요. 한 문장에 하나의 메시지만 담으세요. 쪼갤 수 있는 대로 쪼개야 해요. 없어도 되는 글자는 삭제하세요. 지금 제가 구사하는 문장은 단문입니다. 이 문장을 읽어보세요. 확실히 편할 겁니다."

서술어가 두 개 이상 들어간 긴 문장은 연결어미에서 숨을 마시자. 연결어미는 '-데', '-고', '-서', '-며' 등이다.

(숨) "짧은 문장으로 말하면 힘이 있고 (숨) 마지막 글자까지 소리도 작아지지 않아서 (숨) 잘 들리는 장점이 있기 때문에 청중이 앉은 자리에서 바로 이해할 수 있습니다. (숨) 그리고 한 문장에 하나의 메시지만 담아서 (숨) 문장을 쪼갤 수 있는 대로 쪼개고 (숨) 없어도 되는 글자는 삭제하면 깔끔합니다."

호흡이 긴 편이라면 숨 쉬는 곳을 줄일 수 있다. 단, 천천히 말해야 한다.

(숨) "짧은 문장으로 말하면 힘이 있고 마지막 글자까지 소리도 작아지지 않아서 (숨) 잘 들리는 장점이 있기 때문에 청중이 앉은 자리에서 바로 이해할 수 있습니다. (숨) 그리고 한 문장에 하나의 메시지만 담아서 문장을 쪼갤 수 있는 대로 쪼개고 (숨) 없어도 되는 글자는 삭제하면 깔끔합니다."

연습 초기에는 복식호흡 발성이 익숙하지 않을 것이다. 스톱워치로 쟀을 때 '아~'의 길이가 10초 미만이면 호흡이 짧은 것이다. 이때 작은 소리로 10초 이상 지속하는 건 호흡이 긴 게 아니다. 발성 연습은 큰 소리로 해야 한다. '아~'의 길이가 10초 미만이면 긴 문장일수록 뒤로 가면서 힘이 부족해진다. 지속적인 발성 연습을 통해 '아~'의 길이를 늘이도록 하자.

복식호흡 발성을
연습하는 최고의 방법

복식호흡 발성을 연습할 때는 잘되지만 막상 실전에서는 잘되지 않는 경우가 있다. 꾸준히 연습해서 복식호흡 발성을 습관으로 만들어야 하는 이유다. 어떤 행동을 습관으로 만드는 데는 20일이 걸린다고 한다. 짧다면 짧고 길다면 긴 기간이다. 중요한 건 꾸준함이다. 오늘부터 20일 동안 매일 복식호흡 발성을 연습하도록 하자.

일상에서 연습하는
복식호흡으로 말하기

홍버튼의
강의 영상

앞서 배운 복식호흡으로 말하기 연습을 효과적으로 할 수 있는 방법을 소개한다. 누구나 충분히 할 수 있는 방법들이다. 잘 기억해뒀다가 시간이 날 때마다 틈틈이 연습해보자.

스마트폰 녹음기를 켜고 연습하기

스마트폰의 녹음 기능을 이용하는 방법이다. 녹음기를 켜고 발성을 해보면 소리의 크기를 눈으로 확인할 수 있다. 저음으로 크게 '아~' 하면 진폭이 크고 일정하다. 진폭이 끝으로 갈수록 작아지면 말끝이 흐려지는 것이다. 고음으로 말하는 습관이 있으면 진폭이 크게 요동 치다가 잦아든다. 사투리를 쓸 경우는 특정 글자에서 소리가 확 커지 기도 한다. '아~'를 연습할 때 소리가 균일하게 나올 수 있도록 눈으로 보면서 연습하자. 말할 때도 글자마다 나오는 소리의 크기는 동일 하게 한다. 각 글자의 소리 크기가 비슷해야 메시지가 잘 들린다. 스타카토 발성도 마찬가지다. 각각의 '아!'마다 소리의 크기가 일정한 모양이 나와야 한다.

스톱워치로 연습하기

스톱워치로 '아~'를 몇 초 동안 하는지 잰다. 호흡과 배의 움직임이 익숙해지면 '아~'의 길이를 늘이는 데 목표를 두자. 호흡이 길어질 수록 목소리에 힘이 생기고 긴 문장을 안정적으로 말할 수 있다. 나는 평균 15초 동안 '아~'를 한다. 컨디션이 별로인 날은 10초 미만이 나오기도 하고, 괜찮은 날은 20초대를 기록한다. 10초 미만으로 시

54

작했다가 발성 연습을 늘리면 30초대로 늘어나기도 한다. 반드시 큰 소리로 해야 한다. 시간을 늘리는 것보다 중요한 점은 배로 우렁찬 소리를 내는 것이다. 초반에는 배로 소리를 내는 데 중점을 두자. 그다음에 시간을 늘리자.

차 안에서 연습하기

막히는 도로 위는 최적의 발성 연습 장소다. 나는 달리는 차 안에서 무시로 연습한다. 2009년 아나운서로 근무하기 시작했을 때부터 지금까지 하고 있다. 발성 연습을 집에서 하면 난처할 때가 있다. 옆집에 소리가 들릴까 봐, 이웃이 뭐라고 할까 봐, 가족이 시끄럽다고 할까 봐 걱정이 된다.

그럴 때 으뜸인 곳이 자동차 안이다. 차로 출퇴근을 하는 사람이라면 매우 유용하다. 도로의 소음 때문에 상당히 큰 소리로 해도 옆 차에 안 들린다. 그리고 차 안은 소리가 울리지 않아서 발성을 크게 하려고 애쓰게 된다. 운전할 때는 자세도 반듯해서 소리가 배에서 잘 나오는지 집중할 수 있다. 풍성한 성량을 만드는 데 아주 좋은 방법이다.

샤워하면서 연습하기

샤워하면서 발성 연습을 하면 잠긴 목이 풀린다. 나는 몸에 물을 적실 때, 거품을 물로 씻어내는 동안에 발성 연습을 한다. 가만히 서 있을 때 연습하는 것이다. 이때 소리를 크게 내지 않아도 된다. 배에서 소리가 올라오는지 확인하는 정도로 가볍게 한다. 어차피 화장실

은 소리가 울린다. 작게 소리를 내도 크게 들리므로 성량을 키우는
데는 마땅치 않다. 하지만 배의 움직임에 집중하기 좋다. 씻으면서
연습할 때 입술의 방향은 정면을 향해야 소리가 산뜻하다.

걸으며 연습하기

샤워할 때 연습하는 것과 비슷하다. 배의 움직임을 의식하는 데 적
합한 연습으로 소리가 작아도 괜찮다. 집에서 연습하기 불편할 때,
샤워하면서 연습하는 걸 까먹었을 때, 출퇴근길에 걸어가면서 발성
연습을 하는 것이다.

나는 운전하다가 라디오 뉴스를 듣느라 발성 연습을 못한 날에
이렇게 한다. 대로변 인도는 소리를 조금 크게 내도 지나가는 사람
들이 신경 쓰지 않는다. 자동차와 버스에서 울려 퍼지는 잡음과 바
람 소리가 소음을 만든다. 지하철역도 시끄럽다. 나는 지하철을 기
다리면서 종종 발성 연습을 한다. 회사에서는 방송하러 스튜디오로
걸어가면서 연습했다.

바깥에서 발성 연습을 하면서 깨닫는 게 있다. 타인은 내가 생각
하는 것만큼 나를 신경 쓰지 않는다는 것이다. 연습해보면 덤으로
자유를 얻을 것이다.

30분 집중 훈련하기

먼저 발성 연습을 정시으로 할 곳을 정한다. 초기에는 시간을 내서
하루 30분씩 집중적으로 훈련하기를 권한다. 나는 아나운서로 일할
때 출근하자마자 스튜디오에서 발성 연습을 했다. 방음장치가 있어

서 효과적이었다. 정자세로 서서 배에 손을 올리고 연습했다. 스튜디오 안에 전신 거울이 있었는데 그 앞에서 한참을 연습했다. 나중에 쇼호스트로 일할 때는 쇼호스트실과 회의실에서 창문을 열어놓고 큰 소리로 연습했다. 창문을 열면 안에서 소리가 울리는 걸 방지할 수 있다.

나만 유별나게 발성 연습을 많이 한 게 아니다. 방송국에서는 흔한 풍경이었다. 내가 발성 연습을 하고 있으면 동기가 와서 같이 한 적도 있다. 기자 선배들은 생중계를 하거나 패널로 출연을 앞두고 있으면 짧게라도 발성 연습을 했다. 발표를 앞두고 있다면 반드시 복식호흡 발성을 하고 목을 풀자. 긴장도 완화되고 힘찬 목소리가 나온다. 자신감이 생긴다.

누워서 연습하기

배로 호흡하는 게 헷갈리면 누워서 한다. 흉식호흡으로 발성하고 있다면 일단 눕자. 누우면 배의 움직임을 확실히 느낄 수 있다. 아기가 잠들어 있는 모습을 떠올려보자. 숨 쉴 때마다 귀엽게 솟은 배가 위로 올라갔다가 내려간다. 이것이 복식호흡이다. 우리도 이렇게 배로 숨을 쉬고 있다. 소파에 누워서 배에 스마트폰이나 리모컨을 올려놓으면 배의 움직임이 선명하게 보인다. 이 호흡을 말할 때 이용하는 게 복식호흡 발성이다.

연기 학원에 간 첫날, 나는 누운 채로 복식호흡 발성을 배웠다. 배의 움직임을 깨닫기 위해서였다. 서 있거나 앉아 있을 때보다 누워 있을 때 배의 호흡이 잘 느껴진다. 누우면 머리끝부터 발끝까지 바닥에 닿기 때문이다. 누워서 복식호흡 발성법과 스타카토 발성법을 고루 연습하자. 소리가 더 크고 시원하게 나온다.

벽에 붙어서 연습하기

벽에 붙어서 연습하는 것도 한 방법이다. 누워서 발성 연습하는 것과 효과는 같다. 연기 학원에서도 이렇게 연습했다. 먼저 뒤통수부터 등, 엉덩이, 발뒤꿈치까지 벽에 붙인다. 숨을 마실 때는 벽에서 등이 떨어지지 않도록 한다. 흉식호흡을 하면 등이 벽에서 떨어진다. 시선은 정면을 향한 채 소리를 직진으로 보낸다.

선생님은 훈련할 때마다 "의식하세요."라고 말했다. 처음엔 대체 어떻게 의식하라는 건지 이해되지 않았다. 시간이 지나면서 차츰 깨달았다. 감각을 하나씩 의식하면 원하는 대로 조절이 된다. 가령 벽에 붙어 있을 때는 배가 움직이는지 배만 의식하는 것이다. 소리를 한 지점에 보낼 때는 소리의 방향만 의식한다. 그렇게 감각을 활성화해서 신체를 원하는 대로 조절한다.

소리 없이 1분 호흡 연습하기

소리 없이 발성을 연습하는 방법이다. 조용한 곳에서 연습할 때 유용하다. 배로 호흡하는 게 어려울 때도 이 방법으로 감을 잡을 수 있다. 가령 복식호흡 발성을 할 때는 '아~' 소리를 내지만 호흡만 할 때는 '하~' 하면서 공기만 내보낸다. 스타카도 발성을 할 때는 '아! 아! 아!' 소리를 내지만 호흡만 할 때는 '하! 하! 하!' 하면서 공기만 빼낸다.

사무실에 앉아 있을 때는 이렇게 연습하자. 지하철은 물론 버스, 집, 카페, 식당 어디든 실내에서 할 수 있는 연습 방법이다. 단, 오래 하지는 말자. 소리를 내지 않고 공기만 마시고 뱉으면 금방 어지럽다. 1분 미만으로 짧게 한다.

목소리 관리 노하우

아주 특별한 목소리 관리법은 없다. 내가 좋은 목소리를 내기 위해 했던 방법은 복식호흡 발성 연습이 전부다. 다만 목소리가 나빠지는 행동을 알면 그 후로 안 하려고 노력한다. 누군가 내 앞에서 하면 하지 말라고 당부한다. 어쩌면 이것이 나만의 특별한 목소리 관리법일 수도 있겠다. 건강을 지키는 건 사소한 습관이기도 하니 말이다. 나의 사소한 목소리 관리법을 소개한다.

소리 지르지 않기

목을 위해 하지 않으려고 가장 노력하는 게 소리 지르지 않기다. 화날 때 특히 경계한다. 복식호흡 발성을 아무리 잘해도 고음으로 소리를 지르면 목이 다친다. 어릴 때는 소리를 지르며 화냈다. 그러고 나면 꼭 목이 아팠다. 커서는 소리를 지르지 않고도 우아하게 이기는 법을 터득했다.

화가 날수록 낮은 목소리로 또박또박, 무표정으로 천천히 말해야 이성적으로 대처할 수 있다. 여기에 더해 감정이 드러나는 단어를 쓰지 말아야 침착해진다. 담담하고 냉정하게 사실을 직시한다. 그러면 목도 다치지 않고 관계도 해치지 않으면서 싸움에서 이길 수 있다.

헛기침하지 않기

20대에는 걸핏하면 이비인후과에 갔다. 감기에 걸렸다 하면 목감기였다. 답답한 나머지 의사에게 물었다. 아나운서라 목감기는 치명적인데 혹시 안 걸리는 방법이 있느냐고 말이다. 그랬더니 의사가 이렇게 말했다.

"헛기침을 하지 마세요."

'헛기침? 내가 얼마나 헛기침을 많이 한다고.' 그렇게 생각하고 대수롭지 않게 넘어갔다. 그날 하루 나는 10번도 넘게 헛기침을 하는 나를 발견했다. 아침에 일어나서 에헴, 양치하다가 큼, 회의에서 말하기 직전에 흐흠, 방송 직전 목을 가다듬느라 흠. 지금 나는 헛기침을 일절 하지 않는다. 웬만하면 기침도 참거나 삼킨다.

헛기침은 인기척을 내거나 목청을 가다듬으려고 일부러 하는 기침이다. 거의 모두라고 해도 괜찮을 만큼 대부분의 사람이 헛기침을 한다. 미팅할 때, 수업할 때, 식사할 때, 대화할 때 헛기침하는 사람을 한둘은 볼수 있다. 내 앞에서 헛기침하는 사람이 있으면 나는 꼭 이야기한다.

"헛기침하지 마세요. 의사가 목에 안 좋다고 했어요."

내가 만난 사람 중에는 고음으로 말하는 사람, 성대를 긁으며 말하는 습관이 있는 사람, 흡연하는 사람이 헛기침을 하는 빈도가 높았다. 앞으로는 헛기침 대신 침을 꿀깍 삼키거나 물을 마시자. 목이 촉촉해야 목 건강에 이롭다.

잘 때 옆에 젖은 수건 두기

방의 건조함을 알아차릴 때가 있다. 여행 간 숙소에서 특히 그렇다. 자다가 일어나면 목이 말라 있다. 방의 건기가 목의 수분을 앗아간 듯 칼칼하다. 이런 현상을 몇 번 겪은 후부터는 방의 습도를 의식하기 시작했다.

나는 숙소에 묵을 때면 샤워하고 몸을 닦은 수건을 머리맡에 걸어놓고 잔다. 걸 데가 없으면 바닥에 수건을 깐다. 심하게 건조한 곳이면 있는 수건을 전부 적셔서 널어놓는다. 다음 날 아침이면 바싹 말라 있다. 집에는 가습기가 있지만 거의 쓰지 않는다. 가습기는 매일 물을 비우고 말려서 관리해야 하는데 번거로워서 손이 잘 가지 않는다. 보통 세탁물을 널거나 샤워 후 화장실 문을 활짝 열어 집 안 습도를 유지한다.

음식 먹고 바로 눕지 않기

최근 목이 따가워서 이비인후과에 갔다. 진단명은 '식도염'이었다. 의사는 어젯밤 늦은 시간에 음식을 먹었느냐고 물었다. 들켰다. 떡볶이와 김말이를 신나게 먹으면서 영화를 봤다. 배부르면 스르륵 잠이 오지 않는가. 그 포만감과 나른함을 나는 몹시 사랑한다. 하지만 의사는 그게 목 아픈 원인이라고 했다. 충격이었다.

"소화가 되지 않은 상태로 누우면 위산이 올라옵니다. 위산은 식도를 공격하죠. 음식을 먹고 최소 네 시간 지나서 누워야 합니다. 그리고 한 번에 많은 양을 먹지 않도록 하세요."

이제는 아침이나 점심때 양껏 먹는다. 어차피 나는 과로하지 않으면 낮잠을 자지 않아서 괜찮다. 저녁 식사는 늦어도 오후 7시 전에 해결한다. 특별한 날엔 야식을 먹는데 한두 달에 한 번꼴이다. 그마저도 늦게 먹었으니 네 시간 있다가 잔다. 새벽에 잠들면 다음 날 피곤해서 대체로 늦게 먹지 않는다.

텀블러로 물 마시기

나는 텀블러가 네 개나 있다. 선물로 받고 증정품으로 얻은 것들이다. 찬장에 보관만 해오다가 어느 날 닳을 때까지 써야겠다는 생각이 들었다. 산에 갈 때 텀블러에 물을 담아서 갔다. 생수병보단 무거웠지만 적응되니 가뿐했다. 산행을 마치고 생수병을 버리지 않아서 기분이 좋았다. 미약하지만 환경보호에 기여하고 있다는 뿌듯함마저 들었다.

등산을 자주 하다 보니 텀블러를 사용하는 게 습관이 됐다. 이제는 출근길에 텀블러 두 개에 각각 물과 커피를 담아 집을 나선다. 강의와 미팅하러 갈 때도 들고 간다. 우리나라는 여기저기가 약수터다! 회사나 식당, 카페, 은행, 백화점에 가면 정수기가 있다. 물을 자주 마시기에 더할 나위 없는 환경이다. 텀블러는 쓰레기를 줄일 뿐 아니라 몸에 수분을 충전하고 목 건강을 지키게 해주는 필수품이다.

발성법이 궁금해요

Q. 복식호흡을 맞게 하는 건지 모르겠어요.

A. 일단 배에만 신경 쓰도록 하자. 숨을 마시면 배가 나오고 숨을 내쉬며 말하면 배가 들어간다. 이것만 기억하자. 몸에서 다른 곳의 움직임은 신경을 쓰지 않는다. 자세가 곧은지, 목으로 소리가 나오는지, 저음은 적당한지, 소리는 큰지, 배에서 소리가 올라오고 있는지 다 접어두자. 여러 가지를 동시에 고려하기 어려울 수 있다. 헷갈리면 배에만 집중하자. 가장 중요한 건 배로 소리를 내는 것이다. 숨을 마시고, 배로 소리 내고, 다시 숨을 마시고, 배로 소리 내기를 반복한다. 나도 복식호흡 발성을 하기까지 9개월이 걸렸다. 어려운 게 맞다. 처음엔 어렵지만 계속하면 몸으로 깨닫는다.

Q. 목이 아픈데 계속 발성 연습을 해도 되나요?

A. 목이 아프면 즉시 연습을 멈춘다. 우선 목이 아픈 원인을 찾아야 한다. 복식호흡 발성을 할 때 아픈지, 스타카토 발성을 할 때 아픈지 파악하자. 녹음해서 들어보는 게 가장 빠르다. 자신의 목소리가 원래 고음이어서 그럴 수 있다. 목으로 소리를 깔아 저음을 내는 것일 수도 있다. 저음은 깊은 우물에서 물을 길어 올리듯 배에서 올라와야 한다. 목은 소리가 지나가는 길이다. 힘을 빼고 거울 앞에서 해보자. 목에 힘이 들어가는

지 눈으로 보라. 누워서 해보면 목이 편하다. 발성 연습을 할 때마다 목이 아프면 누워서 하도록 한다. 피곤한 날에도 목이 아플 수 있다. 그런 날에는 물을 마시고 소리 없이 호흡만 연습하자.

Q. 복식호흡 발성은 한 번에 몇 초가 적당한가요?

A. 10초가 적당하다. 큰 소리로 처음부터 끝까지 일정하게 한다. 소리가 점점 줄어들거나 점점 커지지 않도록 유의한다. 정자세로 정면을 향한 채 소리를 멀리 보낸다. 저 멀리 과녁이 있다고 생각하고 중심에 화살을 쏘아 보내듯 소리를 보낸다. 녹음기를 켜두면 시간과 소리의 세기를 확인할 수 있다.

10초 동안 편하게 소리가 나온다면 시간을 점점 늘린다. 단, 발성이 익숙해지고 난 다음에 해야 한다. 처음에는 배의 움직임을 익히는 데 중점을 둔다. 호흡이나 소리가 배로 나오지 않으면 시간을 늘리는 건 무의미하다. 3초만 해도 좋으니 배로 소리를 내도록 한다. 익숙해지면 30초도 편하게 할 수 있다.

Q. 발성 연습을 할 때 소리를 얼마나 크게 내야 하나요?

A. 상황별로 소리의 크기를 다르게 연습하도록 한다. 조용한 곳에서 소리를 내지 않고 호흡만 연습해도 상당히 도움이 된다. 시끄러워도 괜찮은 곳이라면 자신이 낼 수 있는 최대한의 성량까지 도전한다. 목소리가 작은 사람은 주위 사람에게 확인을 받도록 하자. 이들은 워낙 조용하게 말하는 습관이 있어서 큰 소리를 내고 자기가 놀라거나 주위에 폐를 끼친다고 걱정한다. 주변에 도움을 요청해서 자신이 생각하는 것보다 더

크게 소리를 내도 그렇게 크지 않다는 걸, 그렇게 해도 괜찮다는 걸 자각할 필요가 있다. 그래야 자신 있게 연습할 수 있다.

Q. 얼마나 연습하면 자연스럽게 발성을 할 수 있나요?

A. 개인차가 크다. 배우자마자 잘하는 사람이 대다수다. 배울 때는 잘하는데 혼자 할 때는 안 되는 사람도 있다. 복식호흡 발성은 잘하는데 스타카토 발성은 어려워하기도 한다. 반대의 경우도 있다. 계속 안 되다가 며칠 뒤에 잘하는 사람도 있다. 그렇지만 어쨌든 예전의 나보다는 다들 빨리 배웠다. 내가 9개월이나 걸린 것은 잘못 배운 복식호흡 방법을 고쳐야 했기 때문이다. 수강생들은 처음 배우는 단계라 금방 속도가 붙었던 것 같다. 더군다나 내가 알려주는 방법이 무척 단순한 점도 있다. 숨 마시면 배가 나오고 말하면 배가 들어가는 것, 이게 전부다.

Q. 스타카토 발성이 잘 안 돼요.

A. 우선 호흡만 해보자. 입으로 숨을 마시고, 왕창 숨을 뱉는다. '하!' 하고 커다란 풍선이 배에서 밖으로 튀어나오듯 숨을 뱉는다. 이것도 잘 안 되면 그냥 배를 조이자. 힘을 줘 일부러 뱃살을 집어넣는다. 배가 많이 들어가는 사람은 스타카토 발성을 잘한다. 반면에 배를 잘 집어넣지 못하는 사람은 스타카토 발성을 어려워한다. 스타카토 발성이 어려운 사람은 아마 평소 배를 내밀고 있는 습관이 있을 것이다. 그러나 배에 힘이 있어야 발성도 잘하고 자세도 반듯하다. 배에 힘을 주는 연습을 먼저 해보자. 조금씩 배가 들어가면 공기를 마시고 뱉는 연습을 한다. 그런 다음 '아!' 소리를 내면서 연습한다.

Q. 숨소리가 너무 큰데 어떻게 하죠?

A. 숨소리는 커도 괜찮다. 복식호흡 발성을 연습할 때는 숨을 많이 마셔야 소리도 시원하다. 다만 길게 소리를 내기 위해 숨을 너무 깊이 들이마시진 말자. 그러면 어지럽다. 마치 수영할 때처럼 한 번에 빨리 공기를 빨아들이는 것이다. '0.01초'를 기억하자. 순식간에 숨을 마신다. 실제로 말할 때 공기를 마시는 소리는 크지 않다. 자신이 의식하기 때문에 들리는 것뿐이다. 호흡이 자연스러워지면 숨소리도 덩달아 자연스러워진다. 대화에 전혀 방해되지 않는 선이다. 그보다는 말이 빠르고 숨이 가빠서 급하게 숨을 들이마실 때의 숨소리가 훨씬 크다.

발음만 좋아도
사람이 달라 보인다

다행히
발음은 금방 좋아진다

놀랍게도 한국인의 대부분은 발음이 좋지 않다. 그래서 발음이 정확하면 말을 잘하는 사람으로 보일 수 있다. 가장 빠르게 말하기 실력이 느는 방법은 발음을 고치는 것이다. 말하기의 여러 영역 중에서도 발음은 제일 금방 좋아지는 부분이다. 목소리보다 발음이 더 빨리 개선될 수 있다. 명료한 발음으로 말하면 메시지가 분명히 전달되고 매우 똑똑해 보인다.

간혹 발음을 또박또박 말하면 과장돼 보이지 않느냐고 묻는 사람이 있다. 발음은 표준 발음법에 따라 정확하게 소리 내는 게 맞다. 그렇게 발음해야 상대방이 알아들을 수 있기 때문이다. 발음은 의사소통을 위해 존재한다. 나의 편의를 위해서가 아니라 상대방이 이해하기 위한 것이다.

발음은 사회적 약속이다. 발음을 흐지부지하게 하는 건 소통을 방해하기 위한 차원에서만 할 수 있다. 예컨대 다른 사람이 알아들으면 안 되는 비밀을 속삭일 때는 최대한 입을 움직이지 않고 말해야 한다. 이런 상황이 아니라면 발음을 명확하게 해야 한다. 생각을 바꾸자. 타인이 내 말을 잘 알아들으면 그 혜택은 결국 내게 온다.

아나운서의 목소리가 좋은 이유는 또렷한 발음도 한몫한다. 그리고 아나운서뿐만 아니라 누구나 좋은 목소리를 가지고 있다. 발음이 좋지 않아서 드러나지 않았을 뿐이다. 이번 장에서는 아나운서처럼 확실하게 발음하는 방법을 소개한다. 국어 발음의 정확한 기준을 제시하고, 빠르게 발음이 좋아지는 원리를 담았다. 매일 이 책을 꺼내서 발음 부분을 소리 내어 읽고 자기 것으로 만들자.

발음이
안 좋은 이유

단어 '그러면'을 발음해보자. 거울을 보라. 혀를 깨물고 있는가? 그렇다면 잘못 발음하는 것이다. 'ㄴ' 받침에서 혀를 깨물면 'ㄷ, ㅌ, ㅅ, ㅈ, ㅊ, ㅆ' 받침도 혀를 깨물 것이다. '닫, 볕, 햇, 낮, 닻, 했'을 발음해보자.

거울을 보고 어떻게 발음하고 있는지 살펴보자. 'ㅅ' 발음이 어려운가? 바람이 새는 소리가 나는가? 혀가 짧다고 생각하는가? 아니면 영어의 'th([θ] 또는 [ð])' 발음으로 하고 있는가? 그렇다면 혀를 길게 내민 것이다. 발음이 꼬이는가? 아마도 턱을 벌리지 않고 말하고 있을 것이다. 똑바로 발음하지 못하고 우물거리는 것 같은가? 이는 모음 21개 전체를 제대로 발음하지 못하기 때문에 그런 것이다. 하지만 걱정할 것 없다. 당신만의 문제가 아니다. 발음은 연습하면 금방 또박또박해진다.

우리나라 사람은
왜 발음이 안 좋을까

내가 발음을 가르친 사람 중에 40대 공무원이 있었다. 나는 카페에서 그를 처음 만났다. 그는 발표나 보고는 곧잘 하는데 대화가 힘들다고 했다. 후임들과 점심을 먹을 때 사적인 대화를 나누면 딱히 할 말이 없고, 친구들과 이야기할 때도 대화를 주도하지 못하고 반응을 어떻게 해야 할지 난감하다고 했다.

그의 이야기를 들으며 나는 몸을 숙이고 귀를 기울여야 했다. 그의 음성은 결코 작지 않았지만 카페의 웅성거림에 묻혔다. 발음이 좋으면 시끄러운 곳에서도 잘 들리는데 그는 반대였다. 말이 온통 희미하게 들렸다.

나는 발음 교정부터 하자고 제안했다.

"대화의 기술을 배울 때가 아니에요. 이런 발음으로 말하면 상대는 무슨 말인지 못 알아들을 게 뻔해요. 사적인 대화를 나누는 곳은 식당이나 카페예요. 소음이 뒤섞인 곳이죠. 상대가 무슨 말인지 못 알아들어서 되묻는 일이 잦을 거예요. 하지만 질문이 반복되면 대화의 맥이 끊기고 재미가 없어지죠. 통화할 땐 더 자주 그러죠? 당신을 잘 모르는 사람은 알아듣는 게 더 어려울 거예요."

그는 놀라면서 자신의 상황이 바로 그렇다고, 발음이 안 좋은지 처음 알았다고 했다.

그를 만나기 전까지만 해도 특별히 발음을 가르친 적은 없었다. 전에 5년간 방송을 꿈꾸는 사람을 가르치긴 했다. 나의 최초 학생은 아이돌 연습생이었다. 이들은 매일 노래와 랩을 연습해서 발음을 가르칠 필요가 없었다(현재는 유명 아이돌로 활동 중이다). 아나운서, 기자, 쇼호스트 지망생을 교육했는데 다들 방송을 유심히 보다 보니 발음이 또렷했다. 나는 논리적으로 말하는 법과 자신을 표현하는 법, 방송 언어 예절에 중점을 두고 강의했다.

게다가 내 주변에는 발음 좋은 사람이 포진해 있었다. 회사의 인사팀, 회계팀, 경영관리팀 등 방송을 직접 하지 않는 다른 팀 직원들도 발음이 썩 괜찮았다. 방송인과 일하는 게 영향을 미쳤는지 모른다. 지인들은 대부분 아나운서나 기자, PD, 쇼호스트라 발음이 좋았다. 그래서 나는 우리나라 사람들이 이렇게나 발음이 안 좋은지 몰랐다. 이 사례의 수강생만 유독 발음이 안 좋은 게 아니었다. 그해 1,000명 이상을 직접 만나 스피치를 가르쳤는데 한두 명만 빼고 죄다 발음이 나빴다.

왜 발음에
신경 써야 하는가

발음의 차이는 말하는 데 얼마나 신경을 쓰는지에서 온다. 방송인은 자신이 말하는 걸 신경 쓰다 보니 발음이 좋은 것이다. 이들은 방송에 나온 영상을 다시 보면서 문제점이 무엇인지 분석한다. 방송하는 사람에게 발음은 기본적으로 갖춰야 할 자질이다.

물론 방송하는 사람 중에도 발음이 안 좋은 사람이 있다. 그러나 그들은 특정 발음이 안 될 뿐 나머지 발음은 잘한다. 적어도 자신이 무슨 발음을 못하는지 알고 있다. 반면 방송을 하지 않는 사람은 자신을 보는 일이 드물다. 발표도 드문드문 한다. 발표해도 촬영하지 않으면 자기 모습을 보지 못한다. 그런데 이들은 발표를 잘하지 못하는 건 긴장해서, 논리력이 부족해서 그렇다고 생각한다. 발음 문제로 연결 짓지 못하는 것이다.

하물며 모국어 발음이다. 외국어면 발음에 신경 쓰겠지만 한국어 발음을 왜 신경 쓰냐고 생각한다. 태어날 때부터 들었고 글을 쓰기 전부터 말했다. 학교에서 몇 년이나 국어를 배웠다. 여태 살면서 발음으로 문제가 생긴 적도 없었다. 그 결과 나쁜 발음이 고착화됐다. 전체 발음을 다 못하는 지경에 처한 것이다.

말을 빠르게 하는 사람도 정말 많다. 이들은 입을 거의 벌리지 않고 말을 쏟아낸다. 성격이 급해서 그렇다. 발음을 정확히 하려면 절대 빨리 말할 수 없다. 그러려면 입이 아주 크고 빠르게 움직여야 한다. 래퍼들의 입을 보면 알 수 있다. 빨리 말해도 되는 건 랩밖에 없다. 래퍼처럼 발음이 좋지 않은 이상 많은 말을 급하게 하면 당연히 버벅거리고 더듬는다. 상대방은 이해되지 않는 부분이 있어도 말을 끊고 물을 수 없어서 가만 듣고 있다. 결국 소통이 잘되지 않는다.

많은 사람이 발음을 제대로 하는 법을 모른다. 예컨대 '명확한 발음으로 말하지 않으니 말에 힘이 없다'를 말해본다면 [명화칸 바르므로 말:하지 아느니 마:레 히미업:따]로 발음해야 맞다. 음절을 하나하나 살펴보자. '명확한[명화칸]'에서 [명]의 'ㅕ'는 턱을 벌리고 입술에 살짝 힘을 준다. [화]의 'ㅎ'은 바람 소리를 강하게 내고 'ㅘ'

는 입을 모았다가 곧장 크게 벌려 발음한다. [칸]의 'ㅋ'은 공기를 거세게 뱉고 'ㅏ'는 입을 크게 벌려 발음하며 'ㄴ' 받침은 혀끝을 입천장에 붙인다. 이렇게 단어 하나에도 올바른 혀의 위치와 입과 턱의 모양이 각기 존재한다.

정확한 발음은
나와 상대를 위한 약속

한 수강생은 회사 대표와 회의할 때 빠짐없이 녹음한다고 했다. 대표의 말이 빠르고 발음이 부정확해서 알아듣기 힘들기 때문이다. 회의가 끝나면 팀원들과 녹음한 내용을 다시 들으며 지시 내용을 파악한다고 했다. 얼마나 비효율적인가. 대표의 발음이 좋았다면 직원들이 이런 수고를 덜고 그 시간에 일을 더 해서 수익 창출에 기여했을 것이다.

발음은 메시지 전달에 어떤 영향을 미칠까? 발표 내용이 아무리 잘 짜여 있어도 발음이 좋지 않으면 청중들에게 가닿지 않는다. 즉 전달이 먼저이고 내용 파악이 다음이다. 지적 수준이 높아도 발음이 좋지 않으면 박학해 보이지 않는다. 사업 능력이 아무리 뛰어나도 발음이 좋지 않으면 설득력을 잃는다. 능력을 파악하기 전에 발음이 좋지 않은 게 먼저 보인다. 이처럼 발음은 하고자 하는 말을 전달하는 1차적 수단이다.

띄어쓰기와 맞춤법은 글을 읽는 사람이 바르고 빠르게 이해하기 위해 존재한다. 표준 발음법은 듣는 사람이 말을 바르고 빠르게 이해하기 위해 존재한다. 아나운서만 또박또박 발음해야 하는 게 아니다. 정확한 발음은 소통의 필수 요소다. 말은 전달하기 위해서 하는 것이다. 듣는 사람이 알아들을 수 있도록 말해야 한다. 우리가 정확한 발음을 지켜야 하는 이유다. 발음은 사회적 약속이다.

아무리 나쁜 발음도
연습하면 좋아진다

다행히도 발음은 금방 좋아진다. 나는 아나운서 학원에 다니기 시작한 초기에 발음이 좋아졌다. 이후 방송하면서도 발음 공부를 계속한 덕분에 지금도 또박또박 정확하게 발음할 수 있다. 그렇게 공부하며 깨달은 발음 방법을 수강생들에게 전수하고 있다.

　발음은 연습하는 즉시 눈에 띄게 성장한다. 매일 말하는 모든 순간에 발음을 신경 쓰면 대부분 3개월 이내에 몰라보게 달라진다. 그리고 한번 배운 발음은 절대 까먹지 않는다. '발음 잘해야지.'라고 마음먹으면 아나운서처럼 발음할 수 있다. 순식간에 다른 사람으로 변신한다.

　발음은 정해진 방법이 있다. 표준 발음법대로 하면 된다. 다만 학생 때처럼 국어 공부하듯 하면 안 된다. 실생활에서 발음을 어떻게 소리 내야 하는지 알아야 한다. 즉 '바뀌는 발음'을 잘하는 게 관건이다. 먼저 모음과 자음 발음을 하나씩 익힌다. 그다음 모음과 자음이 만나 단어가 됐을 때, 단어들이 만나 문장이 됐을 때 발음이 바뀌는 원리를 깨우친다. 마지막으로 이 바뀌는 발음을 확실하게 들리도록 말하는 법을 익힌다. 이것이 내가 발견한 발음 잘하는 노하우다. 이 노하우를 익히면 발음이 놀라울 정도로 또렷해질 것이다.

발음을 잘하면 주변에서 '목소리가 좋다'고 말한다. 자신의 본래 음색이 드러나기 시작한다. 그동안 불분명한 발음이 좋은 목소리를 가린 것이다. 명확한 발음은 안개가 걷히듯 당신의 고유한 목소리를 세상에 뽐내도록 만든다. 소리를 크게 내지 않아도 또렷한 발음은 뚜렷하게 들린다. 복식호흡 발성에 적응하기 전이라도 분명한 발음으로 편하게 말할 수 있다.

발음이 명료하면 설득과 협상에 유리하다. 말에 확신이 실리고 청중은 설득을 당한다. 청중은 저렇게 확신에 차서 말한다면 필시 이유가 있으리라 생각한다. 또한 발음을 연습하면 여유롭게 말할 수 있다. 성격이 급할수록 모음 발음에 집중하면 말을 천천히 하게 된다. 그러면 상대방이 빠르게 알아듣고 당신의 이야기에 집중하는 모습을 목격할 수 있다. 여유로운 말하기는 멋지고 진중한 인상을 풍긴다. 사람들은 당신의 이야기에 집중하고 결국 당신의 매력에 푹 빠질 것이다.

아나운서처럼 말하는
19개 자음 발음법

우리나라 한글의 발음은 영어와 달리 혀가 치아 앞으로 나오지 않는다. 혀는 입안에서만 움직이고 입천장에 자주 닿는다. 그리고 바람을 뱉어야 시원한 발음을 할 수 있다. 자음의 글자 모양을 상상하며 발음하면 상당히 정확한 발음으로 말할 수 있다. 또한 자음마다 모음 'ㅡ'를 붙여 발음하면 혀의 움직임을 이해하기 수월하다. 여기서는 각각의 자음을 정확히 발음하는 법을 살펴보고 자음마다 예로 제시된 단어로 연습해보자.

19개 자음의
혀 위치와 발음법

홍버튼의
강의 영상

세종대왕의 한글 창제 원리를 머릿속에 그려보자. 세종대왕은 실제로 우리의 입과 혀, 목구멍의 움직임을 본떠 자음을 만들었다. 19개 자음은 다음과 같다.

ㄱ, ㄴ, ㄷ, ㄹ, ㅁ, ㅂ, ㅅ, ㅇ, ㅈ, ㅊ, ㅋ, ㅌ, ㅍ, ㅎ, ㄲ, ㄸ, ㅃ, ㅆ, ㅉ

각 자음은 발음할 때 입안에서 소리 나는 지점과 소리 내는 방법이 다르다. 구체적으로는 아래 그림에서 확인하자.

입천장의 부드러운 곳에서 소리 나는 자음: ㄱ, ㅋ, ㄲ

입천장의 오돌토돌한 곳에서 소리 나는 자음: ㄴ, ㄷ, ㅌ, ㄸ, ㄹ, ㅈ, ㅊ, ㅉ

입천장 가까운 곳에서 소리 나는 자음: ㅅ, ㅆ

입술에서 소리 나는 자음: ㅁ, ㅂ, ㅍ, ㅃ

목구멍에서 소리 나는 자음: ㅇ, ㅎ

바람 소리가 많이 나는 자음: ㅊ, ㅋ, ㅌ, ㅍ, ㅅ, ㅎ

혀 또는 입술에 힘주며 강하게 소리 나는 자음(된소리): ㄲ, ㄸ, ㅃ, ㅆ, ㅉ

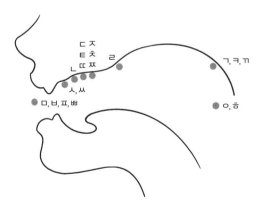

각 자음을 발음할 때 소리 나는 지점

각 자음의
정확한 발음 방법

1. 'ㄱ': 기역[기역]

혀 안쪽이 목구멍으로 들어가며 소리
가 난다. 혀가 'ㄱ' 모양으로 움직인다.
[그]를 발음해보자. 혀의 안쪽이 목구
멍으로 들어가면서 'ㄱ' 모양을 그린
다. 혀 안쪽은 목구멍과 가까운 지점을

말한다. 혀 안쪽이 연구개에 붙어 있다가 떨어지면서 목구멍으로 들
어간다. 연구개는 목구멍에 가까운 안쪽 입천장, 연한 입천장을 말
한다. 'ㄱ' 받침도 똑같이 움직인다.

예시 기역, 가구, 기각, 기구, 개국, 개각, 가교

2. 'ㅋ': 키읔[키윽] 'ㄱ+ㅎ=ㅋ'

'ㄱ'보다 거세게 바람 소리가 난다. [크]를 발음해보자. 'ㅋ'은 'ㄱ'과
'ㅎ'을 결합해 만든 거센소리다. 자음 중에서 거센소리는 'ㅊ, ㅋ, ㅌ,
ㅍ' 네 개로 말 그대로 거세게 발음한다. 공기를 많이 뱉어야 한다.
손바닥을 턱 아래에 대고 [크]라고 말해보자. 이때 손바닥 전체에
바람이 닿아야 한다. 'ㅋ'은 바람 소리를 덜 내면 'ㄱ'처럼 들린다. 주
의하자.

예시 크기, 크다, 키, 개각하다[개:가카다], 기각하다[기가카다]

3. 'ㄲ': 쌍기역[쌍기역]

혀가 입천장에서 떨어지면서 'ㄱ'보다 강하게 소리가 난다. [끄]를 발음해보자. 'ㄲ'은 된소리다. 된소리는 'ㄲ, ㄸ, ㅃ, ㅆ, ㅉ' 다섯 개다. 된소리는 강하게 발음하는 자음이다. 혀 안쪽이 연구개에 붙어 있다가 강하게 떨어지면서 목구멍으로 들어간다. 'ㄲ'을 발음할 때 바람 소리를 덜 뱉으면 'ㄱ'처럼 들린다. 주의하자.

예시 곡기[곡끼], 객기[객끼], 각각[각깍], 국가[국까], 각개[각깨]

4. 'ㄴ': 니은[니은]

자음 중에서 가장 많이 틀리는 발음이다. '난'이란 단어를 발음해보자. [난]에서 혀를 깨문다면 잘못 발음한 것이다. 혀가 안 보여야 한다.

'ㄴ'은 혀끝이 입천장에 닿는 모양을 그린 글자다. [느]를 발음해보자. 혀끝이 입천장 오돌토돌한 부위에서 떨어지면서 소리가 나야 한다. 입천장 오돌토돌한 부위는 치아 쪽과 가까운 딱딱한 입천장인 경구개다. 여기서 치아 쪽과 가깝다는 것은 목구멍과 가까운 입천장과 구분하기 위한 표현으로, 치아와 맞닿아 있는 입천장이 아니다.

만약 혀끝을 위쪽 앞니 뒤에 붙였다가 떨어뜨리면서 발음하면 잘못하는 것이다. 이건 영어의 알파벳 'N[느]'을 발음하는 방법이다. 혀를 길게 내밀어 발음해서 혀가 치아에 닿는 것이다. 'ㄴ'은 혀끝을 더 올려서 앞니가 아닌 입천장에 붙여야 한다.

특히 종성, 즉 'ㄴ' 받침에서 혀를 깨무는 경우가 흔하다. 받침도 같은 자리, 입천장 오돌토돌한 곳으로 혀를 올려야 한다. 'ㄴ' 받침을 [ㅇ]으로 잘못 발음하기도 한다. 가령 건강[건:강]을 [겅강]으로 잘못 발음하는 경우다. 'ㄴ' 받침도 혀끝에 힘을 주고 입천장으로 올리자.

예시 니은, 나, 너, 난, 넌, 누나, 개근, 난간, 군가, 나누다

5. 'ㄷ': 디귿[디귿]

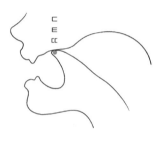

혀가 입천장 오돌토돌한 부위에 닿았다가 떨어지면서 소리가 난다. 'ㄴ' 다음으로 쉽게 틀리는 자음 발음이다. 닫다[닫따]를 발음해보자. [닫]을 발음할 때 혀를 깨무는 사람이 있다. 잘못 발음하는 것이다. 'ㄷ'도 'ㄴ'과 마찬가지로 혀끝이 입천장 오돌토돌한 부위로 올라가야 한다. [드]를 발음해보자. 혀의 옆 모양은 'ㄴ'과 같다.

'ㄴ'과 'ㄷ'의 차이점은 'ㄷ'이 한 획이 더 있다. 'ㄴ'보다 혀가 입천장에 더 넓게 닿는다. [드]를 발음할 때 혀가 입천장에 닿는 면적이 'ㄷ' 모양이다. 혀의 앞면과 옆면까지 'ㄷ' 모양으로 입천장에 닿는다. 혀를 입천장에 붙였다가 떨어뜨리면서 소리가 난다. 만약 혀가 치아 뒤에서 떨어지며 소리를 내면 발음이 약해진다. 이건 영어의 알파벳 'D[드]'를 발음하는 법이다.

'ㄷ' 받침에서도 혀를 깨물어선 안 된다. 'ㄷ, ㅅ, ㅈ, ㅊ, ㅌ, ㅆ' 등

의 받침은 거의 [ㄷ]으로 발음한다. 왕왕 틀릴 수 있으니 주의하자. 'ㄷ' 받침도 초성과 마찬가지로 혀끝이 입천장에 닿도록 한 채 발음한다.

예시　디귿, 도덕, 대단, 낮[낟], 낯[낟], 낱[낟], 돛[돋], 닫아걸다[다다걸다]

6. 'ㅌ': 티읕[티읕] 'ㄷ+ㅎ=ㅌ'

'ㄷ'보다 거세게 바람 소리가 난다. [트]를 발음해보자. 'ㅌ'은 'ㄷ'과 'ㅎ'을 결합해 만든 거센소리다. 혀끝이 입천장 오돌토돌한 부위에서 떨어질 때 거세게 공기가 나와야 한다. 손바닥을 입에 대고 [트]를 발음하면 많은 양의 공기가 입 밖으로 나와야 한다. 'ㅌ'은 바람 소리를 덜 뱉으면 'ㄷ'처럼 들린다. 주의하자. 'ㅌ' 받침은 [ㄷ]으로 발음한다.

예시　터지다, 타다, 국토, 토끼, 검토, 톹[톧], 태권도[태꿘도], 태우다

7. 'ㄸ': 쌍디귿[쌍디귿]

혀가 입천장에서 떨어지면서 'ㄷ'보다 강하게 소리가 난다. [뜨]를 발음해보자. 'ㄸ'은 된소리다. 강하게 발음한다. 혀가 닿는 면적이 'ㄷ'보다 두 배는 넓다. 혀에 힘을 준 채 입천장 오돌토돌한 부위에 붙였다가 강하게 떨어뜨리면서 소리를 낸다. 'ㄸ'을 바람 소리를 덜 뱉으면 'ㄷ'처럼 들린다. 주의하자.

예시　닫다[닫따], 됐다[됃ː따], 왔다[왇따], 뜯다[뜯따], 뜯어내다[뜨더내다]

8. 'ㄹ': 리을[리을]

혀끝이 입천장에 닿았다가 떨어지면서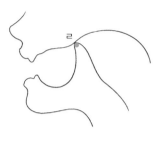
소리가 난다. 혀가 ')' 모양으로 올라
간다. 'ㄹ'도 쉽게 틀리는 발음이다. '그
럴 수 있다'를 발음해보자. [럴]의 발
음이 깔끔하게 소리 나야 한다. [그덜]
이라고 발음하는 사람이 있다. 'ㄹ'을 'ㄷ'처럼 발음해서 혀 짧은 소
리가 나는 것이다. 혀끝을 위쪽 앞니 뒤에서 떨어뜨리는 습관이 있
으면 이렇게 된다. 이것은 영어의 알파벳 'L[르]'을 발음하는 방법이
다. 혀끝을 더 올려 소리를 내야 한다.

  [그RR럴]이라고 발음하는 사람도 있다. 영어의 'R'처럼 혀를 굴려
발음하는 것이다. 'R'은 혀가 입천장에 닿지 않고 입안에서 말린 채
발음한다. 'ㄹ'은 혀끝이 입천장에 닿아야 한다. 혀를 더 들어 올리
자. [르]를 발음해보자. 'ㄹ'도 혀끝이 입천장에 닿았다가 떨어지면
서 소리가 난다. 'ㄷ'보다 조금 더 뒤에, 경사진 입천장에 혀끝이 닿
는다. 'ㄹ' 받침도 같은 자리에 혀끝이 다시 올라간다. [를]을 발음해
보자. [르을]이라고 발음하며 혀를 입천장에서 천천히 떼었다가 다
시 붙이면서 자리가 어디인지 익히도록 하자.

예시 리을, 랄랄라, 돌아가다, 도로[도ː로], 대로[대ː로], 우리나라, 날개

9. 'ㅁ': 미음[미음]

입술을 붙였다가 떨어뜨리면서 소리가 난다. [므]를 발음해보자.
'ㅁ'은 발음하기 쉽다. 단, 입술을 말지 않는다. 틀린 발음은 아니지

만 나는 하지 않는다. 입술을 말았다가
펼치면 그만큼 시간이 길어지면서 쓸
데없이 길게 발음된다. 장음이 아닌 경
우 길게 발음하면 틀린 발음이다. 윗입
술과 아랫입술이 떨어지면서 소리를
내야 깔끔하다. 'ㅁ' 받침은 입술이 닫힌다.

예시　엄마, 어머니, 미음, 매미, 마감, 마음, 만남, 남매, 마음가짐, 감각, 묘미

10. 'ㅂ': 비읍[비읍]

입술을 붙였다가 떨어뜨리면서 소리가 난다. [브]를 발음해보자.
'ㅂ'은 'ㅁ'처럼 윗입술과 아랫입술을 떨어뜨리면서 소리를 낸다. 입
술이 열리면서 바람이 나오는 게 느껴져야 한다. 'ㅂ' 받침은 입술이
닫힌다. 입술을 말지 않는다.

예시　비읍, 밥, 법, 바람, 보배, 분배, 분반, 매번, 빈번

11. 'ㅍ': 피읖[피읍] 'ㅂ+ㅎ=ㅍ'

입술을 힘주어 붙였다가 떨어뜨리면서 거세게 바람 소리가 난다.
[프]를 발음해보자. 'ㅍ'은 'ㅂ'과 'ㅎ'을 결합해 만든 거센소리다. 손
바닥을 입에 대면 많은 양의 공기가 입 밖으로 나와야 한다. 'ㅍ' 받
침은 [ㅂ]으로 발음한다. 받침에서는 입술이 닫힌다. 입술을 말지
않는다. 'ㅍ'을 발음할 때 바람 소리를 덜 뱉으면 'ㅂ'처럼 들린다. 주
의하자.

예시　파란, 팔다, 풍경, 명품, 품평, 푸르다, 나뭇잎[나문닙], 엎드리다[업뜨리다]

12. 'ㅃ': 쌍비읍[쌍비읍]

'ㅂ'보다 입술이 강하게 떨어지면서 소리가 난다. [쁘]를 발음해보자. 'ㅃ'은 된소리다. 강하게 바람이 나와야 한다. 발음할 때 입술을 말지 않는다. 'ㅃ'을 발음할 때 바람 소리를 덜 뱉으면 'ㅂ'처럼 들린다. 주의하자.

예시 바쁘다, 바빠, 아빠, 오빠, 논법[논뻡], 군법[군뻡], 변법[변:뻡]

13. 'ㅅ': 시옷[시옫]

'ㅅ'은 혀끝이 입천장 쪽으로 올라가지만 어디에도 닿지 않은 채 바람이 빠지면서 소리가 난다. [스]를 발음해보자. 'ㅅ' 글자는 혀끝과 치아 사이로 바람이 나가는 길을 그린 것이다. 상상하면서 발음해야 잘된다.

많은 사람이 'ㅅ' 발음을 어려워한다. '수고했어[수고해써]'를 발음해보자. [써]를 발음할 때 혀가 보인다면 잘못 발음하는 것이다. 이러면 혀 짧은 소리가 난다고 한다. 실제로 혀가 짧은 게 아니라 혀를 길게 뻗어서 소리를 낸 것이다. 앞에서도 말했지만 영어의 [θ]로 발음해서 그렇다.

발음을 고치는 방법은 두 가지다. [θ]로 발음하는 사람은 혀끝을 아랫잇몸에 붙여서 발음하자. 아랫니 밑에 있는 잇몸에 혀를 붙인 채 [스~] 하고 바람을 뱉으면서 발음하면 된다. 새는 소리가 난다고 고민하는 사람은 공기가 덜 새어나가서 시원찮은 소리가 나는 것이다. 원래 하던 대로 혀는 신경 쓰지 말고 하되 공기를 많이 마시고 바람을 더 뱉어 발음하자.

'ㅅ'은 [스~] 하고 바람 새는 소리가 크게 나야 한다. [스~]를 하다가 턱을 크게 벌려 [아]를 발음하면 [사]다. [스~]를 하다가 턱을 벌려 [어]를 발음하면 [서]다. 'ㅅ' 발음이 어렵다면 이 방법으로 모음 21개를 붙여서 발음하자. '사, 서, 소, 수, 스, 시, 새, 세, 쇠, 쉬, 샤, 셔, 쇼, 슈, 섀, 셰, 솨, 숴, 쇄, 쉐, 싀' 'ㅅ' 받침은 [ㄷ]으로 발음한다.

예시 손님, 서사, 사람[사:람], 새소리, 시선, 스스로, 용솟음[용소슴], 사슴, 낫[낟], 돗[돋]

14. 'ㅆ': 쌍시옷[쌍시옫]

'ㅅ'보다 강한 바람 소리가 난다. 바람이 뚱뚱한 'ㅅ' 모양으로 새어 나온다. [쓰]를 발음해보자. [쓰~]를 하다가 턱을 크게 벌려 [아]를 발음하면 [싸]다. [쓰~]를 하다가 턱을 벌리면서 입술에 힘을 주면 [써]다. 'ㅆ' 받침은 [ㄷ]으로 발음한다. 'ㅆ'을 발음할 때 바람 소리를 덜 뱉으면 'ㅅ'처럼 들린다. 주의하자.

예시 말씀, 속세[속쎄], 각색[각쌕], 색상[색쌍], 반갑습니다[반갑씀니다], 고맙습니다[고:맙씀니다], 닷새[닫쌔]

15. 'ㅇ': 이응[이응]

혀는 가만히 둔다. [으]를 발음해보자. 'ㅇ'은 혀가 움직이지 않은 채 소리가 난다. 받침도 목에서 소리가 난다. 'ㅇ'으로 시작하는 글자에서 경상도 사투리가 티가 난다. 가령 '어제, 오늘, 이것을' 등의 글자에서 첫음절 [어], [오], [이]의 톤을 확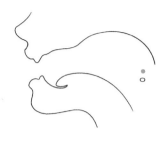
올리기 때문이다. 해당 글자의 톤을 낮
추면 사투리를 고칠 수 있다.

　참고로 'ㄴ, ㅁ, ㅇ'은 비음이다. 비음
은 콧소리가 난다. 만약 'ㄴ, ㅁ, ㅇ'이
아닌 글자에서도 콧소리가 난다면 목소리 톤이 높아서 그렇다. 톤을
낮춰야 한다.

예시　언니, 아름답다, 건강[건:강], 중앙, 영양, 강가[강까], 여름

16. 'ㅈ': 지읒[지읃]

혀가 입천장 오돌토돌한 부위에 닿았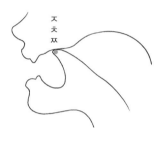
다가 떨어지면서 소리가 난다. [즈]를
발음해보자. 'ㅈ'은 혀의 앞부분부터
'ㅈ' 모양으로 입천장 오돌토돌한 부위
에 닿았다가 떨어진다. 혀의 앞부분과 중간, 중간에서부터 옆으로
뻗어지는 부위까지 입천장에 닿는다. 입천장에서 혀끝이 떨어지면
서 시원한 소리가 나야 한다. 공기가 많이 빠져나와야 제대로 소리
가 난다. 'ㅈ' 받침은 [ㄷ]으로 발음한다.

　'ㅈ'을 'ㄷ'처럼 잘못 발음하는 경우가 있다. 바람의 세기를 달리
해야 한다. 'ㅈ'은 'ㄷ'보다 바람 소리가 더 난다. [즈]와 [드]를 차례
로 발음해보자.

예시　제조, 제주, 자주, 주조, 잠자다, 낮[낟], 조절, 지읒[지읃], 대낮[대:낟]

17. 'ㅊ': 치읓[치은] 'ㅈ+ㅎ=ㅊ'

'ㅈ'보다 거세게 바람 소리가 난다. [츠]를 발음해보자. 'ㅊ'은 'ㅈ'
과 'ㅎ'을 결합해 만든 거센소리다. 거세게 바람을 뱉으며 발음한다.
'ㅊ'은 'ㅈ'보다 한 획이 더 있으며 혀가 입천장에 닿는 면적이 'ㅈ'보
다 넓다. 손바닥을 입에 대면 많은 양의 공기가 입 밖으로 나와야 한
다. 'ㅊ'을 발음할 때 바람 소리를 덜 뱉으면 'ㅈ'처럼 들린다. 주의하
자. 'ㅊ' 받침은 [ㄷ]으로 발음한다.

예시 추석, 춤추다, 아침, 개최, 추위, 차갑다[차갑따], 채색, 찾다[찯따], 추진
하다

18. 'ㅉ': 쌍지읒[쌍지은]

혀가 입천장에서 떨어지면서 'ㅈ'보다 강하게 소리가 난다. [쯔]를
발음해보자. 'ㅈ'보다 혓바닥이 입천장에 닿는 면적이 두 배는 넓다.
혀가 넓게 입천장에 붙었다가 힘을 주면서 떨어질 때 소리가 난다.
'쯧쯧쯧' 하고 혀를 차는 소리를 내보면 쉽게 발음할 수 있다. 'ㅉ'을
발음할 때 바람 소리를 덜 뱉으면 'ㅈ'처럼 들린다. 주의하자.

예시 낮잠[낟짬], 짧다[짤따], 멀쩡, 짜다, 쪼잔하다, 쭈뼛거리다[쭈뻗꺼리다]

19. 'ㅎ': 히읗[히은]

입을 연 채 공기가 목에서 빠져나가면서 바람 소리가 난다. [흐]를
발음해보자. 'ㅎ'은 자음 중에서 가장 바람 소리가 많이 난다. 'ㅎ' 발
음만 잘해도 발음이 훨씬 돋보인다. 'ㅎ'은 후음(喉音)이다. 한자로
'목 후'와 '소리 음'이라는 뜻으로 말 그대로 목구멍에서 나는 소리

다. 혀는 움직이지 않는다. 몸속에 공기를 충분히 채우고 배에서부터 바람 소리를 낸다. 'ㅎ'을 발음할 때 바람 소리를 덜 뱉으면 'ㅇ'처럼 들린다. 주의하자.

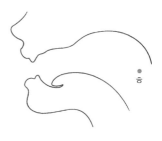

예시   하늘, 화해, 회한, 후회, 해후하다, 표현하다, 안녕하십니까, 다행이다

스타카토 발성으로
자음 발음 연습하기

흥버튼의
강의 영상

그, 느, 드, 르, 므, 브, 스, 으, 즈, 츠, 크, 트, 프, 흐, 끄, 뜨, 쁘, 쓰, 쯔

스타카토 발성으로 소리 내며 연습해보자. 2초에 한 글자씩 천천히 발음한다.

아나운서처럼 말하는 21개 모음 발음법

앞서 자음 19개를 바르게 발음하는 방법에 대해 알아봤다. 여기서는 모음 21개를 바르게 발음하는 방법에 대해 알아본다. 모음은 턱과 입술, 혀로 발음한다. 모음 발음을 잘하려면 턱을 벌리고 윗입술을 들어야 한다. 그리고 입안의 공간이 넓을수록 소리가 또렷하게 들린다. 각 모음의 정확한 발음 방법에 대해 살펴보고 모음마다 예로 든 단어로 연습해보자.

단모음과
이중모음으로 나뉜다

흥버튼의
강의 영상

자음이 발음기관의 모양을 본떠 만들어졌다면 모음은 자연의 형상을 본떠 만들어졌다. 천지인(天地人)을 뜻하는 기본자 'ㆍ', 'ㅡ', 'ㅣ'

세 글자에 획을 더하거나 결합해서 만들었다. 모음 21개는 다음과 같다.

ㅏ, ㅓ, ㅗ, ㅜ, ㅡ, ㅣ, ㅐ, ㅔ, ㅚ, ㅟ, ㅑ, ㅕ, ㅛ, ㅠ, ㅒ, ㅖ, ㅘ, ㅝ, ㅙ, ㅞ, ㅢ

모음은 단모음과 이중모음으로 나뉜다. 단모음은 짧게 소리가 나는 모음으로 'ㅏ, ㅓ, ㅗ, ㅜ, ㅡ, ㅣ, ㅐ, ㅔ'가 있다. 단모음은 입 모양을 하나로 발음한다. 이중모음은 소리를 내는 도중에 입술의 위치나 모양이 달라지는 모음으로 'ㅚ, ㅟ, ㅑ, ㅕ, ㅛ, ㅠ, ㅒ, ㅖ, ㅘ, ㅝ, ㅙ, ㅞ, ㅢ'가 있다.

각 단모음의
정확한 발음 방법

1. 'ㅏ': [아]

모음 중에서 입을 가장 크게 벌려 발음한다. 검지와 중지가 세로로 들어갈 만큼 벌리자. 손가락이 두 개는 들어갈 수 있을 만큼 벌려야 한다. 가장 시원한 소리가 나는 모음이다. 입보다 턱을 벌린다고 생각하자.

'ㅏ'를 발음할 때의 입 모양

그렇다고 턱이 빠질 정도로 벌리라는 말은 아니다. 위아래 어금니 사이에 새끼손가락이 들어갈 정도의 틈이면 충분하다. 앞니로 올수록 위아래 사이는 점차 넓어져야 한다. 입안의 공간이 넓어야 공기가 넉넉하게 들어가고 나갈 수 있다.

예시   사랑, 사람, 마당, 가방, 가마, 자장가, 자각하다[자가카다]

2. 'ㅓ': [어]

턱을 벌리면서 입술에 약간 힘을 주고 발음한다. 턱을 벌리지 않고 발음하는 사람이 정말로 많다. 경상도 사투리는 'ㅓ'를 'ㅡ'로 발음한다. 거짓말[거진말]을 [그진말]로 발음하는 식이다. 'ㅓ'는 정면에서

'ㅓ'를 발음할 때의 입 모양

보면 입을 크게 벌리지 않은 것처럼 보이지만 턱이 열려 있기 때문에 입안의 공간은 넓다. 'ㅓ'가 있는 글자마다 턱이 벌어져야 한다.

예시   어머, 어서, 서적, 저서, 전선, 서럽다[서ː럽따], 청정하다

3. 'ㅗ': [오]

입술을 모아서 앞으로 쭉 내밀어 발음한다. 입술이 나오는지 확인하자. 옆에서 보면 입술의 방향은 아래를 향한다. 입술이 코끝보다 앞으로 더 나온다. 스마트폰 카메라를 켜거나 거울로 자신의 얼굴을 보면서

'ㅗ'를 발음할 때의 입 모양

연습하자. 입술을 모으면서 힘을 준 채 앞으로 내밀자. 'ㅗ'가 연속되면 두 번째 글자에서 입술을 더 내밀어 발음한다.

예시   고모, 노모, 소모, 도로, 보조, 모자, 소소하다

4. 'ㅜ': [우]

윗입술을 코 쪽으로 들어 올려 발음한다.
윗입술을 드는 게 핵심이다. 가운데 윗
니 두 개가 보일 만큼 들어야 발음이 좋
다. 아랫입술로 윗입술을 밀어 올리는 게

'ㅜ'를 발음할 때의 입 모양

아니다. 윗입술만 들어 올린다. 아랫입술은 자연스럽게 따라 올라간
다. 윗입술과 인중이 맞닿은 지점에 힘을 준다. 말할 때 아랫니가 윗
니보다 잘 보일수록 윗입술을 쓸 줄 모르는 것이다. 윗입술이 윗니
를 덮고 있을 것이다. 답답한 소리가 나는 이유다. 'ㅜ'가 연속되면
두 번째 글자에서 윗입술을 더 올려 발음한다.

예시 준수, 사수, 수주하다, 무주, 마중하다, 주식, 부부, 주주총회

5. 'ㅡ': [으]

입술에 힘을 뺀 채 살짝 벌려 발음한다.
입술이 가장 작게 움직이는 모음이다. 윗
입술과 아랫입술을 떨어뜨린다. 턱으로
아랫입술을 잡아당기면서 발음하지 않는

'ㅡ'를 발음할 때의 입 모양

다. 이러면 아랫니가 드러난다. 입술 주변 어디에도 주름이 지지 않
는다. 입술이 살짝 벌어진 틈으로 공기를 내보내면서 발음한다. 힘
을 들일 필요가 전혀 없다. 이를 앙다물고 있지 말자. 윗니와 아랫니
사이에 틈이 있어야 공기가 나가면서 소리가 난다.

예시 틈, 그는, 모음, 음악, 그만, 지금, 스스로

6. 'ㅣ': [이]

입꼬리를 광대뼈 쪽으로 올려 발음한
다. 입꼬리를 옆으로 찢지 말고 광대뼈
쪽으로 올린다. 'ㅣ'를 발음할 때 주의
할 점은 턱 근육을 쓰지 않는다는 것이

'ㅣ'를 발음할 때의 입 모양

다. 턱을 당기지 않고 볼로 입꼬리를 당겨 발음한다. 마치 웃는 것처
럼 보일수록 소리가 좋다. 입꼬리가 위로 올라갈수록 윗니가 보인
다. 소리도 시원하게 나가고 호감을 주는 인상이 된다. 'ㅣ'는 혀가
앞으로 나오는 '전설모음'이다. 이때 혀끝은 아랫니에 닿는다. 'ㅣ'가
연속되면 두 번째 글자에서 입꼬리를 더 당겨 발음한다.

예시 지지, 기린, 미소, 인식, 어린이, 입꼬리, 기다리다

7. 'ㅐ': [애] 'ㅏ + ㅣ = ㅐ'

턱을 벌려 발음한다. 사람들은 'ㅐ'와 'ㅔ'
의 발음을 헷갈리곤 한다. 'ㅐ'는 턱 벌리
기를, 'ㅔ'는 입꼬리 올리기를 기억하자.
'ㅐ'는 'ㅏ'와 'ㅣ'를 합친 글자다. 'ㅏ'는
턱을 가장 크게 벌려 발음하는 모음이다.

'ㅐ'를 발음할 때의 입 모양

앞으로 모음에 'ㅏ'가 들어가 있으면 턱 벌리기에 신경 쓰자. 'ㅐ'는
전설모음 'ㅣ'가 들어가 있어서 혀가 앞으로 나온다.

예시 대지, 책장, 애정, 지지대, 대장부, 개나리, 재미있다, 대통령[대:통녕],
대한민국[대:한민국]

8. 'ㅔ': [에] 'ㅓ + ㅣ = ㅔ'

입꼬리에 힘을 준 채 발음한다. 'ㅔ'는 'ㅐ' 보다 입이 덜 벌어진다. 입꼬리에 살짝 힘을 준 채 턱을 벌려 발음한다. 'ㅔ'는 'ㅓ'와 'ㅣ'를 합친 글자다. 'ㅔ'는 전설모음 'ㅣ'가 들어 있어서 혀가 앞으로 나온다. '오네',

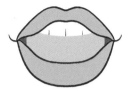

'ㅔ'를 발음할 때의 입 모양

'학교에 갔는데', '그렇게'처럼 'ㅔ'는 조사나 어미로 자주 등장한다.

예시 어제, 세금, 세상, 그런데, 눈이 오네, 새롭게[새롭께], 연락할게[열라칼께]

흥버튼's TIP **대표적인 장음**

말하다[말:하다], 눈[눈:]이 내린다, 밤[밤:]나무, 최고[최:고], 대통령[대:통녕], 대한민국[대:한민국], 한국[한:국], 20[이:십], 45세[사:시보세], 5년간[오:년간]

영어는 강세를 지키면 발음이 좋다고 한다. 국어에서 영어의 강세와 비슷한 역할을 하는 게 '장단음'이다. 장단음은 낱말을 이루는 소리 가운데 본래 다른 소리보다 길게 내는 소리인 '장음'과 짧게 내는 소리인 '단음'을 말한다. 장음과 단음을 구별해 말하면 단어의 본뜻과 음률이 잘 전달된다. 표준국어대사전에 단어를 검색하면 장음은 발음에 ':' 표시가 있다. 이 표시가 없으면 단음이다. 장음은 모음에만 적용되며 길게 발음한다. 원래 발음보다 턱을 더 벌리면 된다. 장음은 단어의 첫 글자에만 있다.

아나운서는 장음을 지켜 발음하기 위해 노력한다. 그러나 모든 장단음을 구별하긴 쉽지 않다. 나는 아나운서로 일하는 5년간 뉴스 기사와 프로그램 대본 전체를 사전에 검색해서 장음을 찾아 표기했다. 예전 아나운서는 장음을 상당히 길게 발음해서 확연히 구분되도록 했지만, 요즘 아나운서는 다른 모음보다 살짝 길게 발음하는 정도만 한다. 위에 제시한 대표적인 장음만 알아도 유용하다.

각 이중모음의
정확한 발음 방법

9. 'ㅚ': [오이] 'ㅗ + ㅣ = ㅚ'

'ㅚ'는 'ㅗ'와 'ㅣ'를 합친 글자다. 'ㅗ'로 시작해 'ㅣ'로 길게 발음한다. 입술을 모아 'ㅗ'를 만들고 'ㅣ'에서 입꼬리를 광대뼈 쪽으로 올리면서 발음한다. [ㅚ/ㅞ] 둘 다 발음할 수 있다. 나는 [ㅚ]로 발음한다. 표준 발음법에 따르면 'ㅚ'는 단모음이면서 이중모음이다. 그런데 'ㅚ'를 단모음으로 발음하기는 어렵다. 이중모음으로 입술 모양을 바꿔 발음하는 게 편하다. 'ㅚ'는 전설모음 'ㅣ'로 끝나므로 혀가 앞으로 나온다.

예시 된장, 최근, 최고로, 주최자, 회의, 사회, 국회의원[구쾨의원], 개최하다

'ㅗ'와 'ㅣ'를 빠르게 발음하는 'ㅚ'의 입 모양

10. 'ㅟ': [우이] 'ㅜ + ㅣ = ㅟ'

'ㅟ'는 'ㅜ'와 'ㅣ'를 합친 글자다. 'ㅜ'로 시작해 'ㅣ'로 길게 발음한다. 'ㅟ'도 'ㅚ'와 마찬가지로 단모음이면서 이중모음이다. 역시 단모음으로 발음하기는 어렵고 이중모음으로 발음하는 게 편하다. 먼저 윗입술을 코 쪽으로 올려 'ㅜ'를 만들고, 소리를 내며 동시에 입꼬리를 광대뼈 쪽으로 찢는다. 'ㅜ'로 시작하기 때문에 윗입술을 확실히

들면 윗니 두 개가 보인다. 'ᅱ'도 마찬가지로 전설모음 'ᅵ'로 끝나서 혀가 앞으로 나온다.

예시 위로, 뒤쪽, 윗사람[윈싸람], 위대하다, 위험하다, 귀가하다, 뉘우치다

'ㅜ'와 'ㅣ'를 빠르게 발음하는 'ᅱ'의 입 모양

11. 'ㅑ': [야]

입꼬리에 힘주면서 턱을 벌려 발음한다. 'ㅣ'에서 입꼬리를 광대뼈 쪽으로 올려놓고 동시에 'ㅏ'를 발음하듯 턱을 벌린다. 입을 움직이면서 소리를 낸다.

'ㅑ'를 발음할 때의 입 모양

예시 야구, 야심, 이야기, 모양, 방향, 약하다[야카다], 약국[약꾹], 감정이야말로

12. 'ㅕ': [여]

'ㅓ'보다 입술에 힘주면서 턱을 벌려 발음한다. 윗입술에 힘을 준 채 턱을 벌리면서 'ㅕ'를 발음한다. 턱이 벌어져야 한다. 이때 혀는 자연스레 따라 내려간다. 윗입술을 만지면 단단하다.

'ㅕ'를 발음할 때의 입 모양

예시 여러분, 청소년, 매력, 균형, 안녕, 어렵다, 훈련하다[훌:련하다], 역할[여칼], 느껴지다, 편하다

13. 'ㅛ': [요]

'ㅗ'보다 입술을 앞으로 더 내밀어 발음한다. 'ㅗ' 하듯이 입술을 동그랗게 모으고 한 번 더 앞으로 쭉 내밀어 발음한다. 입술

'ㅛ'를 발음할 때의 입 모양

은 코끝보다 더 앞으로 나온다. 'ㅗ'와 'ㅛ'를 구별해 발음한다.

예시 요즘, 요소, 고요함, 개교, 교양, 교묘하다, 용기, 용감하다, 필요하다[피료하다]

14. 'ㅠ': [유]

'ㅜ'보다 윗입술을 더 들어 올려 발음한다. 윗입술을 코와 가까워지도록 올린다. 윗입술을 만지면 단단하다. 'ㅠ'를 할 때 윗입술을 들어 올리면 윗니 두 개가 보인다.

'ㅠ'를 발음할 때의 입 모양

예시 우유, 소유하다, 유지하다, 여유롭다, 유리하다, 규율, 확률[황뉼], 유익하다

15. 'ㅒ': [얘] 'ㅑ+ㅣ=ㅒ'

'ㅒ'는 'ㅑ'와 'ㅣ'를 합친 글자다. 턱을 벌려서 발음한다. 'ㅔ'보다 입술에 더 힘을 준 채 턱을 벌리면서 소리 낸다. 자주 나오는 발음은 아니다. 전설모음 'ㅣ'로 끝나 혀가 앞으로 나온다.

'ㅒ'를 발음할 때의 입 모양

예시 얘(이 아이), 쟤(저 아이), 걔(그 아이), 얘들아, 언제 오냬(오냐고 해)

16. 'ㅖ': [예] 'ㅕ + ㅣ = ㅖ'

'ㅖ'는 'ㅕ'와 'ㅣ'를 합친 글자다. 입꼬
리를 올려서 발음한다. 'ㅔ'보다 입꼬리
에 더 힘을 주면서 턱을 벌려 소리 낸

'ㅖ'를 발음할 때의 입 모양

다. 전설모음 'ㅣ'로 끝나서 혀가 앞으로 나온다.

예시 예술, 연예인[여ː녜인/여ː네인], 옛날[옌ː날], 예전, 계획, 정치계,
세계[세ː계/세ː게]

17. 'ㅘ': [오아] 'ㅗ + ㅏ = ㅘ'

'ㅘ'는 'ㅗ'와 'ㅏ'를 합친 글자다. 'ㅗ'로 시작해서 'ㅏ'로 발음한다.
'ㅗ'에서 입술을 앞으로 쭉 내밀었다가 턱을 벌리며 'ㅏ' 하고 발음
한다. 조사 '와, 과'로 흔히 등장한다.

예시 너와 나, 그것과[그걷꽈], 사과, 과수원, 과학, 황망하다, 과거, 화요일

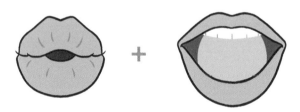

'ㅗ'와 'ㅏ'를 빠르게 발음하는 'ㅘ'의 입 모양

18. 'ㅝ': [우어] 'ㅜ + ㅓ = ㅝ'

'ㅝ'는 'ㅜ'와 'ㅓ'를 합친 글자다. 'ㅜ'로 시작해서 'ㅓ'로 발음한다.
'ㅜ'에서 윗입술을 힘주어 올렸다가 턱을 벌리면서 'ㅓ'를 발음한다.
'ㅝ'는 동사의 활용형으로 쓰인다.

예시 위원회, 눕다−누워, 두다−뒀다가[뒫따가], 주다−줘서, 굽다−구워서

'ㅜ'와 'ㅓ'를 빠르게 발음하는 'ㅝ'의 입 모양

19. 'ㅙ': [오애] 'ㅗ+ㅐ=ㅙ'

'ㅙ'는 'ㅗ'와 'ㅐ'를 합친 글자다. 'ㅗ'로 시작해서 'ㅐ'로 발음한다.
입술을 'ㅗ' 모양으로 내밀었다가 턱을 벌리면서 'ㅐ'를 소리 낸다.

예시 꽤나, 왜, 됐어[돼:써], 쾌감, 쾌거

'ㅗ'와 'ㅐ'를 빠르게 발음하는 'ㅙ'의 입 모양

20. 'ㅞ': [우에] 'ㅜ+ㅔ=ㅞ'

'ㅞ'는 'ㅜ'와 'ㅔ'를 합친 글자다. 'ㅜ'로 시작해서 'ㅔ'로 발음한다.
'ㅜ'에서는 윗입술을 코 쪽으로 올렸다가 입꼬리에 힘을 주며 'ㅔ'

'ㅜ'와 'ㅔ'를 빠르게 발음하는 'ㅞ'의 입 모양

모양으로 만든다. '궤'로 적는 글자는 거의 없다. 다만 '긔'는 [긔/궤] 둘 다 발음할 수 있어서 '긔'를 발음할 때 종종 소리 낼 수 있다.

예시   궤적[궤:적], 웨이트

21. '긔': [으이] '—+ㅣ=긔'

'긔'는 '—'와 'ㅣ'를 합친 글자다. '—'로 시작해서 'ㅣ'로 길게 발음한다. 반드시 '—'로 시작해야 한다. 입술에 힘을 빼고 한다. 처음부터 턱이나 입꼬리에 힘주고 소리를 내면 '긔' 발음에 실패한다. [의] 발음이 어려운 사람은 대체로 턱에 힘을 준 채 소리를 내는 버릇이 있다. 입술이 변화해야 한다. 입술을 살짝 벌린 채 [으] 소리를 내면서 [이]로 길게 끝나야 한다. 표현하자면 [으이-]라고 할 수 있다. 이때 [이]의 톤을 조금 높이면 훨씬 발음이 선명하다.

예시   민주주의의 의회[민주주의의 의회/민주주이에 의회]

'—'와 'ㅣ'를 빠르게 발음하는 '긔'의 입 모양

흥버튼's TIP '긔'의 발음

'긔'는 국어에서 자리마다 발음을 달리할 수 있도록 허용한다.

❶ 명사 첫음절: [의]. 의자[의자], 의사[의사], 의회[의회], 국회의원[구쾨의원]

❷ 명사 끝음절: [의/이]. [이]로 발음하는 게 쉽다. 회의[회:의/훼:이], 의의[의:이/의:의], 명의[명의/명이], 주의[주:이/주:의], 동의하다[동의하다/동이하다]

❸ 조사: [의/에]. [에]로 발음하는 게 쉽다. 나의 가족[나의 가족/나에 가족], 사업

의 기회[사:어븨 기회/사:어베 기훼]

요약하면 '긔'는 단어 첫음절에 올 때만 [의]로 발음한다. 단어의 끝음절은 [이],

조사는 [에]로 발음한다.

스타카토 발성으로
모음 발음 연습하기

홍버튼의
강의 영상

아, 어, 오, 우, 으, 이, 애, 에, 외, 위, 야, 여, 요, 유, 얘, 예, 와, 워, 왜, 웨, 의

스타카토 발성으로 소리 내며 연습해보자. 2초에 한 글자씩 천천히

발음한다.

또박또박한 발음으로
거듭나는 다섯 가지 전략

내가 발음 연습을 하며 발견한 전략이다. 이것만 따라 하면 누구든 또박또박한 발음으로 말할 수 있다. 그것도 아주 빠르게 말이다. 발음의 핵심은 '바뀌는 발음'이다. 이 바뀌는 발음을 어떻게 소리 내느냐에 따라 발음 실력이 현격히 벌어진다. 월등한 발음 실력으로 거듭나는 다섯 가지 전략을 소개한다.

첫 번째 전략,
'ㅎ' 소리를 확실히 낸다

홍버튼의
강의 영상

'ㅎ' 소리만 잘 내도 발음 실력이 급속히 성장한다. 앞서도 이야기했지만 'ㅎ'은 자음 중에서 가장 바람 소리가 많이 난다. 바람을 뱉으며 톤을 살짝 올린다. 'ㅎ'을 [ㅇ]처럼 발음하지 않는다.

단어 속 'ㅎ'을 살려 발음하기

첫음절 이외 자리에 'ㅎ'이 있으면 톤을 높여 발음한다. '고등학교, 사회자, 대회의실, 대단한'처럼 'ㅎ'이 중간에 끼어 있거나 끝에 있는 경우다. 'ㅎ'에서 톤을 올려 정확히 들리도록 발음한다. [고등악꾜, 사외자, 대외이실, 대다난]처럼 'ㅎ'이 [ㅇ]처럼 들리지 않도록 주의한다. 'ㅎ'이 들어간 글자는 대부분 [ㅎ]을 살려 발음해야 한다.

예시 고등학교[고등학꾜], 사회자[사회자], 대회의실[대:회이실/대:회의실], 대단한[대:단한]

특히 한국인의 이름은 'ㅎ'이 많이 들어간다. 내 이름도 '홍수'다. 성까지 붙여 발음하면 [정홍수]라서 어렵다. 상대방이 나를 [옹수]로 부르게 만들지 않으려면 [홍]을 분명하게 소리 내야 한다. 'ㅎ'이 있는 이름에서는 톤을 올려 발음하자.

예시 백성희, 정홍수, 정흥주, 김다현, 이재호, 이혜림, 정하나, 임세환, 최재효, 박지혜

가끔 상대방이 이름을 못 알아듣고 되물으면 '내가 발음이 안 좋나?'라고 생각하기도 한다. 하지만 내 경험에 따르면 이는 발음 실력 때문이 아니다. 이름은 낯설고 중요하니까 똑똑히 기억해두려고 확인차 묻는 것이다.

나는 발음이 이렇게나 좋은데 사람들은 약속이나 한 듯 내 이름을 잘못 듣는다. 대부분 '현수'가 맞느냐고 한다. 홍수일 리가 없다는 듯이 말이다. 내가 "홍할 홍 자요, 흥부와 놀부의 홍, 홍이 난다

할 때 흥이요."라고 말하면 그제야 겨우 알아듣는다. 얼마 전 한 카페 직원은 나를 '훈수'라고 부르며 커피를 가져가라고 했다. 그의 참신함에 경의를 표한다. 그가 '응수'라고 부르지 않는 걸 보면 나의 'ㅎ' 발음은 괜찮은 것이다.

서술어의 'ㅎ'을 살려 발음하기

국어는 서술어가 중요하다. 서술어는 한 문장에서 주어의 움직임, 상태, 성질 따위를 서술하는 말이다. "나는 학교에 간다."에서 '간다'가 서술어다. 우리말은 주어를 생략하고 서술어로만 말할 수 있다. "저는 회의를 했습니다."라는 문장에서 주어를 빼고 "회의를 했습니다."라고 해도 의미가 전달된다.

　서술어의 종결어미는 '하다, 합니다[함니다], 했습니다[핻씀니다], 했어요[해써요]' 등을 주로 쓴다. 따라서 'ㅎ'이 들어간 글자를 자주 발음한다. 이때 'ㅎ'마다 바람을 뱉으면 또박또박하고 명료하게 들린다. 특히 서술어를 명확히 발음하면 문장 끝이 힘 있게 들려서 자신 있어 보인다.

예시　서술어가 중요하다, 회의를 했습니다, 자주 발음한다, 이 프로젝트를
　　　추진해야 합니다

'안녕하세요'의 'ㅎ'을 살려 발음하기

하루에도 우리는 여러 번 인사한다. 회사에 출근해서, 회의를 시작할 때, 발표하기 전에, 지나가다 마주쳤을 때, 약속 자리에서도 인사부터 하고 본론에 들어간다. 그런데 인사를 정확하게 발음하는 사람

은 소수다. '안녕하세요[안녕하세요]'를 [안녕아세요]라고 잘못 발음한다. 인사할 때부터 또박또박 발음하자. 그날의 첫인상을 신뢰가는 이미지로 시작할 수 있다. 톤을 [하]부터 점점 올리면 발음이 야무지다.

예시 안녕하세요, 안녕하십니까, 안녕하셨어요, 안녕히 계세요

두 번째 전략,
첫음절에 오는 일부 자음은 톤을 내린다

홍버튼의
강의 영상

다음 자음들이 첫음절에 오면 톤을 낮추고 그 외 자리에 오면 톤을 올려 발음한다.

거센소리 'ㅊ, ㅋ, ㅌ, ㅍ'이 첫음절에 오는 경우

첫음절이 거센소리면 톤을 낮춘다. '채소'를 발음해보자. [채]의 톤이 높을 것이다. 거센소리는 예사소리 'ㄱ, ㄷ, ㅂ, ㅈ'에 'ㅎ'을 더해 만든 글자다. 'ㅎ'이 합쳐져 있어 바람 소리가 난다. 따라서 거센소리는 음가가 가벼워 첫음절에 오면 톤이 올라간다. 목소리가 고음인 사람은 더 높게 말한다. 이러면 문장 전체의 톤이 높아져서 전달력이 떨어진다.

단어 첫음절에 거센소리가 오면 일부러 톤을 확 낮춰 발음하자. 거센소리 다음 글자부터 톤을 올린다. 첫음절의 톤을 낮출 때는 소리의 크기를 줄이지 않는다. 글자의 소리 크기가 일정해야 전달력이

산다. 특정 글자의 소리만 크면 그 글자만 튀게 들리고 전달력은 떨어진다.

예시 차량, 치마, 칸막이, 크다, 태어나다, 최근에, 토요일, 필요하다[피료하다], 편지

반대로, 첫음절 이외 자리가 거센소리면 톤을 높여 거세게 발음한다. '대통령[대:통녕]'을 발음해보자. [통]에서 바람 소리가 많이 나야 한다. 첫음절 이외 자리에 거센소리가 오면 거세게 발음하는 사람이 적다. 거센소리를 예사소리에 가깝게 발음한다. [통]을 [동]처럼 하는 식이다. 공기를 덜 쓰거나 입을 덜 벌려서다.

거센소리가 첫음절 이외 자리에 오면 계획적으로 톤을 올린다. 그러면 거센소리 발음이 분명히 들린다. 특히 받침이 있으면 뒤 글자 초성이 거센소리로 바뀔 때가 잦다. 이때 톤을 올려 거세게 발음하면 또박또박 들린다. 거센소리 글자가 바로 앞 글자보다 톤이 높아야 한다.

예시 방탄, 배출, 지하철, 개찰구, 많다[만:타], 연락할게[열라칼께], 생각하다[생가카다], 시작하겠습니다[시:자카겓씀니다], 그렇군요[그러쿤뇨], 따뜻한[따뜨탄], 수업하다[수어파다]

된소리 'ㄲ, ㄸ, ㅃ, ㅆ, ㅉ'이 첫음절에 오는 경우

첫음절이 된소리면 톤을 낮춘다. '싸다'를 발음해보자. 첫음절이 된소리면 대체로 강하게 잘 발음한다. 문제는 된소리 글자만 높은 톤으로 크게 말하는 것이다. 이러면 문장 끝까지 고음으로 치닫고, 다

른 글자들은 소리가 상대적으로 약해져 전달력이 고르지 못하다. 고음으로만 말하면 중요한 게 강조되지 않는다. 그리고 듣는 사람은 쉽게 피로를 느낀다.

된소리가 첫음절에 오면 의도적으로 톤을 낮추자. 그래야 글자의 소리 크기도 균일해진다. 저음으로 첫음절의 된소리를 발음하고 두 번째 음절부터 톤을 올리도록 한다.

예시 쓰다, 찍다, 찌르다, 짜증나다, 쌓다[싸타], 때문에, 빠지다, 깨끗하다[깨끄타다]

첫음절 이외 자리가 된소리면 톤을 높여 강하게 발음한다. '말씀하다'를 발음해보자. [씀]을 [슴]처럼 발음하는 사람이 많다. 된소리는 언제나 강하게 발음해야 한다. 약하게 발음하면 자신 없어 보인다.

첫음절이 아닌 곳에 된소리가 오면 톤을 올리면서 강하게 소리를 낸다. 없다[업:따], 덥다[덥:따]와 같이 받침이 있으면 그다음 글자의 초성이 된소리로 바뀔 때가 많다. 이때는 된소리가 들어간 글자에서 톤을 올려 강하게 발음하자.

예시 예쁘다, 벌써, 눈빛[눈삗], 어쩌면, 뽑다[뽑따], 국립공원[궁닙꽁원], 말씀드리겠습니다[말:씀드리겓씀니다], 말할게요[말:할께요], 함께하다

'ㅅ'이 첫음절에 오는 경우

첫음절이 'ㅅ'이면 톤을 낮춘다. '세상'을 발음해보자. 보통 [세]를 발음할 때 톤이 높고 목으로 소리를 내는 경향이 있다. 'ㅅ'은 바람이

새어 나가면서 소리가 나야 한다. 'ㅅ'이 첫음절에 올 때 가성으로 말하는 사람이 많다. 목소리가 고음일수록 주의해야 한다. 첫음절이 'ㅅ'이면 저음으로 낮춰서 말하자. 두 번째 음절부터 톤을 올린다.

예시 새해, 세계적, 시소, 소년, 수소, 소리, 사양하다, 시청하다, 수요일, 서울, 새롭다

 첫음절 이외 자리가 'ㅅ'이면 톤을 높여 세게 발음한다. '개시하다'를 발음해보자. [시] 소리가 약하고 작게 날 수 있다. 바람 소리가 덜 나서 그렇다. 의식적으로 톤을 높여 발음한다.

예시 세상, 사실, 시소, 수소, 소식, 가사, 가세요, 계세요, 안녕하세요, 이사하다, 회식하다[훼:시카다/회:시카다]

'ㅎ'이 첫음절에 오는 경우

첫음절이 'ㅎ'이면 톤을 낮춘다. '화장실'을 발음해보자. 대개는 [화]를 높고 여리게 말한다. 'ㅎ'이 첫음절에 오면 'ㅅ'보다 더 가성으로 소리 내는 사람이 넘쳐난다. 이러면 문장 전부를 고음으로 불안정하게 말할 수밖에 없다. 'ㅎ'은 바람이 많이 실린 글자다. 첫음절이 'ㅎ'이면 톤을 저음으로 확 낮추자. 두 번째 음절부터 톤을 올린다.

예시 한국[한:국], 해소하다, 해결, 한낮[한낟], 한 번, 한글[한:글], 훈민정음[훈:민정음], 회의, 회장, 회원, 하지만, 하늘

 첫음절 이외 자리가 'ㅎ'이면 톤을 높여 강하게 발음한다. 앞에서 첫 번째 전략을 설명할 때 말한 바와 같다.

예시 운동하다, 일했습니다[일:핻씀니다], 무화과, 사회자, 노래하다, 영화
관, 소화하다, 정확하다[정:화카다]

세 번째 전략,
'습니다'는 강하게 발음한다

홍버튼의
강의 영상

사회생활을 하면 거의 존댓말을 쓴다. 특히 경어체인 '습니다[씀니
다]'를 자주 말한다. 그런데 [씀]을 [슴]으로 발음하는 사람이 부지
기수다. 된소리를 강하게 하지 않으면 사람이 연약해 보인다. 말에
힘이 실리지 않는다. 특히 마지막 서술어에서 [슴니다]라고 빈약하
게 말하면 이미지에 타격을 입는다. '습니다'는 항상 [씀니다]로 강
하게 발음한다.

중요한 발표나 면접을 앞두고 있다면 [씀니다]만 잘해도 씩씩한
인상을 풍긴다. 존댓말 어미인 '-니다', '-요', '-죠' 등을 다양하게
구사하는 게 가장 좋지만 대부분 긴장해서 딱딱하게 '-습니다'로만
말할 것이다. 무조건 강하게 [씀니다]로 발음하자. '발표를 시작하
겠습니다[시:자카겐씀니다]', '-에 대해 말씀드리겠습니다[말:씀드
리겐씀니다]', '이상으로 발표를 마치겠습니다[마치겐씀니다]' 등.
[씀]이 중요하다. 대신 [니다]에서 소리가 줄어들어선 안 된다. 마지
막 [다]까지 힘을 준다.

네 번째 전략,
윗입술 들고 말하기

홍버튼의
강의 영상

앞에서도 잠깐 언급했지만 윗입술을 드는 연습을 하자. 발음할 때 윗입술을 들면 모음 발음을 잘하게 돼 훨씬 또박또박하게 들린다. 그렇지만 대부분 윗입술을 잘 들지 않는다. 말할 때 윗니보다 아랫니가 더 많이 보인다면 윗입술을 잘 활용하지 못하는 것이다. 다음과 같이 연습해보자.

우선 가만히 입술을 다물고 있다가 윗입술만 든다. 윗니 두 개가 보여야 한다. 윗입술과 인중이 맞닿은 지점에 힘을 주어 인중 사이가 짧아지도록 한다. 입술을 앞으로 내밀지 말고 위로 올리는 것이다. 윗입술이 코 쪽으로 가까워지게 들어 올리자. 입술은 피부라 가볍다. 집중하고 들면 가뿐히 올라간다.

수강생 중에 태어날 때부터 자기 입술은 이렇게 가만히 있었다고, 결코 윗입술이 올라가지 않는다고 했던 사람이 있었다. 그러나 그도 결국 들었다. 그동안 윗입술 주변 근육을 안 썼기 때문에 힘주는 법을 몰랐던 것뿐이다. 잘 웃는 사람은 윗입술 주변 근육이 발달해서 수월하게 윗입술을 든다. 윗입술이 쉽게 올라가지 않는다면 평소에 잘 웃지 않는 것이다. 자주 웃자!

윗니가 보이면 두 가지 장점이 있다. 하나는 호감을 줄 수 있다. 아이들이 언제나 밝고 예쁜 이유도 윗니가 보이기 때문이다. 아이들은 울 때도 윗니가 보인다. 정말 귀엽다. 아나운서도 말할 때 거의 윗입술이 올라가 윗니가 보인다.

다른 하나는 발음이 잘된다. 윗입술을 들 수 있으면 입을 크게 벌리지 않아도 발음이 명료해진다. 윗입술을 올리고 턱은 벌리고 혀가 입천장에 닿으면 발음이 엄청나게 좋아진다. 책상에 거울을 두고 시도 때도 없이 윗입술 들기를 연습하자.

다섯 번째 전략,
웃으며 말하기

윗입술을 들기 어렵다면 웃으며 말하자. 윗니가 여덟 개는 보여야 기분 좋게 말하는 인상이 된다. 유쾌한 분위기를 이끌고 싶을 때는 함박웃음을 지어야 한다. 발표할 때도 즐거운 분위기를 연출하고 싶다면 웃으면서 말하자. 웃으며 말하면 어색하다고, 멍청해 보인다고 생각하는 사람도 있다. 하지만 그런 사람은 내 유튜브 영상을 보라고 말하고 싶다. 나는 언제나 웃으며 말하고, 그런 나를 멍청하게 보는 사람은 한 명도 없다.

윗니가 네 개쯤 보이는 적당한 웃음은 진지한 메시지를 전할 때 알맞다. 진중한 내용을 말할 때 눈을 한곳에 두고 윗입술을 슬며시 들어 살짝 웃는 것처럼 말하는 것이다. 앵커의 입을 보면 딱 그렇다. 문화나 스포츠 분야 소식을 전할 때 윗니가 2~4개 정도 나오고 엄중한 내용을 말할 때는 윗니 두 개가 반쯤 보인다. 사건 사고, 정치 분야 소식을 전할 때 그렇다.

웃을 때와 웃지 않을 때 온도 차가 큰 사람이 있다. 평소에 전혀 웃지 않으며 말하는 사람이다. 일상에서 대화할 때, 회의할 때, 가족과 이야기할 때 제발 웃자. 가만히 있을 때도 입꼬리를 올려서 미소 짓는 연습을 해야 한다. 나이가 들수록 입꼬리는 중력의 영향으로 점점 내려간다. 계속 웃어야 한다. 특히 설득할 때는 웃음과 미소가 막강한 영향을 미친다. 발음도 그렇다. 자주 웃어 입술 주변의 근육을 키우도록 하자.

발음이 좋아지려면
좋은 발음을 잘 들어야 한다

예전부터 조수빈 아나운서를 동경했다. 그는 내가 아나운서를 준비할 당시 KBS 9시 뉴스 앵커였다. 그 자리는 나의 목표였다. 뉴스를 보면 조수빈 앵커의 진행 능력은 말 그대로 눈부셨다. 발음과 음성이 한 번에 귀에 꽂혔다. 어려운 내용은 쉬운 우리말로 설명했고 다채로운 어휘와 간결한 문장을 사용했다. 그는 친절하면서도 냉철했다.

앵커는 평균 2분가량의 기사를 20초 이내로 축약해 전한다. 따라서 분명한 발음으로 말해야 시청자가 기사를 이해하고 쟁점을 파악할 수 있다. 그만큼 뉴스 앵커는 또렷한 발음이 요구되는 위치다. 특히 조수빈 앵커는 정확한 발음과 뛰어난 진행 능력으로 사람들의 호기심을 유발했다. 모두가 그의 멘트에 공감하고 함께 분노했다.

뉴스를 들으며
발음을 공부하다

외국어 공부를 할 때는 보통 그 나라의 드라마나 영화를 보고 듣는다. 한국어 공부도 똑같이 한다. 발음을 잘하기 위해선 무엇보다 잘들어야 한다. 여기서는 내가 뉴스로 발음을 공부한 방법을 소개한다. 따라 하다 보면 재미있게 발음 실력을 키울 수 있다. 덤으로 다채로운 어휘와 우리말, 내용을 전달하는 방식까지 섭렵할 수 있다. 발표나 회의, 보고 등 실무에서 응용할 수 있고 일상에서 꾸준히 실천할 방법을 담았다.

발음 듣기 훈련법

❶ 발음 선생님 정하기   ❷ 발음에 집중해서 뉴스 듣기

❸ 들리는 대로 받아쓰기   ❹ 표준 발음법 공부하기

나에게 맞는
발음 선생님 정하기

먼저 발음 선생님 한 명을 정한다. 나의 발음 선생님은 조수빈 앵커였다. 선생님이 여러 명이면 공부 방향도 여러 갈래가 된다. 딱 한명을 발음 선생님으로 삼아야 한다. 각 방송국 앵커는 모두 전달력이 뛰어나므로 다음과 같은 조건을 고려해 찾는다. 첫째, 끌릴 것.

둘째, 공신력 있는 방송국일 것. 셋째, 방송국 메인 뉴스 진행 경험이 있는 앵커일 것. 넷째, 또렷한 발음과 발성을 보유한 앵커일 것. 하나씩 살펴보도록 하자.

1. 끌려야 한다

앞으로 발음 선생님으로 정한 앵커의 뉴스를 오랫동안 들을 것이다. 그렇기에 그 앵커가 전하는 뉴스가 들려야 하고 자신의 철학과 결이 맞아야 한다. 같은 사안이라도 언론사마다 다른 접근으로 기사를 풀어가기 때문이다. 자신의 가치관과 다른 내용이 있다면 발음에 집중할 수 없다. 반감이 생길 수도 있다. 선생님과는 오래 볼 사이이므로 무엇이든 자신의 마음을 끌어당기는 요소가 있어야 한다.

2. 공신력 있는 방송국이어야 한다

공신력 있는 방송국이란 방송통신위원회로부터 방송통신사업자 허가를 받고 운영하는 방송국을 말한다. 지상파(KBS, SBS, MBC), 종합편성 채널(JTBC, MBN, 채널A, TV조선), 보도 전문 채널(YTN, 연합뉴스TV)을 포함해 여러 채널에서 뉴스를 보도한다.

3. 방송국 메인 뉴스 진행 경험이 있어야 한다

메인 뉴스는 각 방송국의 간판 뉴스를 말한다. 메인 뉴스 앵커는 오랜 경험을 바탕으로 안정적인 전달력을 갖추고 있다. 뉴스를 진행한 지 얼마 안 된 신입 앵커는 목소리가 미세하게 떨리고 속보나 특보가 갑자기 들어오면 당황하거나 발음을 틀리기도 한다. 이러면 듣다가도 집중력이 깨진다. 경력이 쌓인 앵커는 흔들림이 없으며 침착하다. 실수 대처 능력도 뛰어나다.

4. 또렷한 발음과 발성을 보유해야 한다

경력이 많아서 얼굴이 익숙한 앵커가 있을 것이다. 그중에서 실력자를 가려내야 한다. 무엇보다 목소리가 귀에 꽂혀야 한다. 영상의 소리를 줄이고 들어보자. 귀에 탁탁 꽂히는 탁월한 발음을 구사하면 소리가 작아도 또렷이 들린다. 영상을 1.5~2배속으로 재생해서 발음이 잘 들리는지 확인하라.

내용이 아닌 발음에
집중해서 뉴스 듣기

뉴스를 귀로 듣는다. 내용이 아닌 발음에 집중한다. 기사 중에서 '앵커 멘트'와 '단신 뉴스'를 듣자. 앵커 멘트는 화면에 앵커가 나와서 말하는 부분이다. 앵커 멘트가 끝나면 기자가 기사를 넘겨받는다. 단신 뉴스는 간략하게 간추린 기사다. 보통 3~4개 문장을 넘기지 않는다.

앵커 멘트

사흘간 제주도에 많은 눈이 내렸는데요. 한라산에는 1m가 넘는 눈이 쌓였습니다. 산을 지나는 도로는 모두 막혔습니다. 보도에 이진영 기자입니다.

단신 뉴스

사흘째 제주에 지속된 폭설로 한라산에는 1m가 넘는 눈이 쌓였습니다.

오늘 오전까지 한라산 진달래밭에 110cm가 넘게 눈이 내렸고,

제주 중산간 지역과 제주시에도 10cm 안팎의 적설량을 기록했습니다.

사흘간 내린 폭설로 한라산 입산이 전면 통제되고,

산 중턱을 지나는 1100도로와 산록도로 등의 차량 운행이 막혔습니다.

뉴스를 들을 때는 기사를 함께 본다. 각 방송사 홈페이지에 접속하면 영상과 함께 기사를 볼 수 있다. 앵커의 목소리를 들으면서 얼마나 정확하게 발음하는지 듣는다. 바뀌는 발음을 잘 듣는 게 핵심이다. 눈에 보이는 글자대로 읽지 말고 변화하는 발음의 소리에 귀를 기울이자. 예컨대 'ㅎ'이 들어간 글자에 확실히 바람을 뱉는지, '밝혔습니다[발켠씀니다]'에서 [켠]을 거세게 말하고 [씀]을 강하게 소리 내는지 들어보자.

현직 앵커는 발음을 분명하게 하려고 노력한다. 나는 어려운 발음이 있으면 프롬프터에 소리 나는 대로 쓰고 뉴스를 진행했다. 프롬프터는 카메라에 글자를 보여주는 기기다. 프롬프터가 있으면 카메라 렌즈를 보면서 원고를 읽을 수 있다. 나는 어려운 발음, 특히 숫자나 낯선 용어가 나오면 프롬프터에 발음대로 적었다. 가령 '84.34%p'는 [팔썹사쩜삼사퍼센트포인트], '북한국방위원회'는 [부칸국빵위원회]라고 입력했다. 내가 아는 지상파 방송사 앵커도 이 방법을 이용해 생방송 뉴스를 진행하고 있다.

앵커의 발음을
들리는 대로 받아쓰기

발음에 집중해서 뉴스를 들었다면 이번에는 앵커의 발음을 들리는 대로 받아 적어보자. 뉴스 기사는 한 개만 고른다.

앵커 멘트

사흘간 제:주도에 마:는 누:니 내련는데요. 할:라사네는 일미터가 넘:는 누:니 싸옅씀니다.

사늘 지나는 도:로는 모두 마켣씀니다. 보:도에 이지녕 기잠니다.

단신 뉴스

사흘째 제:주에 지속뙨 폭썰로 할:라사네는 일미터가 넘:는 누:니 싸옅씀니다.

오늘 오:전까지 할:라산 진달래바테 백씹쎈티미터가 넘:께 누:니 내렫꼬,

제:주 중산간 지역꽈 제:주시에도 십쎈티미터 안파께 적썰량을 기로캗씀니다.

사흘간 내린 폭썰로 할:라산 입싸니 전면 통:제되고,

산 중터글 지나는 천백또로와 살록또로 등:에 차량 운:행이 마켣씀니다.

발음을 잘하는 앵커는 발음 표기 그대로 말한다. 조수빈 앵커가 그랬다. 나는 KBS 9시 뉴스 중에서 기사 하나를 골라 출력했다. 기사가 쓰인 글자 위에 조수빈 앵커가 발음하는 대로 받아 적었다. 그런 다음 표준국어대사전에서 단어를 하나하나 검색해 발음을 확인했다. 정확했다. 게다가 그는 장음까지 지켰다. 발음 선생님을 잘 골

라야 하는 이유다.

들리는 대로 받아 적는 건 쉽지 않다. 앵커 멘트나 단신 뉴스는 대개 30초 이내 분량이지만 정확히 받아 적으려면 수차례 들어야 한다. 시간이 오래 걸린다. 효과는 여기서 나타난다. 반복적으로 듣고, 자세히 듣기 위해 몰두하면서 청각이 발달한다. 정답이 맞는지 궁금하면 국어사전에서 검색해 확인하자. 완벽하게 따라 적은 걸 발견하는 순간, 만족감이 온몸에 퍼져나갈 것이다.

앞에서 소개한 '또박또박한 발음으로 거듭나는 다섯 가지 전략'도 내가 직접 받아쓰기를 하면서 발견한 것이다. 처음에는 앵커 멘트 20초짜리를 받아 적는 데 몇 시간이 걸렸다. 심지어 기사 하나를 일주일 동안 듣기도 했다. 하다 보니 차츰 익숙해졌고 규칙을 발견한 뒤부터는 시간이 단축됐다. 그때부터 하루에 여러 개의 기사를 받아 적었다. 연습 초기에는 받아 적는 양이 중요하지 않다. 한 문장, 한 문장을 정확히 듣는 게 관건이다. 실력이 늘면 받아쓰기 양을 조금씩 늘리자.

궁금한 점은
표준 발음법 공부하기

기사를 받아 적다 보면 '이게 왜 이렇게 바뀌지?' 하고 의문이 들 때가 있다. 예컨대 앵커가 '맑다'를 [막따]로 발음했다고 하자. 나는 [말따]로 발음했는데 왜 [막따]로 발음하는지 궁금할 것이다. 이때는 국립국어원의 '한국어 어문 규정'을 보면 된다. 표준 발음법에서 관련 내용을 찾아본다. 발음 공부를 시작할 때 표준 발음법을 먼저 보면 공부가 쉽게 지루해질 수 있다. 우선 받아 적은 뒤에 표준 발음법으로 확인하면 자신이 그동안 잘못 발음했던 걸 알 수 있고 확실히 머리에 새겨져 앞으로 바른 발음을 할 수 있다.

발음 훈련 방법

뉴스로 발음을 훈련하는 방법을 구체적으로 알아보자. 훈련 방법은 다음 4단계를 거친다.

뉴스로 발음 훈련하는 법

❶ 원고 읽기   ❷ 받아쓰기

❸ 발음 표기대로 읽기   ❹ 다섯 가지의 발음 전략 적용해 읽기

다음 단신 뉴스 원고로 발음을 훈련해보자.

단신 뉴스

사흘째 제주에 지속된 폭설로 한라산에는 1m가 넘는 눈이 쌓였습니다.

오늘 오전까지 한라산 진달래밭에 110cm가 넘게 눈이 내렸고,

제주 중산간 지역과 제주시에도 10cm 안팎의 적설량을 기록했습니다.

사흘간 내린 폭설로 한라산 입산이 전면 통제되고,

산 중턱을 지나는 1100도로와 산록도로 등의 차량 운행이 막혔습

니다.

흥버튼의
강의 영상

❶ 원고 읽기

원고는 항상 천천히 또박또박 읽는다. 턱을 크게 벌리고 윗입술을 들고 복식호흡 발성을 하면서 배로 소리 내자. 읽으면서 녹음하고, 음성을 들으면서 어떤 발음이 안 되는지 표시한다.

❷ 받아쓰기

내가 읽은 뉴스를 듣고 발음이 들리는 대로 받아 적어보자. 나의 발음을 최대한 들으려고 노력하라. 여러 차례 반복해 들으면서 받아 적는다.

❸ 발음 표기대로 읽기

발음 표기 원고를 보면서 읽어보자. 그리고 읽는 것을 녹음해 들어본다. 원고만 보고 읽을 때와 발음 표기 원고를 보면서 읽을 때를 비교하며 들어보자. 금세 달라진 자신의 목소리를 들으면 한층 재미있을 것이다.

발음 표기

사흘째 제:주에 지속뙨 폭썰로 할:라사네는 일미터가 넘:는 누:니 싸엳씀니다.

오늘 오:전까지 할:라산 진달래바테 백씹쎈티미터가 넘:께 누:니 내렫꼬,

제:주 중산간 지역꽈 제:주시에도 십쎈티미터 안파께 적썰량을 기로캔씀니다.

사흘간 내린 폭썰로 할:라산 입싸니 전면 통:제되고,

산 중터글 지나는 천백또로와 살록또로 등:에 차량 운:행이 마켣씀니다.

홍버튼의
강의 영상

❹ 다섯 가지의 발음 전략 적용해 읽기

앞서 공부한 '또박또박한 발음으로 거듭나는 다섯 가지 전략'을 적용해 다음 예문을 좀 더 정확하게 읽어보자.

사흘째 제:주에 지속된 폭썰로 할:라사네는 일미터가 넘:는 누:니 싸엳씀니다.

[사흘째]의 [사]는 'ㅅ'이 첫음절에 있으므로 톤을 저음으로 낮춰 발음한다. [흘]은 첫음절 이외 자리에 있는 'ㅎ'이므로 톤을 높인다. [째]에서는 된소리 'ㅉ'이 첫음절 이외 자리에 있으므로 톤을 높인다.

[제:주에]의 [제:]는 장음이다. 기존 'ㅔ'보다 턱과 입꼬리를 더 벌려 발음한다. [주]의 'ㅜ' 발음은 윗입술을 코 쪽으로 올린다.

[지속됀]의 [지] 'ㅣ'에서 입꼬리를 볼 쪽으로 올린다. [속]은 'ㅅ'이 첫음절 이외 자리에 있으므로 톤을 살짝 올리고 바람을 뱉는다. [됀]에서 된소리 'ㄸ'의 발음은 강하게 한다. 혓바닥을 입천장에 붙였다가 세게 떨어뜨린다. 'ㅚ'는 이중모음으로 발음한다. 입술을 'ㅗ' 모양으로 쭉 내밀었다가 입꼬리를 빠르게 볼로 잡아당겨 'ㅣ'로 끝낸다. 'ㄴ' 받침은 혀끝이 입 밖으로 나가지 않도록 주의한다. 혀끝은 입천장에 올린다.

[폭썰로]의 [폭]은 거센소리 'ㅍ'이 첫음절에 있으므로 톤을 낮춘다. 'ㅗ'는 입술을 쭉 내밀어 발음한다. [썰]은 '폭'의 'ㄱ' 받침 때문에 된소리로 발음된다. 된소리 'ㅆ'이 첫음절 이외 자리에 있으므로 톤을 살짝 높이고 바람을 강하게 뿜으며 소리 낸다. 'ㅓ'는 턱을 벌려서 발음한다. [로]는 입술을 내밀어 발음한다.

[할:라사네는]에서 '한'의 'ㄴ' 받침이 'ㄹ'을 만나서 [할:]로 바뀌었다.

'ㅎ'이 첫음절에 있으므로 톤을 낮추고 바람을 뱉는다. 그리고 장음이므로 턱을 더 크게 벌려 발음한다. [할:라사]에서 'ㅏ'가 연달아 등장하므로 턱을 세 번 연속해 벌려 발음한다.

[일미터]에서 숫자 '1'을 발음할 때 톤을 높이는 사람이 많다. 마치 강세가 있는 것처럼 말이다. 틀린 발음은 아니나 톤이 너무 높아서 듣기에는 별로다. 대부분의 아나운서는 [일]이 첫음절에 오면 톤을 낮춰 세련되게 발음한다. 비슷하게 적용할 수 있는 예로 '일본, 1등[일뜽], 1위[이뤼], 일면식' 등이 있다.

[넘:는]에서 [넘:]은 장음이므로 기존 'ㅓ'보다 턱을 더 벌려서 발음한다.

[누:니]의 [눈:]은 중요한 장음이다. 기존 'ㅜ'보다 입술을 더 올려서 발음한다. [니]는 [눈:]에서 'ㄴ' 받침이 넘어왔다. 'ㅇ'으로 시작하는 글자 앞에 받침이 있으면 뒤로 넘어가 발음한다. 그래서 '눈이'는 [누:니]로 발음된다. 이를 연음이라고 한다.

[싸연쏨니다]에서 [싸]는 된소리 'ㅆ'이 첫음절에 있으므로 톤을 낮춘다. [연]의 'ㅆ' 받침은 [ㄷ]으로 발음한다. [쏨]은 된소리 'ㅆ'이 중간에 있으므로 톤을 높인다. [쏨니다]는 강하게 말한다.

오늘 오:전까지 할:라산 진달래바테 백씹쎈티미터가 넘:께 누:니 내렫꼬,

제:주 중산간 지역꽈 제:주시에도 십쎈티미터 안파께 적썰량을 기로캗씀니다.

[오:전까지]의 [오:]는 장음이므로 입술을 원래 'ㅗ' 발음을 할 때보다 더 길게 내밀어 발음한다.

[진달래바테]에서 [진]의 'ㅣ'는 입꼬리를 올린다. [달래]에서 'ㄹ'이 연달아 나온다. 혀끝을 확 들어서 입천장 오돌토돌한 곳에 닿도록 한다. [달]이 'ㄹ' 받침이므로 혀끝이 입천장으로 올라가고, 그 상태에서 혀끝이 떨어지면서 [래]를 발음한다. [테]는 '밭'의 'ㅌ' 받침이 조사 'ㅔ'를 만나 연음된다. 거센소리 'ㅌ'이 첫음절 이외 자리에 있으므로 톤을 높여서 발음한다.

[백씹쎈티미터가]에서 '백'의 'ㄱ' 받침의 영향으로 '십'이 된소리 [씹]으로 바뀌었다. [씹]의 'ㅂ' 받침 영향으로 '센'도 된소리로 바뀌어 [쎈]으로 발음한다. 길이를 표시하는 단위 'cm'는 외래어 표기법에 따라 '센티미터'로 표기한다. 외래어의 발음은 규정하고 있지 않으나 아나운서는 외래어 표기법대로 읽는다. 참고로 'kg'은 '킬로그램', 'km'는 '킬로미터'로 쓰고, 아나운서는 외래어 표기법대로 발음한다.

[내럳꼬]에서 [꼬] 발음을 잘하자. '렸'의 'ㅆ' 받침 때문에 된소리로 발음한다. 'ㅗ'는 입술을 내밀고 된소리 'ㄲ'이 첫음절 이외 자리에 있으므로 톤을 높여서 분명하게 발음한다.

[중산간]에서 [중]의 'ㅜ'는 윗입술을 코 쪽으로 들어 올린다. [산]은 'ㅅ'이 첫음절 이외 자리에 있으므로 톤을 높인다. [산간]은 'ㄴ' 받침이 연달아 나온다. 혀를 깨물지 않도록 주의하자. 치아 뒤에도 닿지 않는다. 참고로 중산간은 해발 100~300미터 지역을 말한다.

[지역꽈]는 '역'의 'ㄱ' 받침 때문에 [꽈]로 발음한다. 강하게 발음해야 한다. 조사 '과', '와'를 [가], [아]로 잘못 발음하는 사람이 많다. 자주 쓰는 조사인 만큼 확실히 입술을 내밀었다가 턱을 벌려 이중모음으로 발음한다.

[제:주시에도]에서 [시] 발음을 놓치지 말자. 'ㅅ'이 중간에 있으면 바람 소리가 약하게 들릴 수 있다. 바람을 강하게 뱉으면서 입꼬리를 들어 올린다.

[안파께]에서 [안]의 'ㄴ' 받침은 혀를 입천장으로 올린다. [파]는 거센소리 'ㅍ'이 첫음절 이외 자리에 있으므로 바람을 거세게 뱉되 입술을 말지 않도록 주의한다. [께]에서는 된소리 'ㄲ'의 발음이 강하게 나야 한다. 'ㅔ'는 입꼬리 올리기에 신경을 쓰자.

[적썰량을]에서 [썰]의 된소리 'ㅆ'에서는 강하게 바람을 뱉자. [쓰~] 로 시작해야 발음이 분명하다.

[기로캔씁니다]에서 '록'의 'ㄱ' 받침이 '했'의 'ㅎ'을 만나 [캔]으로 바뀌었다. 거센소리 'ㅋ'이 첫음절 이외 자리에 있으므로 바람을 뱉으며 톤을 높여 발음한다. [니다]까지 힘을 준다.

사흘간 내린 폭썰로 할:라산 입싸니 전면 통:제되고,

산 중터글 지나는 천백또로와 살록또로 등:에 차량 운:행이 마켿씁니다.

[입싸니]는 '입'의 'ㅂ' 받침의 영향으로 [싼]으로 바뀌었고 조사 'ㅣ'가 붙어서 'ㄴ' 받침이 연음돼 [입싸니]라고 발음한다. [싼]에서 바람 소리를 강하게 뱉도록 한다.

[전면]에서 [면]을 발음할 때 'ㅕ' 발음에 신경 쓰자. 턱을 벌리고 입술에 살짝 힘을 준 채 말한다.

[통:제되고]의 [통:]은 장음이므로 입술을 길게 내민다. [되]의 'ㅚ' 발음은 이중모음으로 한다.

[중터글]에서 [터글]은 '턱'의 'ㄱ' 받침이 연음된 것이다. 연음 중에서 'ㄱ' 받침이 넘어갈 때 제일 소리가 안 들린다. 톤을 살짝 높이면 잘 들린다.

[천백또로]에서 '백'의 'ㄱ' 받침의 영향으로 '도'는 [또]로 발음한다. [또로]처럼 같은 모음이 연달아 이어질 때는 두 번째 모음에 더 힘을 줘야 발음이 잘 된다. [로]에서 입술을 한 번 더 쭉 내민다. 참고로 '1100도로'는 제주의 천연 경치를 사시사철 즐길 수 있는 산간 도로로, 한라산 영실 코스 입구와 연결된다.

[살록또로]에서 '산'의 'ㄴ' 받침은 'ㄹ'을 만나면 [ㄹ]로 변한다. 다음 단어들을 발음해보자. 한라산[할:라산], 산록[살록], 신라[실라].

[등:에]에서 [등:]의 'ㅡ'는 입술에 힘을 주지 않는다. 아래턱에 힘주지 말자. 입술만 살며시 떼어 [등:]을 발음한다.

[차량]에서 [차]는 거센소리 'ㅊ'이 첫음절에 있으므로 톤을 낮춘다. [량]은 입꼬리에 힘을 줘야 정확한 'ㅑ' 소리가 난다. 'ㅏ'와 구별돼야 한다.

[운:행이]에서 [운:]은 장음이므로 윗입술을 코 쪽으로 많이 들어 올려 발음한다. [행]은 'ㅎ'이 첫음절 이외 자리에 있으므로 톤을 높인다. 바람 소리를 내자.

[마컨쏨니다]에서 '막'의 'ㄱ' 받침이 'ㅎ'을 만나 [컨]으로 바뀌었다. 거센소리 'ㅋ'이 중간에 있으므로 톤을 올린다.

발음에 대해 궁금해요

Q. 책을 읽으면 발음이 좋아지나요?

A. 책을 읽는 것은 어느 정도 발음 실력이 쌓인 다음에 해야 한다. 발음 연습 초기에는 도움이 되지 않는다. 바뀌는 발음이 무엇인지 감을 못 잡기 때문이다. 모든 단어를 낱낱이 사전에 검색해서 발음을 찾지 않는 이상 별 도움이 안 된다. 눈에 보이는 글자대로 읽어봤자 평소의 발음 그대로 할 것이다.

초반에는 발음 선생님이 있어야 한다. 바뀌는 발음의 원리를 터득할 때까지 뉴스로 연습하자. 이 책 본문에 나오는 다양한 예문을 복습하는 것도 효과적이다. 예문을 발음하며 자신의 음성을 녹음해서 듣고 복습하는 연습을 권한다.

Q. 혀가 자꾸 밖으로 나와요.

A. 혀가 자꾸 나오는 것은 습관이다. 평소에 의식해야 고칠 수 있다. 원고 연습할 때만 혀에 신경 쓰면 안 된다. 깨어 있는 동안, 말하는 모든 순간에 혀가 입천장에 닿도록 신경을 써야 한다. 혀가 나오는 발음은 틀린 발음이다. 안 해야 한다. 의식적으로 혀끝을 들어 올리자.

'ㄱ, ㅋ, ㄲ'은 혀가 부드러운 입천장에 닿는 자음이다. 'ㄴ, ㄷ, ㅌ, ㄸ, ㅈ, ㅊ, ㅉ, ㄹ'은 혀가 오돌토돌한 입천장에 닿는 자음이다. 'ㅁ, ㅂ, ㅍ,

ㅃ'은 입술에서 소리 나는 자음이다. 'ㅇ, ㅎ'은 목구멍에서 소리가 나는 자음이다. 'ㅅ, ㅆ'은 혀가 입천장 가까운 곳에 있지만 닿지 않고 소리 내는 자음이다. 혀가 나오는 자음은 없다. 입을 다물고 있을 때도 혀끝이 입천장 오돌토돌한 부위에 닿도록 한다.

Q. 과하게 입을 벌리는 것 같은데 괜찮나요?

A. 괜찮다. 입을 크게 벌리지 않는 습관 때문에 어색한 것이다. 입을 크게 벌려서 이상해 보일 거라는 생각은 혼자만의 착각이다. 입을 벌리지 않은 채 말하는 사람이 더 이상해 보인다. 대부분 콤플렉스를 숨기려고 그러는 경우가 많다. 나도 치아 교정을 했을 때 그랬다. 하지만 나중에 발음을 가르쳤을 때 그렇지 않다는 걸 알았다. 치열이 고르지 않은 수강생이 입을 크게 벌려 정확히 발음할 때가 이전보다 훨씬 인상이 좋았다. 그게 더 자연스럽고 자신감 있어 보인다.

찰나의 어색함을 참자. 스스로 어색해하면 진짜 어색해 보인다. 자연스럽게 입을 벌리는 날이 분명히 올 것이다. 그때까지 계속 크게 벌리자.

Q. 혀가 길어서 발음이 안 돼요.

A. 혀가 긴 게 아니다. 진짜로 혀가 길면 입을 다물지 못한다. 내 주변에 이런 사람이 있었다. 혀가 정말로 길면 말하지 않을 때도 혓바닥이 앞으로 나와 있다. 혀가 치아에 걸쳐 있거나 입술 밖으로 나와 있는 것이다. 이런 사람은 침을 잘 흘리고 말할 때는 혀를 여러 차례 깨문다. 밥을 먹을 때도 어김없이 혀를 씹는다. 침을 삼키다가도 혀를 깨물어 다치곤 한다.

만약 이와 같은 상황이 아니라면, 특정 발음 때문에 혀의 길이를 의식한다면 혀가 긴 게 아니라 혀를 굼뜨게 움직이는 것이다. 혀가 치아에 자꾸 닿을 텐데 혀끝을 입천장으로 올리지 않기 때문이다. 움직임이 느린 것일 뿐 결코 혀가 긴 게 아니다.

Q. 혀가 짧아요.

A. 진짜 혀가 짧은 사람이 있다. 고등학교 때 내 친구가 그랬다. 혀가 정말로 짧으면 모든 글자의 발음이 안 된다. 말 그대로 혀 짧은 소리로 말할 수밖에 없다. 혀 짧은 소리를 내는 사람은 '설소대'가 보통 사람들보다 길다. 설소대는 혀와 살이 맞닿은 부분에 있는 얇은 끈처럼 생긴 부위다. 설소대가 지나치게 길면 혀를 마음대로 움직이기 힘들어서 발음이 제대로 안 된다. 입천장 오돌토돌한 부위에 혀가 아예 올라가지 않는다. 태생적으로 혀가 짧은 것이다. 내 친구는 수술로 고쳤다.

이런 상황이 아니라면 혀가 짧은 게 아니다. 특정 발음이 안 된다면 그 발음을 부단히 연습하도록 한다.

Q. 발음 좋아지는 연습, 하나만 더 추천한다면요?

A. KBS 라디오 청취를 추천한다. 나는 KBS1 라디오(수도권 97.3MHz)를 운전하면서 듣는다. 좋은 발음을 듣기 위해서다. 라디오 뉴스는 보통 아나운서가 도맡아 진행한다. 짧게는 5분, 길게는 20분 동안 온전히 아나운서의 출중한 발음을 들을 수 있다.

몇 년 전부터는 김솔희 아나운서의 매력적인 음색에 빠져 있다. 〈바른 말 고운 말〉도 자주 듣는다. 한번은 변희영 아나운서가 진행하는 걸 들었다. "여리여리하다'라는 말을 쇼호스트가 옷을 팔 때 자주 쓰는데, 이는 잘못된 표현입니다. '여리여리하다'라는 단어는 없는 말이고 '야리야리하다'가 맞는 말입니다. 다만 '야리야리하다'는 단단하지 못하고 무르다는 뜻입니다. 따라서 '옷을 입으면 야리야리해 보인다'라는 건 맞지 않는 표현입니다." 우아한 음색에 완벽한 발음이었다. 각인되는 음성이라 내용을 선명하게 기억한다.

　이금희 아나운서가 진행하는 라디오 프로그램 〈사랑하기 좋은 날 이금희입니다〉는 찾아 듣는다. KBS Cool FM(수도권 89.1MHz)에서 한다. 그는 대한민국에서 현존하는 모든 이를 통틀어 가장 사랑스러운 음성을 지녔다. 그의 목소리는 나긋하고 부드러우며 발음은 또랑또랑하다. 그가 청취자 사연을 읽어줄 때만큼은 세상이 따뜻하게 여겨진다. 그의 발음과 낭독을 공부하려고 라디오를 듣다가 내용에 폭 빠져 끝까지 듣곤 하는 경우가 많다.

말투만 바꿔도
말이 먹히기 시작한다

말을 맛있게 하는 비결은
말투에 있다

말을 하다 보면 상대방의 눈치를 살필 때가 있다. '말이 길어져서 지루하면 어쩌지?', '나는 이야기를 재미없게 하는 편인데.', '어려운 이야기를 어떻게 하면 재미있게 말할 수 있을까?', '중요한 부분을 강조해야 하는데 어떻게 살리지?', '불친절한 말투를 상냥하게 바꿀 수 있을까?', '말투가 딱딱해서 긴장한 것처럼 보이면 어쩌나.'

방송을 잘하는 사람을 보면 무거운 내용은 의미심장하게 말하고, 중차대한 사안은 진지하게 말하고, 가벼운 내용은 신나게 말하고, 평범한 이야기는 맛깔나게 하고, 재미있는 내용은 좌중이 폭소할 정도로 살린다. 아나운서와 배우, 예능인이 그렇다. 어쩌면 저렇게 말의 맛을 살리는지 궁금할 것이다.

이번 장에서는 말투를 바꾸는 방법을 소개한다. 일상부터 실무, 방송과 유튜브까지 두루 적용할 수 있는 내용이다. 면접에서는 나를 돋보이게 할 수 있는 말투를, 발표에서는 사람들을 집중시키고 신뢰를 주는 말투를, 회의에서는 상대를 설득하는 말투를, 대화와 유튜브에서는 상대방의 공감과 호감을 얻는 말투를 뽐낼 수 있을 것이다.

우리는 살면서 여러 가지 역할을 동시에 수행한다. 가족의 구성원이자 회사의 일원이며, 거래처를 만날 때는 회사를 대표하고, 식당에 가면 손님이 된다. 상황에 맞는 여러 말투를 활용할수록 말솜씨가 늘고 원하는 목적을 빠르게 달성할 수 있다. 말투는 많이 듣고 따라 할수록 습득이 빠르다. 첨부된 QR코드를 이용해 반복적으로 영상을 보고 듣자.

당신의 이야기가
지루한 이유

다른 사람의 이야기를 듣다가 딴생각에 빠질 때가 있다. 나는 첫 수업 때 간혹 그런다. 수강생이 앞에 나와서 회사 자료로 발표하거나 스피치를 배우는 목적을 말하고 있다. 그가 말하는 것을 들으며 말습관을 파악해야 하는데 대뜸 '이따 떡볶이에 김말이?' 따위를 생각한다. 퍼뜩 정신을 차리고 시계를 보면 한참 지난 줄 알았는데 2분도 채 되지 않았다. 그 수강생의 말투는 배경 음악같이 잔잔했다. 잡념에 빠져들기 최적의 환경이었던 셈이다.

왜 사람들은 당신의 말에
집중하지 못하는가

대표가 단상에서 일장 연설을 할 때, 재미없는 강연을 들을 때, 회의에 참석해 선배들의 의견을 듣고만 있을 때, 식사 자리에서 상사가 혼자 떠들 때, 결혼식에서 뻔한 주례사를 들을 때, 친구들을 만났는데 각자 자기 이야기만 할 때 우리는 몸과 영혼이 분리되는 체험을 한다. '걔는 왜 그런 말을 했을까?', '주말에 친구한테 맛집 가자고 해야겠다.', '아까 계좌 이체하는 걸 깜빡했네.' 등 온갖 상념이 떠오른다. 참을 수 없이 잠이 쏟아지기도 하고, 그냥 자리를 박차고 나가고 싶기도 하다.

하지만 처지를 바꿔 우리가 말하는 사람이라면 어떨까? 앞에 앉아 있는 상대가 눈에 초점이 없다면? 졸린 눈을 비비거나 끔뻑거리고 있다면? 나를 보고 있는 것 같은데 진짜 보고 있는 게 아니라면? 하품하거나 스마트폰만 만지작거리고 있다면? 내 이야기를 귀담아듣지 않고 있다면? 달갑지 않다. 긴장된다. 내가 하는 말에 문제가 있다는 생각이 든다. 단조로운 말투는 전달력이 떨어져 청중의 집중력을 무너뜨린다. 말투가 지루한 사람은 다음과 같은 특징이 있다.

고음으로 시작해
소리가 점점 작아지는 사람

가장 대표적인 유형이다. 내가 만난 수강생 90퍼센트 이상이 해당한다. 이들은 목을 쓰며 고음으로 말한다. 이런 말투는 발표할 때 더욱 심해진다. 직장에서 보고할 때 이들은 "안녕하세요. 오늘은 …에 대해 보고드리겠습니다."라고 시작한다. 그런데 '안'부터 고음이다.

발표를 할 때 목소리를 크게 내야 하는 건 알지만 복식호흡 발성을 못해서 톤을 높이는 것이다.

고음으로 말하면 에너지 소모가 크다. 문장 초반에 힘을 다 써버려서 서술어로 갈수록 목소리가 작아진다. 문장의 종결어미 '-니다', '-요'가 거의 들리지 않는다. 발표 시간이 길어질수록 힘에 부쳐 목소리는 더욱 줄어들고 불안정하게 떨린다. 10분만 지나도 힘들고 한 시간 이상 발표해야 한다면 고역이 따로 없다. 시간이 지날수록 수시로 헛기침을 한다.

이 유형은 가장 전달력이 떨어진다. 전달력을 높이려면 저음으로 시작해서 점점 톤을 올려야 한다. 즉 문장의 끝이 제일 높은 톤이어야 한다. 그리고 글자마다 소리의 크기가 일정해야 한다. 뒤로 갈수록 소리가 작아지면 확신이 없고 설득력이 떨어진다. 우리말은 문장의 끝부분이 더 중요한 의미를 담고 있는데 들리지 않기 때문이다.

화난 것처럼
고음으로 말하는 사람

경상도 사투리를 쓰는 사람에게 주로 나타나는 유형이다. 경상도라도 지역별로 조금씩 차이는 있으나 말투의 변동이 크다는 점은 같다. 톤이 고음으로 시작해서 급격히 낮아졌다가 다시 치솟고 곤두박질치기를 반복한다. 문장 안에서는 물론이고 한 마디 안에서도 말투가 출렁거린다.

내 부모님은 경상남도 마산 출신이다. 마산은 바다에 인접한 지역이다. 바닷가 지역의 말투가 세다고 하는데 두 분을 보면 일리 있는 말이다. 부모님은 결혼하자마자 서울에서 줄곧 사셨다. 서울 사람들은 부모님이 대화하는 걸 들으면 싸우는 줄 알기도 한다. 실제로 대화하다가 언성이 높아지기도 하지만 평소 말투가 그렇다. 목청이 크고 톤이 들쑥날쑥하다 보니 강한 말투로 느껴지는 것이다.

수강생 중에는 사투리를 고치기 위해 오는 사람이 꽤 있다. 50대인 내과 의사는 환자들이 자신의 말투를 오해해서 고민이라고 했다. 동네 커뮤니티에 "이 병원 의사는 불친절하고 무서우니 가지 마라."라는 게시글까지 올라왔다고 했다. 그는 경상남도 삼천포 출신이었다. 우리 부모님처럼 사투리가 강했다. 몇 마디만 나눴을 뿐인데 그의 심정이 어떨지 공감이 됐다.

사투리로 소통의 문제가 발생할 때가 있다. 하나는 억양이다. 사투리는 톤이 확 떨어지면서 소리가 줄어드는데, 이때 해당 글자가 들리지 않는다. 높낮이가 불규칙적으로 변하기 때문에 사투리에 익숙하지 않은 사람은 이해하기 어렵다. 다른 하나는 사투리의 어휘다. 특정 지역에서 통용되는 단어를 쓰면 상대방은 의미를 유추하기 힘들다.

단어는 표준어를 쓰지만 사투리 억양이 남아 있는 사람도 있다. 이들은 발표할 때 화난 것처럼 보인다. 이내 고음으로 말하는 습관이 나온다. 내가 만난 사투리를 쓰는 사람들은 거의 목소리가 컸다. 힘이 있고 길게 말해도 소리가 작아지지 않는다. 중요한 부분이 있으면 목소리를 더 높인다. 그래서 더 화가 난 것 같다.

고음으로 힘주어 말하면 발표 초반에는 집중이 잘된다. 그렇지만 후반으로 갈수록 청중은 피로감이 높아지고 심지어 거북해진다. 일방적인 느낌을 주기 때문이다. 선거를 앞두고 거리 유세를 하는 후보자처럼 선동적이다. 따라서 발표하는 내내 큰 소리로 말해서는 안 된다. 주장을 과하게 내세우는 것처럼 보여 역효과를 낳는다. 말투가 강하기만 하면 정작 강조해야 하는 메시지는 강조되지 않는다. 말에도 강약 조절이 필요하다.

낮은음으로
우울하게 말하는 사람

두 번째로 많은 수강생 유형이다. 이 유형은 지루하다. 무표정이고 차분한 이들은 톤이 낮고 일정한 말투를 구사한다. 이런 말투는 분위기를 가라앉힌다. 청자가 졸거나 다른 생각하기에 걸맞은 환경을 조성한다. 이들은 기분 좋은 상태로 말한다고 하지만 듣는 사람에게는 그렇게 보이지 않는다. 어떻게 보면 긴장한 것 같고, 어떻게 보면 성의가 없어 보인다.

대기업 9년 차 직장인 수강생이 있었다. 그는 수백 명을 대상으로 교육해본 경험이 다수 있었다. 그래서인지 발표를 능숙하게 잘했다. 내용도 우수했다. 청중이 알기 쉽게 비유를 들고 요점 위주로 간결하게 말했다. 아쉬운 점은 그가 발표에 능숙하다는 사실을 집중해야만 알 수 있다는 점이었다. 그는 목소리가 작고 한결같이 차분한 말투를 고수해 때론 침울해 보였다. 그렇다 보니 중요한 사안이 강조되지 않고 표정에서 아무런 감정도 전달되지 않았다.

사투리를 고친 사람 중에는 말투가 유독 침착한 사람이 많다. 한 수강생은 대기업 팀장이었다. 그는 부산에서 태어나 고등학교까지 마치고 서울에서 대학을 다녔다. 입학하자마자 서울 사람과 자신의 말투가 다른 걸 깨달았다. 한 달 만에 사투리를 고쳤다. 이후 20년간 사투리를 쓰지 않았다. 그처럼 사투리를 고친 사람들은 톤을 높이면 사투리가 나올까 봐 비슷한 톤으로만 말한다.

차분한 말투는 상대를 편하게 만드는 장점이 있다. 조용한 곳에서 세 명 이하로 대화할 때 적합하다. 그러나 다섯 명 이상 모인 곳에서는 소리가 묻힌다. 열 명 이상 있는 곳에서 발표한다면 뒤쪽에 앉은 사람에게는 내용이 전달되지 않는다. 그들 모두 꿈나라로 갈 수 있다. 차분한 말투만 사용해서는 청중의 이목을 끌 수 없다. 말투에 변화를 줘 중요한 부분을 확실히 강조해야 한다.

어린 말투로
말끝을 끄는 사람

말투가 어려 보여서 고민하는 사람이 있다. 주로 20, 30대가 그런 고민을 이야기한다. 이들은 애같이 말한다는 이야기를 듣는다. 잘 살펴보면 이들이 보이는 특징이 있다. 말끝을 끄는 것이다. 그리고 말끝을 잘 맺지 않는다.

말끝을 끈다는 건 이런 것이다. "제가 오느~을~ 말씀드리고 싶은~ 내용으은~ 업무분장에 대하안~ 효율적인~ 관리를~ 하는 방법인데~." 조사와 어미를 늘려서 말한다. 말끝마다 물결(~)을 붙이는 것이다. 지저분한 말투다. 아나운서는 장음을 제외한 글자의 길이를 똑같이 말한다. 그리고 이렇게 말끝을 끌며 말하는 사람은 대체로 자신감이 없고 긴장한 경우가 많다. 다음 말을 뭐라고 할지 몰라서 말을 끄는 것이다.

말끝을 맺지 않는다는 건 이런 것이다. "이제부터~ 지속 가능 기업으로~ 도약하기 위해~ 오는 2050년 탄소 제로 달성 목표를~ 수립하고~ 또 이런 목표를 실현하는 방안으로~ 저희 팀에서는~ 혁신적인 공정을 도입하고~ 친환경 원료와 연료로 전환을 하고자 ~ 고객사 100곳에 탄소 감축을 위한 협력에 동참해주기를 요청한 상태고~ 이와 관련해 앞으로는~ 필수적인 재생 에너지를 확보하기 위해~." 문장이 끝날 기미를 보이지 않는다. 이렇게 문장을 매듭 짓지 않고 길게 말하면 자신감이 없어 보인다.

왜 이렇게 말하는 것일까? 20, 30대 사회초년생과 신입 사원은 대부분 상사나 선배의 눈치를 본다. '이렇게 말해도 되나? 내가 하는 말이 맞나?' 확신이 없다. 그리고 직장에서 혼나거나 선배들로부터 잘못했다는 지적을 계속 받다 보면 눈치를 살피게 된다. 결국 어린 말투의 근본적인 원인은 '자신감의 부재'다. 자신 있으면 단문으로 말한다. 메시지가 머릿속에 정리되면 문장도 깔끔하게 나온다. 나이가 어리다고 어린 말투를 쓰는 게 아니다.

예전에 고등학교 학생들을 가르친 적이 있다. 나는 그들과 대학교, 회사 면접을 함께 준비했다. 학생들은 씩씩하고 당찬 말투로 자신의 꿈을 말했다. 그 전공과목을 왜 선택했는지, 어떤 일을 하고 싶은지, 입사 후 성장 계획과 졸업 후 인생 계획도 말했다. 야무졌다. 사적인 대화를 나눌 때도 쑥스러워하지 않고 거리낌이 없었다. 이들에게 어린 생각과 어린 말투는 없었다.

차이가 무엇일까? 20, 30대는 사회의 말투를 답습한다. 사회에 나왔더니 어른들이 친절해 보이려고 말꼬리를 늘이는 걸 본 것이다. 선배들은 모르는 것을 모른다고 사실대로 말하지 않는다. 상사에게 질책이라도 당할까 봐 사족을 붙여 길게 말한다. 누구 하나 씩씩하게 말하지 않는다. 다들 고만고만한 말투로 튀지 않게 말한다. 이런 나쁜 본보기를 따라 하게 된 것이다.

말끝을 길게 끌거나 매듭짓지 않고 말하는 습관은 연장자에게도 흔히 나타나는 습관이다. 이들은 자신의 단점을 후임에게서 발견한다. 그래서 마음에 들지 않아 지적하곤 한다. 어떻게 고쳐야 올바른지 자신도 모르기 때문에 괜히 나이를 지적하며 어린 말투라고 나무란다. 그러나 자신감을 주고 어떤 의견이든 포용하는 상사 앞에서는 누구도 어리게 말하지 않는다.

로봇같이 말한다는
소리를 듣는 사람

톤을 일정하게 유지하며 말하는 사람을 보면 흔히들 '로봇 같다'라고 한다. 또박또박 발음하는 시점부터 이런 소리를 가끔 듣는다고 수강생들이 말하면 나는 이렇게 말한다.

"그거 칭찬이에요. 진짜 잘하고 있는 거예요."

정말로 로봇을 떠올려보라. 인공지능을 지닌 로봇이다. 아이폰 '시리'도 발음이 얼마나 좋은가. 기계음으로 톤의 변화 없이 말하지만 무슨 말인지 잘 들린다. 여기서 톤의 변화만 익히면 된다. 발전하고 있다는 증거다.

나 역시 로봇 같다는 말을 종종 듣는다. 한번은 친구에게서 그런 말을 들었다. 심지어 웃어도 로봇 같고 일부러 웃은 게 아니냐며 서운해했다. 사실 그는 정말 내가 로봇 같아서가 아니라 상대방의 반응에 민감한 것이다. 그는 대화 끝에 자기 이야기가 재미없으면 재미없다고 말해달라고까지 했다. 이런 사람들은 자기 말에 상대가 진심으로 웃기를 바란다.

하지만 어떤 사람은 상대방의 반응이 아니라 상대방이 말하는 내용에 관심을 쏟는다. 이런 사람들은 상대방이 자신에게 맞추기를 바라지 않고 대화에 집중한다. 그리고 더 깊은 공감과 교류를 이끌어낸다. 그러니 내 말투에 이러쿵저러쿵하는 사람들의 소리에 신경 쓰지 말고 내가 무엇을 말하는지 귀 기울여 듣는 사람에게 집중하자. 소통은 그런 것이며 우리가 더 또박또박 분명하게 말해야 하는 이유다.

청중을 집중하게 만드는
톤의 비밀

여기서는 톤을 변화시키는 방법을 배워보자. 같은 말이라도 상황에 따라 톤을 달리하면 청중을 집중시킬 수 있다.

문장의 시작은 저음으로 한다. 복식호흡 발성법으로 '아~' 할 때의 톤으로 문장 첫 단어를 말하는 것이다. 더 낮은음을 낼수록 톤의 변화가 잘 들린다. 낮게 시작해야 올라갈 곳이 많다. 한 문장 안에서 톤의 변화가 일어나고 톤 변화가 클수록 분위기는 점점 밝아진다. 이는 여성과 남성 모두에게 똑같이 적용되는 변화다. 그리고 어떤 지역 사투리든 이 방법으로 표준어 말투를 쓸 수 있다. 이 방법은 일상과 실무에서 말하는 상황은 물론 방송과 유튜브 촬영을 할 때 말하기에도 적합하다.

상황별로 다르게 말하는
다섯 가지의 톤

인사말 '안녕하세요'로 상황별 적합한 톤의 변화를 알아보자. 이 방법은 모든 문장에 적용할 수 있다. 먼저 톤을 올리는 방법을 시각화한다. 나는 톤을 올릴 때 덩달아 손을 올리는데 원고에도 글자 위에 계단 모양으로 선을 그어 표시한다. 톤의 변화가 없으면 일자로 선을 긋는다. 그리고 평지를 걷는 듯 말한다. 톤이 올라갈 때는 계단을 한 칸씩 올라간다고 생각하라. 계단의 높이가 클수록 톤이 더 높아지는 것이다.

1. 모든 글자의 톤을 동일하게 유지한다

무거운 분위기에서나 엄중한 사안을 말할 때 적합하다. '안'부터 '요'까지 톤의 변화 없이 저음을 유지한다. 저음으로 말할 때는 웅얼거리지 않고 또박또박 발음해야 알아들을 수 있다. 반드시 복식호흡 발성으로 한다. 목소리에 힘이 실리고 몸속에 공기가 많아 저음에서도 정확히 발음할 수 있다.

$$\longrightarrow$$

안 녕 하 세 요

업무상 무거운 주제를 의논할 때는 톤의 변화 없이 저음으로 말하자. 이를테면 건설 현장 사고로 공사가 지연되고 있는 상황, 투자

유치 실패에 대한 후속 조치, 목표에 못 미치는 성과를 낸 이후 열린 회의, 사측이 우리 쪽에 불리한 조건을 제시한 재계약 등 사안이 중대하고 부정적인 상황에서는 낮은 음성으로 말한다. 감정을 배제한 채 말할 수 있어서 협상에 효과적이다.

화를 내야 하는 상황에서도 낮은 톤으로 하자. 고음으로 화내면 감정을 분출해 상대방을 할퀼 수 있다. 화가 더 나기도 한다. 나중에 관계 회복이 쉽지 않다. 업무적인 관계에서 마찰이 있을 때는 감정을 내비치며 화를 내지 말아야 한다. 잘못이 상대방에게 있어도, 감정을 격하게 분출한 사람이 손해를 본다. 감정을 조절하지 못하는 사람처럼 보일 수 있다.

업무와 관련해 불만을 제기하거나 질책해야 하는 상황에서는 낮은음으로 천천히 말하자. 저음으로 화내면 상대방이 오히려 무서워한다. 복식호흡으로 화를 다스리고, 저음으로 말하자. 저음으로 조목조목 따지면서 이의를 제기하면 상대방은 수긍하게 돼 있다. 한번 시험 삼아 저음으로 화내보면 알 수 있다. 상황이 원만하게 정리되고 더 나은 방향으로 풀릴 것이다.

2. 글자마다 반 계단씩 톤을 올린다

앵커의 말투다. 진지한 상황에 알맞다. 메시지에 힘을 실어야 할 때 유용하다. 낮은음으로 '안'을 시작해서 글자마다 반 계단씩 톤을 올린다. '요'가 가장 높은음으로 끝난다. '안'부터 '요'까지 반 계단씩 톤이 소폭 상승한다. 톤을 변화시키되 살짝 올리는 것이다. 이런 톤은 도도하고 카리스마 있는 분위기를 자아낸다.

　논리정연하고 분별력 있어 보이는 말투를 구사하고 싶거나, 특별히 힘을 실어야 할 내용에 어울리는 톤이다. 발표에서 중요한 문장을 말할 때, 회의에서 아이디어를 개진할 때, 면접에서 대답할 때, 거래처와 업무를 논의할 때, 일 이야기로 통화할 때, 계약하는 자리에서 자신의 이익을 위해 의사를 밝힐 때, 주장을 펼쳐야 할 때 말하면 좋을 톤이다.

　마침표(.)가 있는 문장을 '평서문'이라고 한다. 대다수가 평서문을 일정한 톤으로 말하는데, 그러면 말투가 단조롭고 오래 말하면 지루하게 느껴진다. 물음표(?)가 있는 의문문에서만 끝을 올리지 말고 평서문에서도 톤을 올려야 한다. 한 문장 안에서 낮은음으로 시작해 점점 톤을 올리는 걸 기억하자. '안녕하세요'를 연습할 때도 마찬가지다. 톤을 마지막의 '요'에서만 올릴 게 아니라 '녕'부터 한 글자씩 올라가야 한다.

3. 글자마다 한 계단씩 톤을 올린다

공식적인 자리에서 밝은 분위기를 낼 때 적합하다. 낮은음으로 시작해서 글자마다 한 계단씩 톤을 올린다. '요'가 가장 높은음으로 끝난다. '안'부터 '요'까지 계단 한 칸씩 톤이 상승한다. 반 계단씩 올릴 때보다 톤 변화의 폭이 더 크다.

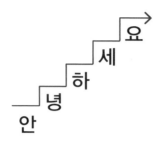

공감을 이끌고 호감을 주는 말투에 적합한 톤이다. 주장을 뒷받침하기 위해 설명할 때, 발표에서 설득과 공감을 이끌 때, 성과를 자축하는 회의에서, 재미있는 화젯거리로 대화하는 상황, 거래처와 교류하는 자리, 공적인 식사 자리, 차를 마시면서 하는 가벼운 회의, 식당이나 카페에서 주문할 때, 낯선 사람과 대화할 때 등 전반적인 대화 톤에 어울린다. 일상에서 빈번하게 사용되는 톤이다.

톤 올리는 게 어색하고 어려운 사람은 미소를 지으며 말해보자. 미소를 지으며 말하면 톤을 쉽게 올릴 수 있다. 웃는 얼굴로 저음으로 시작해 점차 톤을 올리면서 말하면 친절하고 매력적으로 보인다. 공감을 이끌고 호감을 주고 싶을 때 좋은 말하기 팁이다.

비즈니스 상황에서는 톤을 반 계단씩 올리거나 한 계단씩 올리기를 적절히 혼용하는 게 알맞다. 뭔가를 주장해야 하는 상황에서는 톤을 반 계단씩 올려 도도하고 카리스마 있는 분위기로 말한다. 그리고 이를 뒷받침하기 위해 분위기를 바꿔 톤을 한 계단씩 올리는 부드럽고 밝은 말투를 쓰면 공감을 얻고 상대를 설득할 수 있다. 이것이 '말투의 강약'이다.

무라카미 하루키는 《직업으로서의 소설가》에서 "소설에는 강약이 필요하다."라고 말했다. 소설에는 극적인 사건, 예컨대 사랑하는 이의 갑작스러운 죽음이나 첫눈에 반하는 애정의 폭발 같은 장면이 있다. 이것은 '강'에 해당하는 요소다. 이것이 있어야 독자는 책에 몰입한다. 그러나 극적인 사건이 수없이 반복되면 오히려 몰입하기 어렵다. 적절한 '약'이 있어야 '강'이 돋보인다.

말하기도 마찬가지다. '강'에 해당하는 '주장'을 두드러지게 만들려면 적절한 '약'인 '설득과 공감'이 동반돼야 한다. 전반적으로 부드럽고 밝은 말투로 호감을 주고, 완벽한 타이밍에 카리스마 있는 말투로 상대방을 공략하면 나의 주장이 과녁에 단단하게 꽂힌다.

4. 글자마다 두 계단씩 톤을 올린다

행사 사회를 볼 때나 내레이션을 할 때 이 말투를 쓴다. 낮은음으로 시작해서 글자의 톤이 두 계단씩 확확 올라간다. '요'가 가장 높은음으로 끝난다. 결혼식, 기념식, 준공식 등을 진행할 때 어울리는 말투다. 청중을 주목시킬 수 있다. 음성만으로 기쁨과 즐거움을 표현할 수 있다. 신나게 웃으면서 말하되, 낮은 톤으로 시작해서 톤을 크게 변화시킨다.

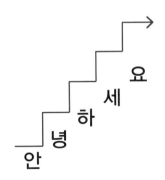

사회를 맡는다면 낮은음으로 문장을 시작해서 톤을 껑충껑충 올리면 고급스러우면서도 경쾌한 분위기가 연출된다. 톤 변화의 폭을 높일수록 발성이 필요하다. 숨을 많이 써야 한다. 행사장이 크다면 마이크가 있어도 발성을 해야 밝은 분위기가 행사 내내 가득하다. 이 말투는 묵직하고 압도적이어서 행사를 더욱 품위 있게 만들어준다.

회사에서 행사를 잘 진행하면 임직원 전체가 눈여겨본다. 오래도록 회자되는 진행으로 남는다. 주요 행사에 참석하고 사회를 맡을 기회가 계속해서 주어진다. 큰 무대에서 말하는 경험은 스피치 실력을 높인다. 이 방법으로 친구 결혼식의 사회를 봤던 한 수강생은 친구 부모님으로부터 아나운서인 줄 알았다며, 덕분에 결혼식을 잘 마쳤다는 말을 들었다고 한다.

사회는 각별한 재미를 선사한다. 사회자는 행사장 전체를 통솔해야 한다. 모든 이가 내 이야기에 집중하는 짜릿함을 느낄 수 있다. 나오라고 하면 나오고, 들어가라고 하면 들어간다. 박수 치라고 하면 일제히 박수 친다. 내 말에 모두가 따르는 리더십의 정점을 느낄 수 있다.

흔히 말하는 '행사 톤'은 권하지 않는다. 행사 톤은 높은 음성으로만 사회를 보는 방법이다. 분위기를 띄우기 위해 이렇게 하는 사회자들이 있다. 내가 추구하는 사회는 행사의 격을 높이는 것이다. 어떤 말투를 쓰느냐에 따라 행사의 격조가 달라진다. 분위기를 밝고 즐겁고 신나게 만들기 위해 높은 음성으로만 할 필요는 없다. 진심만 있으면 충분히 분위기는 밝아진다.

나는 10년 넘게 방송하면서 행사 사회를 대략 70회 이상 맡았다.

준공식, 출판기념회, 지방자치단체 행사, 지인과 친척의 결혼식까지 포함시킨 횟수다. 그 모든 행사에서 나는 저음으로 시작하고 톤의 변화 폭을 높였다. 마음 깊이 기뻐하고 웃으면서 사회를 진행했다. 내가 사회자로 나선 행사는 더없이 품격 있었다고 자부한다.

5. 글자마다 톤을 올리되 힘을 뺀다

유튜버에게 적합한 톤을 알아보자. 유튜브를 촬영할 때는 자연스러운 말투가 적합하다. 구독자 대부분은 혼자서 유튜브를 보기 때문에 유튜버와 구독자가 일대일로 대화하는 듯한 말투가 가장 어울린다. 그래서 본인의 말투를 있는 그대로 살릴수록 개성 있다. 힘을 빼고 말해도 자연스럽다. 대신 발음을 또박또박하게 해야 알아들을 수 있다. 어떤 주제의 방송을 할 건지 정하고 전체적인 분위기를 고민해야 한다.

유튜버는 주제에 따라 크게 세 가지로 나뉜다. 하나는 보면서 따라 할 수 있는 유튜버다. 음식을 만드는 요리 유튜버, 함께 운동하는 유튜버, 화장법을 알려주는 뷰티 유튜버 등이 있다. 구독자들은 유튜버의 설명을 들으면서 몸을 움직인다. 영상에 집중하기보다는 유튜버의 말을 귀로 많이 듣는다. 그리고 관심 있는 상품을 설명하는 리뷰 유튜버, 전문 지식을 알려주는 유튜버 등이 있다. 구독자들은 유튜버의 설명을 들으며 공부한다. 그 외에도 웃긴 영상을 찍는 유튜버, 음식을 많이 먹는 먹방 유튜버, 특정 소리를 콘텐츠로 만드는 ASMR 유튜버, 일상을 영상으로 담는 브이로그 유튜버 등이 있다.

어떤 주제를 가지고 동영상을 찍는 유튜버든 위에서 배운 톤 올리기 방법을 적용할 수 있다. 조용하고 잔잔한 분위기를 연출하고 싶다면 글자마다 톤을 반 칸씩 올린다. 이때는 웃으면서 해야 나긋하고 친절해 보인다. 밝고 쾌활한 분위기를 연출하고 싶다면 글자마다 톤을 한 칸씩 올리자. 신나는 분위기를 연출하고 싶다면 글자마다 톤을 두 칸씩 올린다. 정리하자면 힘을 빼고 말하되 본인의 말투를 살리면서 발음은 정확히, 자연스럽게 말해야 한다.

핵심 메시지를 강조하고
신뢰를 주는 말투

신뢰감을 주는 말투를 배워보자. 잘 배워두면 발표, 회의, 면접 등에서 중요한 문장을 말할 때 적용할 수 있다. 도도하면서도 카리스마 있는 말투는 전달하려는 메시지에 무게를 실어 듣는 이에게 신뢰감을 준다. 여기서는 앞서 연습해본 뉴스 원고를 읽으며 문장 안에서 톤을 바꾸는 법을 익힐 것이다.

신뢰감이 느껴지는
말투로 말하는 법

다음 뉴스 원고를 읽어보자. 그리고 그 아래에 발음을 표기한 원고를 보며 정확하게 발음하는지 확인하자.

뉴스 원고

사흘째 제주에 지속된 폭설로 한라산에는 1m가 넘는 눈이 쌓였습니다.

오늘 오전까지 한라산 진달래밭에 110cm가 넘게 눈이 내렸고,

제주 중산간 지역과 제주시에도 10cm 안팎의 적설량을 기록했습니다.

사흘간 내린 폭설로 한라산 입산이 전면 통제되고,

산 중턱을 지나는 1100도로와 산록도로 등의 차량 운행이 막혔습니다.

발음 표기

사흘째 제:주에 지속된 폭썰로 할:라사네는 일미터가 넘:는 누:니 싸엳씀니다.

오늘 오:전까지 할:라산 진달래바테 백씹쎈티미터가 넘:께 누:니 내렫꼬,

제:주 중산간 지역꽈 제:주시에도 십쎈티미터 안파께 적썰량을 기로캗씀니다.

사흘간 내린 폭썰로 할:라산 입싸니 전면 통:제되고,

산 중터글 지나는 천백또로와 살록또로 등:에 차량 운:행이 마켵씀니다.

　발음이 정확하다면 이제 톤을 조절해 읽는 법을 알아볼 차례다. 먼저 복식호흡 발성으로 숨을 마신다. 문장은 저음으로 시작한다. 문맥에 따라 띄어 읽어야 하는 단어 첫음절마다 톤을 올린다. 나는 이것을 '포즈(v)'로 표시한다. 포즈 뒤의 글자부터 톤을 올린다. 톤은 한 문장 안에서 반 계단씩 점점 올라가 서술어에서 가장 높은음으로 끝난다. 문장이 끝나면 숨을 마신다. 그리고 다음 문장을 시작할 때 다시 저음으로 내려온다. 문장이 길면 중간에 숨을 마신다. 나는 이것을 '슬래시(/)'로 표시한다. 슬래시를 만나면 다시 저음으로 내려와서 시작한다. 이를 요약하면 다음과 같다.

숨을 쉬는 곳에는
슬래시를 표시한다

흥버튼의
강의 영상

한 문장은 한숨으로 한 번에 읽어야 전달력이 좋다. 그러나 문장이 길면 중간에 숨을 마셔야 한다. 이때 숨을 마시는 곳을 슬래시(/)로 표시한다. 슬래시로 표시할 수 있는 곳은 세 가지다. 가장 먼저 '-데', '-고', '-서', '-며', '-아' 등의 연결어미로 문장이 결합된 곳에 표시한다. 두 문장 이상이 결합된 지점에서 숨을 쉰다. 그다음은 주어가 있는 곳이다. 주어 다음에 숨을 쉬면 주어를 강조하는 효과가 있다. 마지막으로, 부사구나 형용구 등 삭제해도 의미에 지장이 없는 구 다음에 숨을 쉰다.

　슬래시는 한 문장에 한두 개가 적당하다. 즉 숨을 적게 마셔야 전달력이 높다. 한 문장 안에서 숨을 자주 마시면 내용이 툭툭 끊겨 전달력이 떨어진다. 숨을 마시는 만큼 쉬어야 하기 때문이다. 긴 문장은 쪼개도록 하자.

사흘째 제주에 지속된 폭설로 한라산에는 1m가 넘는 눈이 쌓였습니다.

오늘 오전까지 한라산 진달래밭에 110cm가 넘게 눈이 내렸고/

제주 중산간 지역과 제주시에도 10cm 안팎의 적설량을 기록했습니다.

사흘간 내린 폭설로 한라산 입산이 전면 통제되고/

산 중턱을 지나는 1100도로와 산록도로 등의 차량 운행이 막혔습니다.

한 문장씩 살펴보자.

사흘째 제주에 지속된 폭설로 한라산에는 1m가 넘는 눈이 쌓였습니다.

이 문장에는 슬래시가 없다. 짧은 문장은 한숨으로 읽는다. 한 문장을 한 번에 말할수록 명석하게 보인다.

오늘 오전까지 한라산 진달래밭에 110cm가 넘게 눈이 내렸고/

제주 중산간 지역과 제주시에도 10cm 안팎의 적설량을 기록했습니다.

'내렸고/'의 연결어미 '-고'에서 숨을 마신다. 이 문장은 다음 두 문장이 결합된 것이다. "오늘 오전까지 한라산 진달래밭에 110cm가 넘게 눈이 내렸습니다. 제주 중산간 지역과 제주시에도 10cm 안팎의 적설량을 기록했습니다." 결합 문장은 연결어미에서 숨을 마셔야 매끄럽다. 듣는 사람도 이해하기 쉽다.

사흘간 내린 폭설로 한라산 입산이 전면 통제되고/

산 중턱을 지나는 1100도로와 산록도로 등의 차량 운행이 막혔습니다.

'통제되고/'의 연결어미 '-고'에서 숨을 마신다. 이 문장은 다음 두 문장이 결합된 것이다. "사흘간 내린 폭설로 한라산 입산이 전면 통제됐습니다. 산 중턱을 지나는 1100도로와 산록도로 등의 차량 운행이 막혔습니다." 이 글은 기사라 문장이 긴 편이지만 일상에서는 단문으로 말하려고 노력하자.

톤을 올리는 곳은
포즈를 표시한다

톤을 올리는 곳은 포즈(v)로 표시한다. '포즈(pause)'는 영어로 일시 정지를 뜻한다. '숨을 참고 말하라'는 의미로 연기할 때 "포즈를 두고 말해."라고 주로 쓰인다. 다시 말해 포즈는 문장의 의미에 따라 띄어 읽는 곳이다. 포즈가 표시된 다음 글자부터 톤을 올린다. 톤을 올려서 띄어 읽는 효과를 주는 것이다. 포즈를 표시할 수 있는 곳은 다음 세 가지다. 첫째, 문맥에 따라 띄어 읽어야 하는 곳에 표시한다. 둘째, 전달력을 위해 띄어 읽는 곳에 표시한다. 셋째, 의미를 분명하게 전하고 싶은 곳에 표시한다.

톤은 한 문장 안에서 반 계단씩 올라가 서술어에서 가장 높은음으로 끝난다. 복식호흡 발성으로 톤을 올려야 한다. 포즈는 숨을 쉬지 않기 때문에 개수가 많아도 상관없다.

사흘째ⅴ 제주에 지속된ⅴ 폭설로ⅴ 한라산에는ⅴ 1m가ⅴ 넘는ⅴ 눈이 쌓였습니다.

오늘 오전까지ᵛ 한라산ᵛ 진달래밭에ᵛ 110cm가ᵛ 넘게ᵛ 눈이 내렸고/

제주ᵛ 중산간 지역과ᵛ 제주시에도ᵛ 10cm 안팎의ᵛ 적설량을 기록했습니다.

사흘간 내린ᵛ 폭설로ᵛ 한라산ᵛ 입산이ᵛ 전면ᵛ 통제되고/

산ᵛ 중턱을 지나는ᵛ 1100도로와ᵛ 산록도로 등의ᵛ 차량ᵛ 운행이 막혔습니다.

포즈가 표시된 위 원고를 한 문장씩 살펴보자.

사흘째ᵛ 제주에 지속된ᵛ 폭설로ᵛ 한라산에는ᵛ 1m가ᵛ 넘는ᵛ 눈이 쌓였습니다.

포즈는 문장의 의미에 따라 표시한다. 띄어쓰기마다 하는 게 아니다.

'사흘째'는 기간을 나타내는 독립된 의미이므로 포즈를 표시한다.

'제주에 지속된'은 '폭설'을 꾸며주는 형용구다. 형용구는 삭제해도 의미가 전달된다. [제:주에지속뙨]과 같이 한 단어로 보고 한 톤으로 읽는다.

'눈이 쌓였습니다'는 한 단어처럼 읽는다. 이를 서술구라고도 한다. 서술어 앞에 있는 단어(여기서는 '눈이')는 한 톤으로 말해야 자연스럽다. [누:니싸열씀니다]라고 띄어쓰기 없이 한 단어처럼 한 톤으로 읽는다.

오늘 오전까지ᵛ 한라산ᵛ 진달래밭에ᵛ 110cm가ᵛ 넘게ᵛ 눈이 내렸고/

제주ᵛ 중산간 지역과ᵛ 제주시에도ᵛ 10cm 안팎의ᵛ 적설량을 기록했습니다.

'오늘 오전까지'는 기간을 나타내는 의미이므로 한 단어처럼 한 톤으로 읽는다.

'한라산v 진달래밭에'는 톤을 바꿔 장소가 한라산에 있는 진달래밭임을 분명히 전달해야 한다. 만약 톤을 바꾸지 않고 한 톤으로 [할:라산진달래바테]라고 하면 진달래밭 이름이 '한라산진달래밭'이 돼 의미가 달라진다.

'눈이 내렸고'는 서술어 앞에 있는 단어를 붙여서 한 단어처럼 한 톤으로 읽는다.

'제주v 중산간 지역과'는 제주에 있는 중산간 지역이라는 뜻이다. 제주를 분리해 포즈를 두고 중산간 지역부터 한 단어처럼 읽는다.

'10cm 안팎의'처럼 내용이 연결되는 단어끼리는 한 단어처럼 한 톤으로 읽는다.

'적설량을 기록했습니다'는 서술어 앞에 있는 단어를 붙여 한 단어처럼 한 톤으로 읽는다.

사흘간 내린v 폭설로v 한라산v 입산이v 전면v 통제되고/
산v 중턱을 지나는v 1100도로와v 산록도로 등의v 차량v 운행이 막혔습니다.

'사흘간 내린'은 폭설을 꾸며주는 말이므로 한 단어처럼 한 톤으로 읽는다.

'전면v 통제되고'에서 '통제되다'를 강조하기 위해 앞에 포즈를 둔다. 서술어가 문장에서 주는 의미를 강조하고 싶을 때도 포즈를 사용한다. 그러면 톤을 올려서 서술어를 부각할 수 있다. '전면'처럼 부사가 올 경우 서술어 앞에 포즈를 두고 톤을 올리면 자연스럽다. 만약 '전면'이란 부사 없이 '입산이 통제되고'라는 문장이면 포즈 없이 [입싸니통제되고]라고 붙여서 서술어 앞에 있는 단어와 한 단어처럼 한 톤으로 읽는다.

'산v 중턱'은 산의 중턱을 의미하므로 중간에 포즈를 둔다.

'중턱을 지나는'은 1100도로와 산록도로를 꾸며주는 말이므로 한 단어처럼 한 톤으로 읽는다.

'산록도로 등의'에서 '등'은 바로 앞에 있는 단어와 한 단어처럼 읽는다. 예컨대 '사과,v 배,v 수박 등의v 과일'이라면 '수박 등의[수박뜽에]'는 한 단어처럼 한 톤으로 읽는다.

'운행이 막혔습니다'는 한 단어처럼 읽는다. 서술어와 그 앞에 있는 단어는 한 단어처럼 읽는다.

문장의 처음은
저음으로 시작한다

흥버튼의
강의 영상

사흘째v 제주에 지속된v 폭설로v 한라산에는v 1m가v 넘는v 눈이 쌓였습니다.

오늘 오전까지v 한라산v 진달래밭에 110cm가v 넘게v 눈이 내렸고/

제주v 중산간 지역과v 제주시에도v 10cm 안팎의v 적설량을 기록했습니다.

사흘간 내린v 폭설로v 한라산v 입산이v 전면v 통제되고/

산v 중턱을 지나는v 1100도로와v 산록도로 등의v 차량v 운행이 막혔습니다.

문장의 처음에는 중요하지 않은 단어가 온다. 첫 문장에서 중요한 사실은 1미터가 넘는 눈이 쌓인 것이다. 세 번째 문장에도 '사흘'이란 정보가 나오기 때문에 첫 문장의 '사흘째'는 없어도 된다. 만약 세 번째 문장에서 '사흘간 내린'이란 단서가 빠져도 첫 문장의 '사흘째'는 중요하지 않다. 현재 '많은 눈이 내린 것'과 이로 인해 '한라산 입산과 차량 운행이 통제된 것'이 중요한 정보다. 따라서 문장의 처음은 중요하지 않다. 가장 낮은 톤으로 시작하자.

'사흘째', '오늘 오전까지', '사흘간 내린'과 같이 문장의 처음은 숨을 마시고 저음으로 소리를 낸다.

'제주'와 '산' 앞에는 슬래시가 있다. 슬래시 다음에 오는 단어는 문장이 다시 시작된다고 생각하자. 숨을 마신 후에는 저음으로 내려와서 말한다.

복식호흡 발성 '아~' 톤으로 가장 낮게 시작한다.

포즈마다 반 계단씩
점점 톤을 올린다

홍버튼의
강의 영상

사흘째v 제주에 지속된v 폭설로v 한라산에는v 1m가v 넘는v 눈이 쌓였습니다.

오늘 오전까지v 한라산v 진달래밭에v 110cm가v 넘게v 눈이 내렸고/

제주v 중산간 지역과v 제주시에도v 10cm 안팎의v 적설량을 기록했습니다.

사흘간 내린v 폭설로v 한라산v 입산이v 전면v 통제되고/

산v 중턱을 지나는v 1100도로와v 산록도로 등의v 차량v 운행이 막혔습니다.

포즈 뒤의 글자부터 톤을 올린다. 다만 톤을 올리는 게 익숙하지 않을 것이다. 자신이 생각하는 것보다 두 배는 올려야 톤이 올라간다.

포즈 다음의 첫 글자에서 스타카토 발성으로 배에 힘을 주며 톤을 올린다. 한번 올라간 톤은 포즈 안에서 유지하고, 다음 포즈를 만나면 톤을 높인다.

아나운서와 앵커의 말투가 중후하고 고상한 이유는 단어의 첫음절에서 톤을 올리기 때문이다. 조사나 끝음절, 어미에서 톤을 올리지 않는다. 그러나 대부분 '째', '에', '된', '로', '는', '가', '이'에서 톤을 올린다. 조사는 문법적 역할만 할 뿐 의미를 지니지 않는다. 조사를 톤을 올려 강조할 필요는 없다. 단어는 조사와 함께 첫음절부터 같은 톤을 유지해야 한다. 그래야 전체 글자가 잘 들린다.

조사나 어미에서
톤을 내릴 수 있다

흥버튼의
강의 영상

사흘째v 제주에 지속된v 폭설로v 한라산에는v 1m가v 넘는v 눈이 쌓였습니다.

오늘 오전까지v 한라산v 진달래밭에v 110cm가v 넘게v 눈이 내렸고/

제주v 중산간 지역과v 제주시에도v 10cm 안팎의v 적설량을 기록했습니다.

사흘간 내린v 폭설로v 한라산v 입산이v 전면v 통제되고/

산 v 중턱을 지나는v 1100도로와v 산록도로 등의v 차량v 운행이 막혔습니다.

앵커는 조사나 어미에서 톤을 떨어뜨리기도 한다. 한 문장에 한 번씩 조사의 톤을 내리면 냉철하게 들린다. 여기서 말하는 한 문장의 단위는 한숨으로 말할 수 있는 문장이다. 두 번째 문장부터는 슬래시가 있으므로 한숨에 한 번씩 톤을 내린다.

톤을 떨어뜨릴 만한 끝음절 또는 조사는 정해져 있지 않다. 포즈처럼 문맥에 따라서 한다. 우선 문장에서 주어 역할을 하는 중심 단어에 붙은 조사의 톤을 내릴 수 있다. 첫 번째 문장은 '한라산에는', 두 번째 문장은 '진달래밭에'가 해당한다. 또한 나열되는 단어에 붙은 조사의 톤을 내리기도 한다. 두 번째 문장의 '중산간 지역과', 세 번째 문장의 '1100도로와'가 해당한다. 세 번째 문장에서 '폭설로'에서 톤을 내리는 건 형용구이기 때문에 어색하지 않다.

톤을 내릴 때 주의할 점은 조사만 톤을 확 내리는 것이다. 앞의 원고에서는 '는', '에', '과', '로', '와'만 톤을 내린다.

조사에서 톤을 내린 다음에는 다시 톤을 확 올려야 한다. 제자리로 돌아가서 점층적으로 톤을 올린다. 슬래시를 만나면 다시 저음으로 내려와서 시작하는 것과 다르다. 구별해야 한다.

문장 끝은
힘 있게 올린다

홍버튼의
강의 영상

사흘째v 제주에 지속된v 폭설로v 한라산에는v 1m가v 넘는v 눈이 쌓였습니다.

오늘 오전까지v 한라산v 진달래밭에v 110cm가v 넘게v 눈이 내렸고/

제주v 중산간 지역과v 제주시에도v 10cm 안팎의v 적설량을 기록했습니다.

사흘간 내린 v 폭설로 v 한라산 v 입산이 v 전면 v 통제되고/

산 v 중턱을 지나는 v 1100도로와 v 산록도로 등의 v 차량 v 운행이 막혔습니다.

'니다'에서 소리가 작아지지 않도록 유의하자. 마지막 글자까지 소리의 크기를 유지한다. '니다'를 작게 말하는 건 힘이 빠져서 그렇다. 서술어는 문장의 결론에 해당한다. 선명하게 들려야 한다. 가령 "발표를 시작하겠습니다."라는 문장을 고음으로 시작하고 점점 톤이 내려가면 안 된다. 저음으로 시작해 점점 톤이 올라가고 소리 크기는 일정해야 한다. '발'이 가장 낮은음이고 '다'가 가장 높은음이다. 톤은 대각선으로 쭉 올라간다. '니다'에서 톤을 내리면 끝나는 느낌이 든다. 톤을 올려야 이어서 다음 문장이 나오는 걸 예감할 수 있다.

마지막 문장의 '니다'에서 톤을 내리면 말이 끝나는 걸 암시할 수 있다. 마지막 문장에서는 '습[씀]'이 가장 높은 톤이다. [니]에서 톤을 내리고 [다]에서 또 내린다. 발표한 뒤 마지막에 "이상입니다.", "발표를 마치겠습니다."라고 하지 않고 톤을 내려서 발표가 끝난 걸 알릴 수 있다. 톤이 낮아질 때는 소리가 작아지지 않도록 주의한다. 일부러 소리를 크게 내는 것도 하나의 대안이다.

공감과 설득에 유리한
부드러운 말투

부드러운 말투를 배워보자. 이 말투는 공감과 설득을 끌어내는 데 유리하다. 발표, 회의, 면접에서 주장을 펼친 후 설득할 때, 상대의 마음을 얻고 싶을 때, 내 편으로 만들고 싶을 때, 일상 대화할 때 두루 쓸 수 있다. 아나운서는 프로그램을 진행할 때나 대화할 때 부드러운 말투로 말하는데 이는 분위기를 밝고 경쾌하게 만든다. 문장 안에서 톤을 바꿔 부드럽게 말하는 법을 훈련해보자.

톤을 바꾸며
부드럽게 말하는 법

다음 MC 원고를 읽어보자. 그 아래에 발음을 표기한 원고를 보며 정확하게 발음하는지 확인하자.

MC 원고

여러분, 안녕하십니까. HBC 아침 경제입니다. 대중교통 타고 가다 보면 휴대전화 보거나 졸고 있는 분들이 대부분이잖아요. 내릴 역을 지나치는 경우가 종종 생기는데요. 앞으로는 도착역을 미리 알려주는 애플리케이션 서비스를 이용할 수 있습니다. 도착역 알림 서비스, 시범 사업을 거쳐서 올 상반기에 지하철 전체 노선으로 확대된다고 하는데요. 전국 대중교통으로 확대되면 유용할 것 같다는 생각이 듭니다.

발음 표기

여러분, 안녕하심니까. 에이치비씨 아침 경젬니다. 대:중교통 타고 가다 보면 휴대전화 보거나 졸:고 인는 분드리 대:부부니자나요. 내릴 려글 지나치는 경우가 종:종 생기는데요. 아프로는 도:창녀글 미리 알려주는 애플리케이션 써비쓰를 이:용할 쑤 읻씀니다. 도:창녁 알림 써비쓰, 시범 사:어블 거쳐서 올 상:반기에 지하철 전체 노:서느로 확때된다고 하는데요. 전국 대:중교통으로 확때되면 유용할 껄 갇딴 생가기 듣니다.

먼저 복식호흡 발성으로 숨을 마신다. 문장의 처음은 저음으로 시작한다. 그리고 문맥에 따라 띄어 읽어야 하는 단어의 첫음절마다 톤을 올린다. 포즈(v)가 표시된 뒤 글자부터 톤을 한 계단씩 올린다. 서술어에서 가장 높은음으로 끝난다.

문장이 끝나면 숨을 마신다. 문장이 길면 중간에 숨을 마신다. 슬래시를 만나면 다시 저음으로 내려와서 시작한다. 톤 변화의 폭이 클수록 분위기는 고조된다. 그리고 웃으면서 원고를 읽자.

슬래시, 포즈, 긴 포즈는
어디에 표시할까?

홍버튼의
강의 영상

슬래시

슬래시(/)는 숨을 마시는 구간이다. 슬래시로 표시하는 곳은 앞서 이야기한 바와 같다. '-데', '-고', '-서', '-며', '-아' 등 연결어미로 문장이 결합된 곳, 주어 다음, 부사구나 형용구 등 삭제해도 의미에 지장이 없는 구 다음에 표시한다.

포즈

포즈(v)는 톤을 올리는 구간이다. 포즈로 표시하는 곳은 앞서 이야기한 바와 같다. 문맥에 따라 띄어 읽는 곳, 전달력을 위해 띄어 읽는 곳, 의미를 분명하게 전하고 싶은 곳에 표시한다.

긴 포즈

긴 포즈(V)는 중요한 문구 또는 키워드 앞에 표시한다. 강조를 위해 띄어 읽는 곳이다. 살짝 뜸을 들이고 톤을 1.5배 더 올려 천천히 읽는다. 긴 포즈는 강조할 내용이 담긴 문장에서만 쓴다. 그래야 강조 효과를 톡톡히 누릴 수 있다. 긴 포즈를 잘 쓸수록 말의 맛이 살고, 이야기가 쏙쏙 들린다.

슬래시, 포즈, 긴 포즈를 넣어 자연스럽게 읽는 법

홍버튼의
강의 영상

다음은 MC 원고에 슬래시, 포즈, 긴 포즈를 표시한 것이다. 각 표시 가 문장의 어디에 사용됐는지 주의 집중해서 읽어보자.

여러분,v 안녕하십니까. HBCV 아침 경제입니다. 대중교통v 타고 가다 보면v 휴 대전화 보거나v 졸고 있는 분들이v 대부분이잖아요. 내릴 역을v 지나치는 경우 가v 종종 생기는데요. 앞으로는/ 도착역을V 미리 알려주는V 애플리케이션 서비 스를V 이용할 수 있습니다. 도착역V 알림V 서비스,/ 시범 사업을 거쳐서v 올 상 반기에v 지하철v 전체 노선으로v 확대된다고 하는데요. 전국v 대중교통으로 확 대되면v 유용할 것 같다는v 생각이 듭니다.

　　먼저 첫 문장을 살펴보자.

여러분,v 안녕하십니까.
[여러분,v 안녕하심니까.]

'여러분'과 '안녕하십니까'는 톤의 변화로 떼어 읽는 효과를 준다. 같은 톤으로 읽으면 [여러부난녕하심니까]처럼 된다. 인사는 항상 톤에 변화를 주어 분명하게 들리게 말한다. 다시 발음해보자. [여러분v 안녕하심니까].

포즈에서 주의할 점은 진짜로 떼어 읽어선 안 된다는 것이다. 가령 '여러분'과 '안녕하세요' 사이에 공백을 둔 채 읽으면 떼어 읽은 것이다. 이러면 느끼한 말투가 된다. 포즈는 붙여서 읽되 떼어 읽어야 하는 곳에서 톤을 올리는 것이다. [여러분]을 한 톤으로 하고 [안]부터 톤을 올려서 [안녕하십니까]를 같은 톤으로 한다.

MC 원고는 밝고 경쾌하게 읽는다. 뉴스보다 톤을 더 높여야 한다. 계단 한 칸씩 톤을 올린다. 다만 톤을 올리는 게 익숙하지 않다면 두 배 더 올린다. 여기서 [까]의 톤은 너무 높이지 않는다. 의문형의 어미를 제외하고 말끝을 도드라지게 올리는 경우는 거의 없다.

HBCV 아침 경제입니다.

[에이치비씨V 아침 경젬니다.]

'HBCV 아침 경제' 사이에 긴 포즈가 있다. 이는 'HBC'라는 방송국 이름과 '아침 경제'라는 프로그램명을 분리한 것이다. HBC는 'Heungburton Broadcasting Corporation(흥버튼 방송국)'의 약자로 내가 만든 것이다. 각 이름 사이에는 포즈를 두고 톤을 바꿔야 정확히 들린다. 프로그램명을 강조하기 위해 긴 포즈를 이용했다.

발표할 때 자신의 이름 앞에도 긴 포즈를 두고 말하자. 예를 들면 이렇다. [홍버튼V 정홍숨니다]. 직함도 분리한다. 자신을 소개할 때 직함과 직급은 이름 앞에 둔다. [홍버튼v 대:표V 정홍숨니다]. 상대 방을 소개할 때는 이름 뒤에 직함과 직급을 둔다. "이분은 홍버튼 정 홍수 대표님입니다."

[에이치비씨V 아침 경젬니다]에서는 저음으로 [에이치비씨]를 읽고 긴 포즈 앞에서 뜸을 들인 후 톤을 1.5배 올려 천천히 [아침 경 젬니다]라고 말한다.

'입니다'의 앞 단어 끝음절에 받침이 없을 경우는 줄여서 말한다. '경제입니다[경젬니다].'

대중교통v 타고 가다 보면v 휴대전화 보거나v 졸고 있는 분들이v 대부분이잖 아요.

[대:중교통v 타고 가다 보면v 휴대전화 보거나v 졸:고 인는 분드리v 대:부부니자 나요.]

[대:중교통]은 문장을 시작하는 단어다. 문장을 시작할 때는 저음 으로 말한다.

[타고 가다 보면]의 [타]부터 톤을 올린다. 톤을 올릴 때는 목에 힘주지 말고 배에 힘을 준다.

[휴대전화 보거나]에서는 [휴]의 톤을 확 올려서 유지한다. 글자 의 길이도 똑같이 하자. 특히 [휴대전화]의 발음이 어렵다. [휴]에서 바람 소리가 많이 나와야 한다. 그리고 [저놔]라고 해서는 안 된다. [전.화.]라고 글자마다 분절한다. [보]에서는 입술을 내밀자. 입술을

내밀지 않은 채 제자리에서 발음해서는 안 된다. 'ㅗ'는 입술의 방향이 아래쪽을 향하도록 쭉 내민다.

[졸:고 인는 분드리]의 [졸:]에서 톤을 올려서 유지한다. [분]의 'ㅜ'는 윗입술을 코 쪽으로 들어올려야 한다.

[대:부부니자나요]에서 톤은 [대:]부터 올려서 대각선으로 올라간다. 서술어는 확 올려야 분위기가 밝다. 톤을 올려야 다음 문장이 이어지는 느낌이 난다. 게다가 이 문장은 공감을 끌어내는 문장이다. '대부분이잖아요. 그렇죠?'라는 의미가 함축돼 있다. 따라서 [자나요]의 톤을 올린다. [부부]처럼 같은 모음이 연달아 나오는 경우 두 번째 모음에서 입의 모양을 더 크게 해야 한다. 'ㅜ'가 중복돼 있으니 두 번째 '부'에서 윗입술을 더 올리자.

종결어미 '-요'의 발음 표기는 [요]이지만 [여]로 발음하는 게 부드럽다. 표기에 어긋나서 [대:부부니자나여]라고 쓰지는 않았다. [요]라고 발음하면 새침해 보인다. 뒤에 나오는 문장들도 [요]라고 써놨지만 전부 [여]로 소리 내도록 하자.

문장 중간에 슬래시 표시가 없다. 한숨으로 한 번에 읽어야 한다. 문장을 시작하기 전에 숨을 많이 들이마시고 한 번에 끝까지 읽는다. 속도가 빨라지지 않도록 신경 쓰자.

내릴 역을ㅁv 지나치는 경우가ㅁv 종종 생기는데요.

[내릴 려글v 지나치는 경우가v 종:종 생기는데요.]

[내릴 려글]은 저음으로 시작한다. [려]의 'ㅕ'는 입술에 힘을 주

며 턱을 벌린다.

[지나치는 경우가]는 [지]부터 톤을 올려 [가]까지 유지한다. 중간에 있는 거센소리 [치]는 바람 소리를 더 낸다. [우]에서 윗입술을 든다.

[종:종 생기는데요]는 '종종'과 '생기는데요'를 한 단어처럼 붙여 읽자. 부사 '종종'은 서술어 '생기다'를 꾸며주는 말이다. 같은 톤으로 읽어야 의미 전달이 명확하다. [데요]는 톤을 올린다. 뒷말과 이어지기 때문이다. 톤이 내려가지 않도록 주의한다.

한숨으로 한 번에 읽는다. 포즈 다음 글자인 [지]와 [종]에서 각각 배에 힘을 주고 톤을 올리자.

앞으로는/ 도착역을V 미리 알려주는V 애플리케이션 서비스를V 이용할 수 있습니다.

[아프로는/ 도:창녀글V 미리 알려주는V 애플리케이션 써비쓰를V 이:용할 쑤 읻씀니다.]

이 부분은 MC 원고에서 가장 중요한 '핵심 문장'이다. 슬래시와 긴 포즈가 등장했다.

[아프로는] 다음에는 슬래시가 있다. 일부러 뒷말을 강조하기 위해 넣은 것이다. 여기서는 끊고 숨을 마신다. 이 원고의 첫 문장 '아침 경제입니다'는 짧아서 따로 숨을 마실 필요가 없었다. 하지만 이 문장은 길고 중요하다. 몸속에 숨이 많아야 힘 있게 키워드를 강조할 수 있다. 숨을 마시고 [아프로는]을 말한 다음에 바로 숨을 또 마

시자. [프]에서는 '앞'의 'ㅍ'이 연음돼 거센소리가 난다. 'ㅍ'을 발음할 때 입술을 말지 않도록 유의하자.

[도:창녀글]은 슬래시 뒤에 나온 단어이므로 저음으로 시작한다. '앞으로는'과 같은 톤으로 한다. 핵심 문구인 만큼 천천히 읽는다.

[미리 알려주는] 앞에는 긴 포즈가 있다. [미]부터 톤을 1.5배 껑충 올린다. 천천히 읽는다. [미리]라는 글자가 쉬워 보이지만 입꼬리를 올리지 않아 잘 발음하지 못하는 사람이 많다. 'ㅣ' 모음이 연달아 나오므로 두 번째 글자 '리'를 발음할 때 입꼬리를 더 올린다. [주]에서는 윗입술을 올리자.

[애플리케이션 써비쓰를] 앞에도 긴 포즈가 있다. [애]부터 톤을 1.5배 올리고 천천히 말한다. [쓰]까지 힘을 줘서 소리의 크기를 일정하게 한다.

[이:용할 쑤 인씀니다] 앞에도 긴 포즈가 있다. [이:]부터 톤을 1.5배 올리고 천천히 말한다. [씀니다]를 힘차게 마무리한다. [다]는 문장에서 가장 높은음으로 끝난다. 평서문은 씩씩하게 톤을 올려야 강조하는 느낌을 줄 수 있다. [쑤]와 [씀]은 된소리를 강하게 내자.

도착역∨ 알림∨ 서비스,/ 시범 사업을 거쳐서∨ 올 상반기에∨ 지하철∨ 전체 노선으로∨ 확대된다고 하는데요.

[도:창녁∨ 알림∨ 써비쓰,/ 시범 사:어블 거쳐서∨ 올 상:반기에∨ 지하철∨ 전체 노:서느로∨ 확때된다고 하는데요.]

[도:창녁∨ 알림∨ 써비쓰]를 보면 긴 포즈가 있다. 중요한 문구라

는 의미다. 새로 출시하는 애플리케이션 서비스의 명칭이므로 충분히 강조해야 한다. [도:창녁]을 저음으로 시작해서 1.5배 톤을 올려 [알림]을 말한 뒤, 다시 1.5배 톤을 올려 [써비쓰]라고 말한다. 단어 사이에 뜸을 들여서 말하고 전체를 천천히 읽는다. [쓰]에서는 톤을 확 내린다. 문장 중간에 쉼표가 있는 경우 쉼표 바로 앞 글자의 톤을 내리자. 각인 효과가 있다.

[써비쓰] 뒤에 있는 쉼표(,)를 주의해서 살펴보자. 사실은 "도착역 알림 서비스라고 하는데요."라고 풀어서 문장으로 말할 수 있었다. 하지만 조사와 서술어를 생략하고 쉼표로 단어를 나열해서 강조했다. 뉴스 기사와 프로그램 대본에는 이와 같은 표현이 쉬이 등장한다. 글자 개수가 줄어서 말하기도 편하고, 단어를 두드러지게 하는 장점이 있다.

중요한 문장은 조사를 생략해 강조할 수 있다. 예컨대 "저는 '삶이 소중한 이유는 언젠가 끝나기 때문이다'라는 프란츠 카프카의 말을 가슴에 새기고 있는데요."를 "'삶이 소중한 이유는 언젠가 끝나기 때문이다.', 프란츠 카프카의 말인데요. 제 가슴에 새기고 있습니다."라고 말할 수 있다.

[시범 사:어블 거쳐서]는 슬래시 다음에 오는 문장이므로 제일 낮은음으로 시작한다.

[올 상:반기에]는 [올]부터 톤을 올린다. [올-] 하고 글자를 끌지 않는다. 장음이 아니기 때문에 글자의 길이는 똑같이 한다.

[지하철v 전체 노서느로]는 [지]에서 톤을 올린 뒤 [전]에서 톤을 또 올린다. '지하철의 전체 노선으로'에서 조사 '의'를 생략했기 때

문이다. 분리해서 읽는다. [하] 발음에 신경 쓰자. 'ㅎ'이 중간에 있으면 바람 소리를 더 내자.

[확때된다고 하는데요]는 [확]에서 톤을 올려서 끝까지 유지한다. 마지막 [데요]는 톤을 올린다. 뒤 문장의 내용과 이어지므로 톤을 올려야 한다. [때]는 된소리가 나므로 강하게 발음한다. [된]을 [덴]으로 발음하지 않도록 유의하자. 입술을 내밀어서 확실히 [된]으로 발음한다.

전국ˇ 대중교통으로 확대되면ˇ 유용할 것 같다는ˇ 생각이 듭니다.

[전국ˇ 대:중교통으로 확때되면ˇ 유용할 껃 갇딴ˇ 생가기 듬니다.]

[전국ˇ 대:중교통으로 확때되면]에서는 저음으로 [전국]을 시작했다가 [대:]부터 톤을 올린다.

[유용할 껃 갇딴]은 [유]부터 톤을 올려 [딴]까지 유지한다. 어려운 발음이다. [유용]을 발음할 때는 입술에 힘을 단단히 주자. [껃]은 된소리로 강하게 발음한다. '다는'은 '단'으로 줄일 수 있다. [갇딴]은 된소리가 나므로 강하게 발음한다.

[생가기 듬니다]는 마지막 문장이므로 끝나는 느낌을 풍기자. [니다]부터 톤을 내린다. 톤을 내릴 땐 확실히 내리고 단번에 끝낸다. [니다]를 천천히 읽으면 느끼하다. 여운을 남기지 않고 매몰차게 확 던져야 근사하게 종지부를 찍을 수 있다.

원고를 직접 쓰며
연습해보자

MC 원고에는 '-요'로 끝나는 문장이 자주 등장한다. 그래서 더욱 친밀하고 자연스럽다. 회의하거나 발표할 때도 '-니다'와 '-요', '-죠'의 높임말을 번갈아 쓰자. 주제문은 확고하게 전달해야 하므로 '-니다'를 사용한다. 이를 보충할 때는 '-요', '-죠'로 설득한다. 문장의 구성에 강약이 있어야 말투에서도 강약이 뚜렷하게 전달된다.

주장할 때의 '-니다' 문장은 뉴스 말투를, 공감과 설득을 끌어내는 '-요', '-죠' 문장은 MC의 진행 말투로 하자. 하나의 주제를 끝맺고 시작할 때는 '-니다'로 하면 깔끔하다.

이렇게 직접 쓴 원고를 가지고 말하기 연습을 한다면 더욱 효과적일 것이다. 아래의 순서대로 연습해보자.

> **MC 원고 읽기 연습법**
> ❶ 영상을 보며 발음 들리는 대로 받아쓰기
> ❷ 소리 내어 읽으면서 슬래시, 포즈, 긴 포즈 표시하기
> ❸ 톤을 올리며 연습하기
> ❹ 녹음 또는 촬영하기
> ❺ 모니터링하기

똑 부러지게 말하며
관심을 집중시키는 말투

"똑똑하다.", "똑 부러진다.", "정확하다." 내 유튜브와 틱톡 '홍버튼' 채널에 종종 달리는 댓글이다. 나를 이렇게 보는 이유는 두 가지다. 똑똑한 내용을 말하기 때문이고 똑똑하게 말하기 때문이다. 똑똑한 사람은 많지만 그런 똑똑함이 드러나지 않는 사람도 많다. 그래서 이들은 "똑 부러지게 말하고 싶다.", "전문가처럼 보이고 싶다.", "내 말을 한 번에 믿으면 좋겠다.", "어린 티가 나지 않고 싶다."라고 말한다. 이번 장에서는 유튜버 원고를 가지고 똑똑하게 말하는 비법에 대해 살펴보자.

유튜버 원고 읽는 법

❶ 짧은 문장으로 말하기   ❷ 결론을 앞에 배치하기

❸ 편안하게 말하기   ❹ 긍정적인 단어를 사용하기

짧은 문장으로
한 번에 말한다

대부분의 유튜버가 말을 길게 한다. 말수가 많은 게 아니다. 한 문장의 길이가 길다. 문장이 길면 어떻게 끝맺을지 몰라서 말이 늘어진다. 말이 길어지면 숨 쉴 곳을 놓치거나 말이 빨라져서 전달력이 떨어진다. 따라서 문장이 길어질 것 같으면 쪼개서 말하도록 하자. 짧은 문장이어야 한 번에 말할 수 있다. 문장이 끝날 때마다 숨을 마실 수 있어서 말이 빨라지지 않는다.

　다음은 책을 소개하는 유튜버의 원고다. 긴 문장으로 말하는 것과 짧은 문장으로 말하는 것의 차이에 집중해서 살펴보자.

긴 문장으로 말하기

"이 책을 읽고 깜짝 놀란 게 소설인 줄 알았는데 실화고 여기 나오는 주인공이 진짜 살아 있는 실존 인물인 거예요. 주인공은 남자 친구와 헤어졌고 다니는 직장은 계약직이고 친한 친구도 없어서 스물아홉 살 생일을 혼자 보내는데 삶이 너무 끔찍하다고 생각하고 이대로 사는 건 의미 없다면서 죽으려고 해요. 그런데 문득 어차피 죽을 거 1년 뒤에 죽자고 결심을 해요."

짧은 문장으로 말하기

"이 책을 읽고 깜짝 놀랐어요. 소설인 줄 알았는데요. 실화였어요. 주인공은 29세 생일에 죽으려고 결심해요. 삶이 너무 끔찍했거든요. 남자 친구와 헤어졌고요. 다니는 직장은 계약직이에요. 친한 친구도 없어요. 생일을 혼자 보내죠. 그것도 20대 마지

막 생일인데. 이대로 사는 게 의미 없다고 생각해요. 그러다 문득 결심하죠. 어차피

죽을 거, 1년 뒤에 죽자!"

짧은 문장은 주의력이 없는 사람도 포섭해 집중하게 만든다. 방송용 원고나 뉴스 기사를 소리 내서 읽어보면 편한 이유가 여기에 있다. 문장을 짧게 구성하는 습관을 길러야 한다. 한 문장에 사실을 하나만 담는다. 서술어를 한 문장에 하나만 쓰고 마침표를 찍는다. 문장의 최대 길이는 한글 문서에서 신명조 서체로 10포인트 크기로 썼을 때 한 줄을 넘지 않도록 한다. 이렇게 말하면 똑똑해 보인다.

결론을
앞에 배치한다

하고 싶은 말을 먼저 하지 않고 나중에 하는 사람이 있다. 이런 사람은 대체로 서론이 길고, 설명이 길다. 유튜브는 초반부터 할 말이 뭔지 한눈에 들어올 수 있게 말해야 한다. 영상의 주제인 결론을 15초 이내로 말하자.

다음은 상품을 소개하는 유튜버의 원고다. 인사를 생략하고 결론부터 바로 말하는 효과를 눈여겨보자.

"요즘 토스트기 한 1만 원에서 5만 원이면 살 수 있잖아요. 그런데 30만 원짜리

토스트기? 듣자마자 말도 안 된다고 생각했는데요. 어떻게 생긴 건지 한번 보자

는 마음에 백화점에 갔는데요. 어느새 결제하고 있는 저를 발견했어요."

이어질 내용이 궁금해지지 않는가. 유튜브 영상을 무슨 이야기로 시작해서 구독자를 잡아둘지 고민하자.

힘을 빼고
편안하게 말한다

유튜버는 편안하게 말할수록 인기가 높다. 좋아하는 유튜버의 채널에 '구독' 버튼을 누르면 영상이 올라올 때마다 볼 수 있다. 구독자가 많아지면 인기 유튜버가 되는 구조다. 구독하도록 만드는 힘은 유튜버가 전하는 정보의 유익함과 재미 그리고 유튜버의 매력에 있다. 인기 유튜버는 본인이 가진 매력을 있는 그대로 보여준다. 말투도 원래 하던 대로 말한다. 그래서 자연스럽다.

유튜브를 처음 할 때 나는 자연스럽지 않고 어색했다. 복식호흡 발성을 하면서 방송하던 습관이 있어 힘을 빼고 말하는 게 익숙지 않았다. 나의 유튜브 채널 '홍버튼'은 처음에 책 소개 영상으로 시작했다. 채널의 분위기는 야밤에 듣는 라디오처럼 조곤조곤하고, 구독자가 책 설명을 듣다가 잠이 들 수 있으면 좋겠다고 생각했다. 그래서 힘을 완전히 빼고 조용하게 말했다. 점차 편안하게 말하는 데 적응했다.

유튜버를 꿈꾸는 사람이라면 힘을 빼고 말해보자. 복식호흡 발성은 잠시 잊어버리자. 발음만 정확히 하면서 편하게 말하자.

다음은 일상을 공유하는 브이로그 유튜버의 원고다. 한 명과 대화하듯 질문도 던지고 평소에 쓰는 단어들로 편하게 말하는 점이 인상적이다.

"안녕하세요. 오늘은 무슨 이야기를 나눠볼까 여러 가지 주제를 놓고 고민했어요. 어색한 상황에 대처하는 방법을 지금까지 한 번도 이야기한 적이 없더라고요. 그렇죠? 어색한 사람과 함께 있을 때 여러분은 먼저 말을 거시나요? 저는 그런 적도 있지만 못 한 적이 훨씬 많아요. 어색한 분위기를 부드럽게 이끄는 사람을 보면 부럽기도 하고 '아, 나도 다음엔 저렇게 해야지.' 하는데 쉽지가 않은 거예요. 평소에 대비를 해둬야 그런 상황에서 잘할 수 있지 않을까 생각했어요. 그래서 오늘은 어색한 상황에 대처하는 방법 다섯 가지를 알려드리려고 합니다."

호감을 주는
긍정적인 단어를 쓴다

호감을 주고 싶다면 긍정적인 단어를 사용하자. 자신이 어떤 사람인지를 나타내기 위해 어떤 단어를 쓰는지 보면 재미있는 결과가 나온다. 이상형이 무엇인지 물어보면 사람들은 두 종류로 말한다.

"게으른 사람은 싫어요. 아무한테나 다정하고 잘해주는 사람도 싫고요. 술을 즐겨 마시는 사람 역시 싫어요."

"성실한 사람이요. 나한테만 잘해주는 사람이 좋고요. 커피를 즐겨 마시는 사람이면 좋겠어요."

첫 번째 사람은 '싫어하는 것'으로 자신의 이상형을 드러냈고 두 번째 사람은 '좋아하는 것'으로 설명했다. 같은 내용이어도 '싫다'보다 '좋다'라는 단어를 쓰는 사람에게 더 호감이 간다. 긍정적인 단어를 쓸수록 긍정적인 이미지를 갖게 된다. 긍정적인 이미지는 호감을 주는 요소다. 유튜브에서 일상을 소개하는 브이로그 영상을 찍을 때는 자기 생각을 자연스럽게 말하게 되는데 이때 부정적인 단어보다 긍정적인 단어를 쓰도록 각별히 신경 쓰자.

상품을 먼저 써본 뒤 설명하는 유튜버일수록 유의해야 한다. 특히 상품의 단점을 말할 때 잘 알지도 못하고 무조건 부정적인 단어를 쓰면 비난의 화살을 맞을 수 있다.

"이 손잡이는 진짜 못 만들었어요. 무슨 생각으로 만든 건지 모르겠네요."
"이 손잡이는 조금 아쉬워요. 다음 신제품은 각진 느낌보다 부드러운 느낌을 살리면 좋겠어요."

첫 번째 사람의 말은 비난같이 들리지만 두 번째 사람의 말은 상품에 애정이 담긴 것처럼 들린다. 잘 알지 못하고 하는 평가는 독자에게 정보보다는 불쾌한 감정을 줄 뿐이다. 잘 알고 말하려면 말하고자 하는 대상에 애정이 있어야 한다. 그래야 말에 무게가 실리고 독자들의 신뢰를 얻는다.

상황별 말투 연습

다음은 각종 상황에서 나누는 대화들이다. 흔히 오가는 대화 내용으로 상황에 적절한 말투를 연습해보자. 발음이 정확한지도 확인하자.

지금까지 공부한 규칙들을 기억하자. 복식호흡 발성을 한다. 저음으로 시작한다. 한 문장 안에서 톤을 점점 올린다. 한 문장을 한 번에 말한다. 긴 문장은 중간에 한 번 숨을 마신다. 또박또박하게 발음한다. 톤 변화의 폭을 높일수록 분위기는 밝아진다.

아침 출근

안녕하세요. 좋은 아침입니다. 오늘v 컨디션v 어때요? 어제v 잘v 주

무셨어요?

흥버튼의
강의 영상

발음

안녕하세요. 조:은 아치밈니다. 오늘 컨디션 어때요? 어제 잘 주무셔써요?

미팅 시작

안녕하세요. 다들 모였네요. 회의 시작하겠습니다.

오늘v 주요 안건은v 무엇이죠? 지난 분기에v 마케팅팀에서 진행한v 프로젝트

는v 소비자 반응이v 괜찮았나요? 그렇군요. 30~40대v 소비자를 겨냥한v 광고가

필요합니다. 타깃을v 집중 공략할v 장치가 있어야 하는데요. N사에V SNSV 15초

짜리V 영상 제작을V 맡겨보는 게V 어떨까요? 최근 이곳에서v 광

고를 제작한 기업이v 세 군데가 있는데요. 광고v 게재 시점부터v

3개월째v 가입자가v 매달V 15%씩v 꾸준히V 늘고 있습니다. 한

마디로V 광고 효과를V 누리고 있는 거죠.

홍버튼의
강의 영상

발음

안녕하세요. 다들 모연네요. 회:이 시:자카겓씀니다.

오늘 주요 안:꺼는 무어시죠? 지난 분기에 마케팅티메서 진:행한 프로젝트는 소비

자 바:능이 괜차난나요? 그러쿤뇨. 삼사십때 소비자를 겨:냥한 광:고가 피료합니다.

타기슬 집쭝 공:냐칼 장치가 이써야 하는데요. 엔사에 에쓰에네쓰 시보초짜리 영상

제:자글 맏껴보는 게 어떨까요? 최:근 이고세서 광:고를 제:자칸 기어비 세: 군데가

인는데요. 광:고 게:재 시쩜부터 삼개월째 가입짜가 매:달 시보퍼센트씩 꾸준히 늘

고 읻씀니다. 한마디로 광:고 효:꽈를 누리고 인는 거죠.

내부 보고

안녕하세요. 해외전략팀장V 김가영입니다. 갈수록v 치열해지고 있는V 글로벌v

바이오v 의약품 시장에서/ 자사가V 승기를 잡기 위한V 전략을 분석했습니다. 지

난해 기준v 세계v 바이오v 의약품 시장은v 약V 340조 원 규모고요. 해마다V

8.5%씩v 빠르게 성장하고 있습니다. 국가별 비중은v 미국이V

40.5%로v 가장 크고요. 유럽이V 13.2%,/ 중국이V 11.8%로v 뒤

홍버튼의
강의 영상

를 이었습니다. 이에 비해v 현재v 우리나라v 글로벌v 바이오v 의

약품 시장은/ 1.3%에v 불과합니다.

안녕하세요. 해:외절략팀장 김가영임니다. 갈쑤록 치열해지고 인는 글로벌 바이오 의약품 시:장에서 자사가 승기를 잡끼 위한 절:략글 분서캡씀니다. 지난해 기준 세:계 바이오 의약품 시:장은 약 삼백사십쪼 원 규모고요. 해마다 팔쩜 오:퍼센트씩 빠르게 성장하고 읻씀니다. 국까별 비:중은 미구기 사:십쩜 오:퍼센트로 가장 크고요. 유러비 십쌈쩜 이:퍼센트, 중구기 시빌쩜 팔퍼센트로 뒤:르 리얻씀니다. 이에 비:해 현:재 우리나라 글로벌 바이오 의약품 시:장은 일쩜 삼퍼센트에 불과합니다.

거래처 통화

안녕하세요. 오랜만이에요. 반갑습니다. 통화 괜찮아요. 편하게 말씀하세요.

상세 페이지v 기획서는v 오늘v 오후V 5시 전까지V 이메일로 보내드릴게요. 상세 페이지에v 들어갈 사진은v 파일이v 많아서요. 드라이브에v 올려 놓겠습니다. 부장님v 이메일v 공유하고요. 이것도v 오후v 5시까지 끝낼게요. 더 필요한v 자료v 있나요? 네. 그럼v 나중에v 요청 사항 있으면v 연락 주세요. 들어가세요. 고맙습니다.

흥버튼의
강의 영상

안녕하세요. 오랜마니에요. 반갑씀니다. 통화 괜차나요. 편하게 말:씀하세요.

상세 페이지 기획써는 오늘 오:후 다섣씨 전까지 이메일로 보내드릴께요. 상세 페이지에 드러갈 사지는 파이리 마:나서요. 드라이브에 올려노켇씀니다. 부장님 이메일 공:유하고요. 이걷또 오:후 다섣씨까지 끈낼께요. 더 피료한 자료 인나요? 네. 그럼 나:중에 요청 사:항 이쓰면 열락 쭈세요. 드러가세요. 고:맙씀니다.

점심 식사

샌드위치v 먹으러 갈까요? 오늘따라v 햄치즈 파니니가v 아침부터v 먹고 싶었는데요. 따뜻한v 감자수프랑. 어때요?

안녕하세요. 햄치즈 파니니V 하나v 주시고요. 감자수프v 되나요? 네. 그거 주시고요. 리코타 치즈v 샐러드, / 청포도 주스V 두 잔 주세요. 음료v 먼저 주시면v 감사하겠습니다. 카드로v 결제할게요.

일시불이요. 영수증은v 괜찮습니다. 따뜻한v 물 한 잔v 마실 수 있을까요? 고맙습니다.

발음

쌘드위치 머그러 갈까요? 오늘따라 햄치즈 파니니가 아침부터 먹꼬 시펀는데요. 따뜨탄 감자수프랑. 어때요?

안녕하세요. 햄치즈 파니니 하나 주시고요. 감자수프 되나요? 네. 그거 주시고요. 리코타 치즈 쌜러드, 청포도 주쓰 두:잔 주세요. 음:뇨 먼저 주시면 감:사하겠씀니다. 카드로 결쩨할께요.

일씨부리요. 영수증은 괜찬씀니다. 따뜨탄 물 한 잔 마실 쑤 이쓸까요? 고:맙씀니다.

협업 요청 거절

이번 제안은V 거절합니다. 오늘 미팅에 나온 건v 이번v 협업을 통해서v 제가v 얻을 수 있는 게v 무엇인지 듣고v 결정하기 위해서였습니다. 거절 사유는V 두 가진데요. 하나는/ 이사님은v 추후v 어떤 이익이 생길지v 모른다고 하셨습니다. 미래는v 물론v 모르는 게v 맞죠. 하지만 미래는/ 가능성과V 비전으로V 일궈가는 겁니다. 또 하나는/ 이사님은v 저희 회사가v 무엇을 하는 곳인지v 물으셨습니다. 예의가v 아닙니다. 이번이V 2차 미팅이고요. 최소한의 정보는v 알고 나오셨어야 합니다. 미팅V 마치시죠. 대표님께는v 제가v 직접 설명하겠습니다.

발음

이번 제아는 거:절합니다. 오늘 미팅에 나온 건 이번 혀버블 통해서 제가 어:들 쑤인는 게 무어신지 듣꼬 결쩡하기 위해서옏씀니다. 거:절 사:유는 두: 가진데요. 하나는 이:사니믄 추후 어떠니이기 생길찌 모:른다고 하셛씀니다. 미:래는 물론 모:르는 게 맏쬬. 하지만 미:래는 가:능썽과 비저느로 일궈가는 검니다. 또 하나는 이:사니믄 저히 회:사가 무어슬 하는 고신지 무르셛씀니다. 예이가 아님니다. 이버니 이:차 미팅이고요. 최:소하네 정보는 알:고 나오셔써야 함니다. 미팅 마치시죠. 대:표님껜 제가 직쩝 설명하겓씀니다.

빵집 브이로그 유튜버

여러분, 안녕하세요. 오늘은v 금요일이고,v 날씨도v 너무 좋아서 / 시장 조사를 하러v 이태원으로 나왔습니다. 오랜만에v 대리님을v 사무실에서v 끌고 나왔어요. 여기v 근처에V 빵어니스타라는v 핫한 카페가 있다고 해서v 가고 있습니다. 이따v 빵어니스타에서 만나요. 여러분,v 저 지금v 너무 기분이 좋아요. 커피와v 빵이라니. 앙버터. 빵이v 되게 특이하네. 진짜v 행복하다. 어떡해. 바람. 테라스에서 먹으니까v 더 맛있는 것 같아요.

홍버튼의 강의 영상

발음

여러분, 안녕하세요. 오느른 그묘이리고, 날씨도 너무 조:아서 시:장 조사를 하러

이태워느로 나왔씀니다. 오랜마네 대:린니믈 사:무시레서 끌:고 나와써요. 여기 근:처에 빵어니스타라는 하탄 카페가 읻따고 해서 가고 읻씀니다. 이따 빵어니스타에서 만나요. 여러분, 저 지금 너무 기부니 조:아요. 커피와 빵이라니. 앙버터. 빵이 되:게 트기하네. 진짜 행:보카다. 어떠캐. 바람. 테라쓰에서 머그니까 더 마신는 걸 까타요.

의학 전문 지식 유튜버

의학계에서 내리는V 과학적인V 노화의 정의는/ 정상적인V 세포 분열의V 속도가V 느려지는 거죠. 세포 분열이v 우리가v 원하는 순간,v 원하는 만큼v 빨리빨리v 되지 않아요. 주름살 같은 경우에는/ 피부밑 쪽에v 콜라겐 층들이v 빨리빨리v 채워지지 않죠. 서로v 느슨해지고v 공간이 생기면서v 약해져서/ 피부가v 탄력이v 없어지는v 현상이에요. 이런 현상이v 우리v 몸 전체에서v 일어나죠. 뼈,v 혈관과v 힘줄,v 근육,v 뇌세포까지. 그래서v 나이가 들어가면v 노화가v 몸v 전체에서v 일어납니다.

발음

의학꼐에서 내리는 과학쩌긴 노:화에 정이는 정:상저긴 세:포 부녀레 속또가 느려지는 거죠. 세:포 부녀리 우리가 원:하는 순간, 원:하는 만큼 빨리빨리 되지 아나요. 주름쌀 가튼 경우엔 피부믿 쪼게 콜라겐 층드리 빨리빨리 채워지지 안쵸. 서로 느슨해지고 공가니 생기면서 야캐져서 피부가 탈:려기 업:써지는 현:상이에요. 이런 현:상이 우리 몸 전체에서 이러나죠. 뼈, 혈관과 힘쭐, 그뉵, 뇌세포까지. 그래서 나이가 드러가면 노:화가 몸 전체에서 이러남니다.

194

말투에 대해 궁금해요

Q. 말투가 남자 같아요.

A. 여성 중에 너무 낮게 말하면 남자 목소리 같다, 목소리가 안 예쁜 것 같다고 고민하는 사람이 있다. 그러나 남자 목소리, 여자 목소리가 따로 있는 건 아니다. 각자 자신에게 어울리는 목소리만 있을 뿐이다. 사람들의 귀에 어떻게 들릴지 신경 쓰지 않도록 하자. 저마다 취향이 다르고 좋아하는 목소리가 다르다. 대체 누구에게 자신을 맞출 것인가. 기준은 내 안에 있어야 한다.

누구의 목소리도 아닌 내 목소리라는 점을 기억하자. 내게 어울리는 목소리, 아무리 말해도 아프지 않은 목소리, 내 생각을 전달하는 목소리만 필요하다. 나는 나만의 목소리를 내고 싶었다. 나만의 생각을 나만의 목소리로 밝히고 싶었다. 그리고 그런 여성을 존경한다. 오프라 윈프리, 앙겔라 메르켈, 강경화 같은 여성들의 목소리가 멋진 건 그들의 생각이 멋지기 때문이다.

이제는 '여성스럽다, 남성스럽다'는 말을 쓰지 않는 추세다. 패션계도 성역의 구별이 허물어졌다. 남성이 치마를 입고 무대를 활보한다. 거리에서도, 방송에서도 치마를 입은 남성을 볼 수 있다. 성에 따른 역할을 구별하지 말고 목소리도 구별 짓지 말자. 특정한 잣대에 나를 넣지 말자. 나는 나이고 당신은 당신이다. 각자 특별한 존재다.

이 책에서 말하는 저음은 각자 자신이 낼 수 있는 낮은음이다. 즉 기준은 나 자신이다. 정홍수의 저음에 음정을 맞출 필요가 없다는 뜻이다. 또한 모든 문장을 무조건 저음으로 말해야 하는 건 아니다. 사회적 관계에서는 저음으로 시작해 톤을 변화해나가는 게 도움이 되기 때문에 강조하는 것이다. 저음은 기본기 중 하나다. 모든 문장을 단문으로 말해야 하는 게 아닌 것과 같은 맥락이다.

저음을 낼 수 있어야 톤을 변화시킬 수 있다. 수많은 상황에서 자유자재로 다채로운 말투를 구사할 수 있다. 진지한 말투, 재미있는 말투, 즐거운 말투, 신나는 말투, 친절한 말투, 따지는 말투, 화내는 말투, 꾸짖는 말투, 애석한 말투, 실망한 말투, 우울한 말투, 속상한 말투, 슬픈 말투, 힘 빠진 말투, 건조한 말투. 모든 말투가 각기 다른 어조와 어감을 갖고 있다.

Q. 제 말투가 너무 차갑대요.

A. 이런 말을 누구에게 들었는지 물으면 대부분 이성이라고 답한다. 나도 이런 말을 들은 적이 있다.

"좀 따뜻하게 말해주시면 안 돼요? 무서워서 홍수 님에겐 무슨 말을 못 하겠어요. 너무 차가워요."

이 말의 속뜻은 '당신과 친해지고 싶어요. 하지만 저는 다가갈 용기가 없어요. 겁쟁이예요. 당신이 저를 밀어낼까 봐 겁이 나요. 먼저 친절하고 상냥한 말투로 마음의 문을 열었다는 걸 보여주세요. 제발, 저한테 잘해주세요.'이다. 지레 겁을 먹고는 센 척하면서 나를 타박하는 것이다. 솔직하게 친해지고 싶다고 말하면 될 것을, 왜 남을 탓하는지 모르겠다.

나는 이런 말을 들으면 냉혹한 말투가 무엇인지 본때를 보여준다. 이런 말은 귀담아들을 이유가 추호도 없다. 나를 사랑하고 아끼는 가족, 친구, 선배, 동료는 내 말투가 차갑다고 지적한 적이 없다. 그들은 내 말투가 차가우면 무슨 일이 있는지 묻고 걱정한다. 조언을 가장한 헛소리를 구별해야 한다. 여태껏 내 말투가 차갑다고 한 사람보다 멋있다, 잘 들린다, 닮고 싶다고 한 사람이 백배는 더 많았다. 누구도 상대의 말투를 바꾸거나 지적할 권리는 없다.

저음으로 시작해 톤을 바꿔가며 또박또박하게 말하는 건 상대를 위한 배려이자 노력의 산물이다. 원활한 소통을 위해 최선을 다하는 것이다.

Q. 재미없는 내용을 재미있게 말할 수 있나요?

A. 이 질문에서의 '재미'는 '흥미를 유발하다'와 비슷한 의미일 것이다. 회사 업무나 관심사를 이야기하고 싶어도 상대방이 재미없어할까 봐 꺼내지 않는 사람이 많다. 하지만 모두가 재미있을 만한 이야기로만 대화해야 할까? 과연 우리는 그런 이야기에만 재미를 느끼는가?

재미없는 내용을 재미있게 전하는 대표적인 예가 뉴스다. 뉴스는 재미있다. 흥미를 유발하는 소식들을 전한다. 사안의 무게를 놓고 보면 쉽게 재미있다고 표현해서는 안 될 내용이다. 뉴스에서 하는 말을 사석에서 꺼내면 말 그대로 재미없는 내용일 것이다.

그런데 사람들은 어째서 뉴스를 재미있게 시청할까? '유용성' 때문이다. 뉴스를 통해 정보를 취득하는 데 재미를 느끼는 것이다. 뉴스는 짧은 시간 안에 정보를 받아들일 수 있는 양을 정하고, 쉬운 말로 풀어서 간략하게 말한다. 중복되는 메시지가 없다. 언제나 새롭다. 그래서 재미있다.

따분하게 말을 늘어놓는 사람은 중요하지 않은 것도 말하고, 배경 설명이 길고, 다 아는 내용을 꺼내고, 혼자만 이해할 수 있는 단어로 이야기한다. 그러니까 재미가 없다. 잔소리 같고 지루하다. 반대로 말수가 적은 사람은 '상대가 이런 이야기를 하면 재미없어할 거야.'라고 단정 짓는다. 알맹이를 쏙 빼고 뻔한 말만 대충 하고 만다. 듣는 사람은 '나한테 말하기 싫은가 봐.'라고 생각하게 된다.

어떤 이야기든 결론부터 말하고 간략하면서 구체적으로 말해야 재미있다. 뉴스는 얼마나 자세히 말하는지 보라. "내일 전국에 비 소식이 있습니다. 우산 챙겨 나가세요." 이렇게 말하지 않는다. "내일 전국에 비 소식이 있습니다. 서울에는 이른 아침부터 늦은 밤까지 비가 올 예정이고요. 인천에는 낮 한때 소나기가 반짝 내릴 것으로 보입니다. 우산 챙겨 나가시길 바랍니다." 이렇게 해야 재미있다.

Q. 선생님은 평소 말투가 똑같은가요?

A. 평소에 만나는 친구들은 "이래서 어떻게 스피치 강의를 하지?"라며 나를 놀린다. 나는 친구들과 만나면 웃고 떠들기 바쁘다. 아무 생각이 없다. 발음도 뭉개지고 복식호흡 발성도 잊는다. 발음이 어찌나 꼬이는지 모른다. 단어도 바로바로 기억 안 날 때가 있다. 사실 친구들은 내가 아나운서였을 때부터 신기해했다. "말을 이렇게 못하는데 오늘도 뉴스를 하고 왔다고?"

일로 만난 사이에서는 볼 수 없는 모습이다. 영상 속에서 내 말투는 강의할 때, 회의할 때, 전화 통화할 때와 같다. 그런 면에서는 평소에도 똑같은 말투라고 할 수 있고, 어찌 보면 아니라고도 할 수 있다. 한번은 친구들과 식당에 갔는데 탄 음식이 나왔다. 내가 복식호흡 발성으로 음식이 탔다고 종업원에게 진지하게 따졌는데, 목소리가 바뀌는 내 모습에 친구들은 한바탕 웃었다.

평소 나는 말수가 적다. 종일 말하지 않는 날도 있다. 책 읽는 날이나 쉬는 날에는 아무 말도 안 한다. 그런 날 카페에서 커피 한 잔을 주문하려고 하면 말이 안 나온다. "아메리카노요." 그러면 점원이 "네? 죄송하지만 뭐라고요?"라고 되묻는다. 내 목소리가 워낙 작아서 못 들은 것이다. 책을 쓰는 요즘은 거의 말하지 않고 글만 쓰기에 하루에 한 번 이상 일어나는 실제 상황이다.

이 모든 건 내가 의식하지 않아서다. 의식하지 않으면 복식호흡 발성도, 발음도, 톤의 변화도 제멋대로다. 작은 목소리에 마음대로 발음하고 문장 구조도 뒤죽박죽이다. 나는 말을 잘해야 하는 상황에서만 의식한다. 그러면 정말 다른 사람이 된다. 내가 구사할 수 있는 말투도 여러 가지고, 내가 낼 수 있는 목소리도 여러 가지다. 그런 면에서 나의 말투는 같으면서 다르다.

4단계

설득력 있는 발표는
누구나 할 수 있다

발표는
잡아야 할 기회다

과거에 내가 가장 어려워하던 게 발표였다. 지금은 가장 자신 있는 게 발표다. 이제 나는 수만 명 앞에서 발표할 날을 손꼽아 기다린다. 아나운서가 된 후부터 발표 울렁증을 극복하기까지 9년이 걸렸다. 학창 시절부터 따지면 거의 30년이 걸린 셈이다. 그런 내가 지금은 발표가 무척이나 즐겁다. 여전히 무대에 오르면 떨리지만 두려움이 아닌 설렘이자 성장의 신호라는 것을 안다.

발표를 앞두고 항상 스크립트를 썼던 시절이 있었다. 외우고 까먹으면 당황하기 일쑤였다. 발표를 망쳤다며 자책했고 발표가 한없이 싫었다. 하지만 사회생활을 하다 보면 발표를 피할 수 없다. 입사 면접에서도 발표하고, 회사에 들어가서는 자기소개를 하느라 발표한다. 회의에서 발표하고, 상사에게 보고하기 위해 발표하고, 큰 행사에서 발표할 때도 있다.

직장에서 발표를 못하면 팀에 누가 된다. 외부에서 발표를 못하면 회사에 해를 끼친다. 발표를 못하는 사업가는 투자 기회를 놓쳐 손해가 막대하다. 하지만 발표를 잘하면 회사에서 특출난 인재로 자리매김한다. 발표만 잘해도 승진에 가속도가 붙는다. 수백억 원의 투자를 받아 사업을 키울 수 있다. 발표를 잘하면 능력이 뛰어나다는 평을 받는다.

발표를 잘하는 사람은 강연도 잘한다. 강연하다 보면 대중 앞에 나서는 데 자신감이 생기고, 업계에 소문이 나고, 점점 다양한 곳에서 협업 제의를 받는다. 유튜브와 방송에도 출연해 인지도를 높이고 자신을 브랜드화할 수 있다. 이렇듯 발표는 삶을 무궁무진하게 넓혀준다. 이번 장에서는 어떻게 하면 청중을 압도하는 발표를 할 수 있는지 노하우를 알아본다.

발표가
두려운 이유

스피치를 배우는 궁극적인 목적은 사람들 앞에서 멋지게 말을 잘하고 싶어서다. 하지만 소망과는 달리 막상 앞에 나선다고 생각하면 두려워진다. 사람이 많으면 많을수록 두려움은 커진다. 동공이 흔들리고 목소리가 떨린다. 손바닥은 흥건히 젖어 있다. 정작 들은 사람은 별로 의식하지 않는데 발표 당사자는 이번에도 실패했다고 여기고 좌절한다. 대체 발표는 왜 이렇게 어려울까? 우리는 왜 발표가 두려운 걸까?

우리가 발표를
두려워하는 이유

초등학교 3학년 때였다. 나는 반에서 서기를 맡고 있었다. 서예를 배워서 궁서체로 글씨를 잘 썼다. 담임 선생님은 내게 칠판에 수업 내용을 적어놓으라고 했다. 나는 의자를 밟고 올라가 칠판에 분필로 반듯하게 글을 적고 있었다. 그때였다. 남자아이들이 뒤에서 키득거리더니 교실 전체가 떠들썩하게 외쳤다.

"오리 궁둥이!"

몸에 비해 큰 반바지를 허리띠로 졸라매서 엉덩이가 커 보였나 보다. 어찌나 창피하던지. 다시 돌아간다면 분필을 냅다 던질 텐데, 그땐 그러지 못했다. 그날의 상처로 발표가 두려워졌다. 뒷모습도 놀림을 받는데 앞모습으로 발표하면 얼마나 놀릴까 싶었다.

40대인 한 수강생은 초등학교부터 고등학교까지 전교 회장이었다고 한다. 발표의 두려움을 모르던 학생이었다. 그런데 어느 날 발표를 하려는데 아무 말도 떠오르지 않았다. 전날까지만 해도 술술 외웠던 발표문이었건만 전교생 앞에서 그는 입 한번 뻥끗하지 못했다. 식은땀을 줄줄 흘리는 그를 선생님들은 안타까운 시선으로 바라봤다. 그렇게 발표가 끝났고 그는 그날부터 30년이 넘도록 발표할 때마다 등줄기에서 땀이 흐른다고 한다.

20대인 한 수강생은 면접 때마다 말을 버벅거린다. 인생 첫 면접에서 무척 긴장해 질문마다 한 문장으로 답했는데, 이에 면접관이 화를 냈다고 한다. 답변을 짧게 하는 모습이 불성실해 보였던 것이다. 그 후 면접장에만 가면 그는 겁을 먹고 더듬는다고 했다.

30대인 한 수강생은 어른들 앞에 서면 위축돼 말을 못 한다. 대기업 임원이었던 아버지가 툭하면 말을 똑바로 하라고 호통쳤다고 한다. 아버지와 대화하는 게 무서워 피했더니, 성인이 돼서도 어른과의 대화에 어려움을 겪었다. 회사에 들어가서도 이런 트라우마가 이어져 상사 앞에서 소심하게 말하게 됐다고 한다.

발표는 내가 아닌
듣는 이를 위한 것

발표할 때 많은 사람이 타인의 눈에 비치는 자신의 모습을 신경 쓴다. 혹시 '내'가 긴장돼 보이지 않을까, '내'가 떨고 있는 걸 눈치채지 않을까, '내'가 외워서 말하는 게 티가 날까, 갑자기 기억나지 않으면 '나' 어떡하지, 말이 꼬이면 '내'가 이상해 보일 텐데, 질문에 대답을 못 하면 '내'가 멍청해 보이지 않을까, '내' 이야기를 지루해하면 어쩌지, '나'를 발표를 못 하는 사람이라고 여기면 어쩌지, '내'가 맞게 말하고 있는 걸까, 지금 '나' 잘하고 있는 걸까. 우리는 끊임없이 '나'를 걱정한다. 남들 눈에 나의 모습이 어떻게 보일지 신경 쓴다. 정작 발표의 본질은 뒷전이다.

발표는 나를 선보이는 자리가 아니다. 발표, 보고, 회의는 주제가 있다. 주제에 맞는 내용을 논리적으로 풀어서 결론을 도출해야 한다. 예컨대 신제품 상품 기획안이 주제라면 신제품은 전작과 어떤 점이 다른지, 달라진 이유는 무엇인지, 신제품으로 창출할 기대 효과는 무엇인지, 누구를 대상으로 기획했는지, 어떤 장점을 중심으로 소비자에게 홍보할지, 신제품이 어떤 반향을 일으킬지 결재권자를 설득해야 한다. 나라는 사람은 전혀 중요하지 않다.

교육과 강연도 마찬가지다. 사내 직원을 대상으로 연봉 계약과 관련해 새로운 평가 기준을 교육한다고 치자. 평가 기준이 어떻게 달라졌는지, 바뀌게 된 타당한 근거는 무엇인지, 공정하게 평가하기 위해 어떤 규칙을 적용했는지, 앞으로 무엇을 평가할지 사원들을 이해시켜야 한다. 발표자는 회사를 대신해 새 평가 기준이 사기를 진작하고 직원들의 소득을 높이는 데 공헌할 것임을 인지시켜야 한다. 발표자 개인은 전혀 중요하지 않다.

면접은 회사의 수익 창출과 발전에 자신이 마땅히 필요한 인재라는 걸 설파해야 한다. 개인의 장점과 매력은 중요하지 않다. 자신이 회사에 어떻게 수익을 가져올지, 얼마나 빠르게 업무에 적응할 수 있는지, 무슨 마음가짐으로 회사의 발전에 동참할지, 자신이 입사해서 회사가 얻는 이득은 무엇인지, 자신의 직업관과 회사의 비전이 얼마나 맞아떨어지는지 표현해야 합격한다. 회사의 발전에 기여할 수 있는 장점과 매력만이 쓸모 있다.

내가 내게만 관심이 있는 것처럼, 다른 사람도 자기에게만 관심이 있다. 사람들에게 인정받고 싶다면 타인에게 관심을 가져야 한다. 나에게 향한 시선을 타인으로 돌려야 한다. 내 말에 귀 기울이기를 바란다면 그들의 삶에 도움이 되는 이야기를 해야 한다. 사람은 자신에게 도움을 주는 이야기만 듣는다. 아무리 잘난 사람의 이야기라도 자신의 삶에 도움이 되지 않는 이야기는 귓등으로 흘린다.

예를 들어 어떤 부자가 세계에서 손꼽히는 자산가라는 소리를 들으면 사람들은 "그렇군." 하고 만다. 그런데 그 부자가 돈을 벌 방법을 알려준다고 하면 사람들은 눈을 반짝이고 듣는다. 돈을 내고 강연을 듣고, 책을 사서 읽는다. 우리는 모두 자기에게만 관심이 있다. 따라서 사람들에게 도움을 줄 수 있는 이야기를 할수록 인정받는다. 그들이 무엇에 관심이 있는지, 바로 거기에 관심을 가져야 한다. 이것만이 타인에게 인정받는 유일한 방법이다.

'발표 못하는 사람'이라는 낙인에서 벗어나라

어릴 적 '오리 궁둥이 사건' 이후 나는 발표를 피했다. 반에서 발표하는 사람은 정해져 있었다. 바로 공부를 잘했던 반장이다. 반장이 발표하면 선생님은 우리에게 박수를 치라고 했다. 그때부터 나는 박수를 받으면 발표를 잘한 것이고, 박수를 못 받으면 발표를 못한 것이라고 생각했다. 나는 박수를 받지 못했으니 발표를 못하는 사람이라고 여겼다. 혼자서 찍은 낙인이었다.

수강생 중에는 나처럼 스스로 낙인을 찍은 사람들이 많다. 그들에게 발표를 시키면 하나같이 잘한다. 떨지 않고 주제에 부합하는 내용을 쉽게 말하며, 알아들을 수 있는 발음과 속도로 발표한다. 그런데도 자신이 발표를 못하는 사람이라고 한다. 이들은 과거에 발표를 못해서 놀림 받거나 혼난 적도 없다. 단지 발표를 잘한다는 칭찬을 듣지 못했던 것이다.

우리는 타인에게 인정받지 못한 부분을 스스로 과소평가하는 습성이 있다. 반대로 자신의 장점으로 꼽는 점은 과거에 여러 사람들에게 잘한다는 칭찬을 들은 것일지 모른다. 나는 초등학교 4학년 때 담임 선생님의 칭찬 하나로 '정리왕'이 됐다. "내가 교편을 잡은 지 30년 만에 너처럼 걸레를 예쁘게 접는 아이는 처음 본다." 그날 이후 나는 환경부장을 도맡았고 지금도 우리 집은 모델하우스처럼 단정하다.

발표를 못한다는 생각은 말을 할 때마다 우리의 발목을 잡는다. 더 이상 '긴장하지 말자. 떨지 말자. 틀리지 말자. 실수하지 말자. 외운 대로만 하자.'라고 되뇌지 말자. 이제는 '설득력을 높이자. 청중 모두와 눈을 맞추자. 청중의 반응에 따라 유연하게 대처하자. 반론에 대비해 논거를 마련하자. 참여자 전체가 질문하게 만들자. 더 나은 의견에 도달하기 위해 담론을 펼치자. 가슴 뛰게 만들자'라고 되뇌자.

당신은 다만
발표하는 방법을 모를 뿐이다

살면서 한 번도 발표하지 않은 사람은 없다. 하지만 한 번이라도 발표를 제대로 배운 사람은 드물다. 나는 아나운서 학원에서 처음으로 말하기를 정식으로 배웠다. 학교에서 발표를 여러 번 했지만 교육을 받은 적은 없었다. 학교 발표는 점수를 매기기 위한 수단이었다. 했는지 안 했는지를 평가하지, '어떻게' 했는지를 평가하지는 않았다. 선생님이나 교수님 중에 말을 잘하는 사람은 없었다.

회사 직원들도 발표 수준은 비등하다. 몇 명은 발표를 잘하지만 그 외 사람들은 어떻게 해야 발표를 잘하는지 모른다. 입사 교육이나 승진 교육에 말하기 교육은 없다. 그러면서 발표와 보고는 주야장천 한다. 상사는 직원의 발표가 마음에 안 든다. 발음이 나쁘다, 요점이 무엇이냐며 꼬집어 말하는데, 발표 잘하는 방법은 안 가르쳐준다. 본인도 모르기 때문이다. 이런 환경에서 발표 실력은 늘 수 없다.

말을 잘하는 사람은 빛난다. 발표를 잘하는 사람은 계속해서 기회를 얻는다. 발표는 많이 할수록 실력이 쌓인다. 발표할수록 무엇이 부족한지 알기에 수업을 듣고 책을 찾아보고 말 실력을 키운다. 말 잘하는 사람을 보고 따라 한다. 결국 소수의 사람만 꾸준히 발전한다. 말을 잘하는 게 자신에게 얼마나 큰 이득으로 돌아오는지 알기 때문에 말하기 실력을 높이기 위해 아낌없이 투자한다.

당신은 발표를 못하는 게 아니다. 아직 발표하는 법을 모를 뿐이다. 스스로 발표를 못하는 사람이라고 여기는 버릇부터 없애라. 자신을 믿지 못하는 것, 그것이 발표를 두려워하는 이유다. 단언하건대 당신은 발표를 독보적으로 잘할 수 있다. 두려움에 맞서면 반드시 성장한다. 나 역시 발표가 가장 어려웠다. 하지만 공부하고 연습하고 도전해서 실력을 키웠다.

나의 발표 실력은 최악이었다. 그러나 못한다고 포기하지 않았다. 치아 교정기를 뺀 스무 살에 처음으로 내가 말하는 모습에 관심을 두기 시작했다. 그때부터 거의 20년 동안 스피치 실력을 쌓기 위해 매진하고 있다. 매일 성장하기에 내 인생에서 오늘의 스피치 실력이 가장 뛰어나다. 나는 매일 내 실력을 경신한다. 노력하면 발전한다는 사실을 알았기에 매 순간 고군분투한다. 나는 말을 더 잘하고 싶고, 계속해서 말을 잘할 것이다.

그렇게 내가 공부하고 배우고 경험한 노하우를 사람들에게 전하고 있다. 그들 중 평사원은 임원이 됐고, 임원은 고위 임원이 됐다. 대표는 경쟁 입찰에서 수백억 원을 수주해 사업을 넓혔다. 대학생은 학교 발표대회에서 우승해 장학금을 받고 취업에 성공했다. 전문가들은 자신의 분야에서 입지를 다지고 방송에 패널로 출연하고 있다. 발표 실력이 늘면 꿈이 현실이 된다. 발표 잘하는 당신은 상상하는 모든 걸 이루고, 나아가 상상하지 못한 것조차 이룰 것이다.

발표하지 말고
대화하라

발표의 진수를 목격한 적이 있었다. 바로 방송인 타일러 라쉬의 강연에서였다. 2018년 예술의전당은 설립 30주년을 기념해 한국 문화를 고찰하는 행사를 열었다. 타일러 라쉬는 '언어 교육에서 발견되는 한국의 문화적 과제'를 주제로 강연을 맡았다. 강연장은 1,000석 규모의 3층짜리 대형 콘서트홀이었다. 나는 자리에 앉아 무대를 바라보며 '내가 저곳에 선다면 어떨까?' 상상했다. 곧바로 심장이 두근거렸다. 그때 타일러가 등장했다.

긴장하지 않고
대화하듯 말하려면

타일러는 마치 세상에서 가장 축복받은 사람인 마냥 환하게 웃으며 걸어 나왔다. 그의 얼굴에 긴장한 기색은 하나도 없었다. 그는 두 팔을 높이 뻗어 흔들며 박수 치는 사람들에게 화답했다. 그리고 무대의 정중앙에 서서 말했다.

"안녕하세요. 타일러입니다. 외국 사람이 왜 이런 주제를 하나 싶으시죠? 저도 처음에 연락 받고 놀랐어요. '제가요?' 제가 외국인치고 한국말을 잘하잖아요. 다른 나라 말도 좀 하죠. 영어, 아! 이건 제 모국어예요. 모르실까 봐요. 가끔 제가 어디 출신인지 모르는 분들이 '영어도 잘해요?' 묻거든요. 참고로 저는 미국인입니다. 프랑스어, 스페인어, 포르투갈어, 일본어, 한국어. 6개 국어를 해요. 지금은 중국어와 일본어도 공부하고 있고요. 와! 많죠. 이건 제 성장 배경에 영향을 받았어요. 여기가 제가 태어난 곳이에요."

홍버튼의
강의 영상

순식간에 그의 이야기에 빠져들었다. 정말 재미있었다. 내게만 이야기하고 있다는 착각이 들 정도였다. 객석에 앉은 모두가 나와 똑같이 반응했다. 같이 웃고, 같이 고개를 끄덕였다. 타일러는 발표하지 않았다. 대화했다. 만약 같은 상황이라면 일반적으로 사람들은 이렇게 말할 것이다.

"안녕하십니까. ○○○입니다. 제가 생각했던 것보다 무대가 상당히 커서 무척 떨립니다. 아침에 오면서도 잘할 수 있을까 긴장했는데요. 그래도 뜻깊은 시간이 될 수 있도록 끝까지 최선을 다하겠습니다. 먼저 초청해주신 예술의전당 관계자 분들께 감사의 말씀 드립니다. 또한 귀한 시간 내주신 여러분께도 진심으로 감사드립니다. 오늘은 제가 여러분과 한 시간 동안 '언어 교육에서 발견되는 한국의 문화적 과제'를 주제로 이야기를 나누겠습니다. 강의가 끝난 뒤에는 10분간 질문을 받는 시간을 갖겠습니다. 그러면 먼저 저의 성장 배경에 대해 말씀드리겠습니다."

대부분 발표의 시작을 이렇게 한다. 상투적이다. 전형적인 발표 형태다. 글로만 봐도 타일러의 스크립트와 수준이 확연히 차이 난다. 타일러는 타일러만이 할 수 있는 이야기를 했지만 위의 스크립트는 누구나 할 수 있는 이야기다.

오직 한 사람에게
말한다고 생각하라

타일러의 강연에 압도된 이유는 그가 '대화'를 했기 때문이다. 마치 내게만 말을 건네고 있다는 착각이 들 정도였다. 객석의 웃음소리가 없었다면 나는 정말 내게만 이야기하고 있다고 믿었을 것이다. 일순간 깨달았다. '내 눈에는 타일러만 보인다. 옆 사람도, 3층에 앉아 있는 사람도 타일러만 보인다.' 청중이 5명이든 100명이든 1,000명이든 앉아 있는 사람은 발표자 한 사람만 본다. 청중의 시선은 발표자와 일대일이다.

타일러는 일대일의 시선으로 한 사람씩 말을 걸었다. 그처럼 발표를 잘하는 사람은 자연스럽게 말한다. 이들의 발표는 여유롭다. 이들은 방송할 때나 강연할 때나 인터뷰할 때나 말투가 한결같다. 언제나 한 사람과 대화하듯 말한다. '-고요', '-라서요', '-예요', '-인데요', '-죠', '-니다' 등의 말투를 자연스럽게 쓴다.

반면에 나는 그동안 발표자의 시선으로 청중을 대했다. 발표자의 시선에 청중은 하나의 커다란 집단으로 보인다. 사람이 늘어날수록 집단의 몸집은 커지니 더 긴장된다. 여러 명에게 한 번에 말해야 하니까 말투도 '-니다'라고만 하기 쉽다. 발표가 딱딱하고 경직되고 일방적인 이유다. 발표를 어려워하는 사람은 이른바 '다나까체'를 쓴다.

다나까체는 군 병사들이 '좋습니다', '식사하셨습니까'처럼 '-다'나 '-까'로 끝나는 '하십시오체'를 쓰는 걸 말한다. 그동안 군대에서는 군기 강화를 위해 다나까체를 썼지만 2016년에 이런 관행을 없앴다. 병영 분위기를 밝게 하기 위해 상황에 따라 '-요'로 끝나는 '해요체'를 쓸 수 있도록 허용한 것이다.

발표할 때 격식체란 이유로 다나까체를 쓴다고 하는 사람도 있다. "왠지 경영진이 '-요'라고 하면 안 좋아할 것 같아요. 기업마다 발표 문화가 있는 게 아닐까요?" 그래서 나는 이곳 임원을 포함해 여러 대기업 임원진과 경영진에게 직접 물었다. 그들은 입을 모아 답했다. "평소 대화하는 말투로 발표하는 게 훨씬 듣기 편하죠. 잘 들려요. 자연스럽고요."

하십시오체는 격식체, 해요체는 비격식체이며 모두 '상대높임법'이다. 격식체는 의례적 용법으로 심리적인 거리감을 나타내고 그중에서도 하십시오체는 높임의 정도가 가장 높다. 비격식체는 격식을 덜 차리는 표현으로 친숙함을 드러낸다. 격식체와 비격식체는 동일한 대화 맥락에서 자연스럽게 함께 사용한다.

그러니 편하게 말해도 된다는 소리다. 일상에서 대화하는 말투 그대로 발표하라. 회사에서 사람들을 만날 때 해요체를 쓰지 않는가. 상사들과 식사하거나 차 마실 때도 해요체를 쓰지 않는가. 그 말투 그대로 발표하면 된다. 가뜩이나 발표도 녹록하지 않은데 말투까지 평소 쓰지 않던 다나까체로 바꾸다 보니 입에 붙지도 않고 불편해서 더욱 긴장하게 된다.

발표는 대화다. 청중과 일대일로 마주 보고 이야기해야 한다. 그들이 내 이야기에 귀를 기울이고 내 의견에 따라주기를 원한다면 청중의 시선으로 발표하라. 청중은 일대일로 발표자를 본다. 그러니 대화해야 한다. 발표자가 서서 오래 이야기한다는 점이 다를 뿐 대화와 다를 게 없다. 일대일로 마주 보고 이야기하라.

발표 자료를
절대로 읽지 마라

대부분 발표 자료를 처음부터 끝까지 읽는다. 자료에는 긴 문장이 빼곡하게 채워져 있다. 까먹을까 봐 할 말을 가득 적어놓은 것이다. 발표 잘하는 사람은 자료를 읽지 않는다. 타일러도 그랬다. 강연 주제도 말하지 않았다. 손을 뻗어 가리켰을 뿐이다. 우리도 일상에서 이렇게 한다. 주문할 때 메뉴를 보면서 "뭐 먹을까?" 하지, 메뉴 하나하나 읽어주며 고르라고 하지 않는다. 눈으로 메뉴가 보이기 때문이다.

자료를 읽어주는 발표자는 필요 없다. 혼자 읽고 이해하는 게 더 빠르다. 발표자가 읽어주면 그 속도를 따라가야 하는데, 듣는 사람 입장에선 불편하다. 아나운서 못지않은 발음과 발성을 가진 사람이라고 할지언정 읽어주는 것보다 스스로 읽는 게 낫다. 읽어주는 발표는 하지 말아야 한다. 서로의 시간을 잡아먹는 일이다. 발표를 하기 전에 자료를 미리 돌려서 각자 읽고 만나는 게 훨씬 효율적이다.

사전에 계획한 대로 발표한다고 해도 모든 청중을 이해시키기는 어렵다. 청중은 발표자만큼 내용을 알지 못하는 경우가 더 많다. 청중의 지식수준이 높아도 표현 방식에 따라 이해관계가 상충하는 부분이 발생할 수 있다. 그때부터 청중은 발표자의 말이 들리지 않는다. 청중은 스스로 이해하기 위해 발표자의 리드에서 벗어나 자신의 속도대로 자료를 읽는다.

발표할 때 이런 사람을 본 적이 있을 것이다. 나는 3쪽을 말하고 있는데 시선이 2쪽에 머물러 있거나 자료 전체를 훑어보고 있는 사람이 있다. 그 사람은 당신의 이야기를 하나도 듣지 않은 것이다. 당신이 자료만 봤기 때문이다. 청중을 봐야 한다. 그들의 눈빛이나 행동을 보며 이해를 잘하고 있는지, 갸우뚱하고 있는지 등 즉석에서 보이는 피드백에 주목해야 한다. 당신이 현장에 있는 이유다.

발표자가 자료만 보면 청중은 발표자를 보지 않는다. 각자 자료만 본다. 청중도 발표자도 서로 보지 않으니 실패한 발표다. 발표자가 자기만 생각해서 그렇다. 자신이 준비한 대로만 진행하며 청중을 고려하지 않은 탓이다. 성공적인 발표에서 청중은 발표자만 본다. 성공적인 발표는 발표자가 기억나지, 발표 자료가 기억에 남지 않는다.

그대로 읽지 말고
키워드를 강조하라

발표 자료에 다음과 같이 브랜드를 소개하는 문구가 있다고 하자.

건강하고 쾌적한 수면 환경을 위한 라이프스타일 브랜드, 몬드라움.

자료를 읽기만 하는 발표자는 "건강하고 쾌적한 수면 환경을 위한 라이프스타일 브랜드, 몬드라움입니다."라고 그대로 읽을 것이다. 그러나 이렇게만 읽어서는 청중의 관심을 끌 수 없다. 키워드를 활용해 말하는 연습을 해보자. 만일 브랜드를 강조하고 싶다면 이렇게 말할 수 있다.

"햄버거 하면 맥도날드, 청소기 하면 다이슨, 커피 하면 스타벅스가 떠오르시죠? 이불 하면 어떤 브랜드가 떠오르시나요? 아마 바로 생각나는 게 없으실 겁니다. 있다고 해도 맥도날드, 다이슨, 스타벅스만큼은 아니겠죠. 몬드라움은 앞으로 이불계의 맥도날드, 다이슨, 스타벅스가 되고자 합니다."

건강한 수면 환경의 필요성, 즉 니즈를 강조할 수도 있다.

"어젯밤 편히 주무셨나요? '잠이 보약이다'라는 말이 있을 정도로 잘 자는 건 중요한데요. 잠을 잘 자기 위해 어떤 노력을 하시나요? 밤에 커피 마시지 않기, 가볍게 스트레칭으로 몸풀기, 누워서 핸드폰 하지 않기? 이건 잠들기 전에 하는 일이죠. 그럼 잠든 후에는요? 잠든 6~8시간 동안 우리 몸을 감싸고 있는 이불과 베개는 과연 우리를 잘 자게 도와주고 있을까요? 몬드라움은 많은 사람이 건강하고 쾌적하게 잘 수 있는 환경을 만드는 데 주력합니다."

자료에 없는 걸
상상하도록 말하라

홍버튼의
강의 영상

발표 자료에 다음과 같은 문구가 있다고 하자.

제주에 있는 공유 오피스, 디지털 노마드를 위한 코워킹 스페이스.
30석 규모, 제주 3대 해수욕장 인근.

자료를 읽기만 하는 발표자는 "제주에 있는 공유 오피스입니다. 디지털 노마드를 위한 코워킹 스페이스 공간입니다. 30석 규모입니다. 제주 3대 해수욕장 인근이라는 지리적 장점을 갖췄습니다."라고 말할 것이다. 자료에 한정된 이야기다. 좀 더 다채로운 이야기로 공유 오피스의 장점을 알릴 수 있다. 예를 들면 바다를 키워드로 해서 '바다 앞에서 일하는 이점'을 내세울 수 있다.

"잠깐 상상하는 시간을 갖겠습니다. 제주도 푸른 바다를 떠올려주세요. 바닷가에서 산책도 하고, 눈부신 모래사장에서 사진도 찍었던 그 해변이요. 바다는 마음을 시원하게 해주고, 평온하게 만드는 힘이 있죠. 만약 그런 바다 앞에서 일한다

면 어떨까요? 건물이 가득 들어찬 도심 말고요. 어디를 봐도 탁 트인 파란 하늘과
바다가 보이는 거죠. 잠깐 바람 쐬고 싶으면 해안가를 거닐 수도 있고요. 상상을
현실로 만든 곳, 제주 공유 오피스입니다."

말을 하며
발표 자료 만드는 법

발표는 '말하기'다. 처음 기획 단계부터 말하면서 준비해야 좋은 발
표 자료가 탄생한다. 옆에 친구가 앉아 있다고 생각하고 소리 내어
말하면서 자료를 만들어보자. 친구가 알아들을 수 있도록, 공감하고
흥미를 느낄 수 있도록, 끝까지 집중을 이어갈 수 있도록 말하면서
만든다. 나는 강연 자료를 만들 때나 온라인 수업을 기획하고 강의
안을 만들 때 그리고 이 책을 쓰면서도 계속 말하고 있다.

발표 자료 만들기

❶ 빈 종이를 꺼낸다.

❷ 발표 시간에 몇 장의 자료를 만들지 정한다. 가령 발표가 한 시간
이면 40분 말하고, 20분을 질의응답 시간으로 잡는다. 발표 시간
을 짧게 잡는 건 시간을 넘기지 않기 위해서다. 발표를 시간 내
딱 맞춰 끝내려고 준비하면 실제 발표 시간을 넘길 확률이 높다.
말하면서 사족이 붙기 때문이다. 발표 시간은 엄수해야 한다. 길
게 말한다고 설득되지 않는다. 청중의 집중력은 오래가지 못한

다. 짧은 시간 안에 청중을 사로잡는 말하기를 궁리해야 한다. 혼자 말하는 시간보다 청중과 소통하는 시간(질의응답)을 늘릴수록 좋은 발표다. 청중의 참여를 이끌어야 한다.

❸ 자료 한 장에 1분을 넘기지 않는다. 가령 발표 시간을 40분으로 잡으면 프레젠테이션 발표 자료는 40장을 만든다. 각 장에 비슷한 시간을 배분한다. 화면이 전환돼야 집중할 수 있다. 특정 페이지에서 지체하면 지루하다. 예능 프로그램은 지루함을 없애기 위해 거의 2~3초마다 화면을 전환한다. 수시로 자막도 바꾼다. 자막은 글씨체도 다양하고, 자막이 뜨는 자리도 정해져 있지 않다.

❹ 세로로 1번부터 번호를 적는다. 가령 자료를 40장 만들면 1번은 '제목', 40번은 '질의응답'이다. 본문은 2~38번에 담는다.

❺ 번호마다 각 장의 주제를 쓴다. 이때부터 말하면서 쓴다. 책으로 치면 목차를 적는 것이다. 중요한 단계다. 수차례 고친다. 각 장의 주제는 뉴스 기사 제목처럼 문구나 짧은 문장으로 쓴다. 한눈에 의미를 파악할 수 있어야 한다. 누가 봐도 무슨 내용인지 짐작할 수 있도록 쓰자. 방송국 뉴스 홈페이지에 가서 기사 제목을 읽어 보면 도움이 된다. 예를 들어 '4. 발표하지 말고 대화하라'가 4번의 주제라고 하자.

❻ 주제마다 키워드를 적는다. 예를 들면 '4. 발표하지 말고 대화하라: 발표의 진수, 한 사람에게 말하라, 자료를 읽지 마라, 대화하면서 자료를 만들어라'라고 적는다. 키워드는 최대 다섯 개까지만 쓴다. 그래야 1분에 한 장을 끝낼 수 있다. 한 주제에서 할 말이 많으면 '4-1, 4-2, 4-3'과 같이 갈래를 쳐 다음 장에 담는다.

❼ 키워드마다 또 키워드를 단다. 예를 들면 이렇게 적는다. '한 사람에게 말하라: 청중의 시선, 한 명에게 말하기, 발표는 대화다.' 키워드는 최대 세 개까지만 쓴다.

❽ 말하면서 내용을 고친다. 여러 번 입으로 말하며 고치고 순서를 바꿔본다. 종이가 더러워질 정도로 반복한다. 키워드와 각 장의 주제 순서를 여러 차례 바꾸며 고친다.

❾ 완성되면 깨끗한 종이에 옮겨 적는다.

❿ 이를 바탕으로 스크립트를 쓴다. 발표할 내용을 말하면서 적는다. 이때도 고친다. 소리 내어 읽고 글로 쓴 뒤 스마트폰 인공지능 음성으로 들어본다. 기계음으로 들으면 내가 쓴 글을 객관적으로 평가할 수 있다. 그리고 표준국어대사전을 활용해 어휘를 고친다. 유의어를 찾아보고 확신에 찬 표현을 고른다. 문장을 쪼개고 쉬운 말로 쓴다. 옆 사람에게 말하듯이 쓴다. 발표 현장이라고 생각하고 수차례 말하면서 고친다. 끊임없이 마음에 들 때까지 고친다.

⓫ 스크립트에서 키워드를 뽑는다.

⓬ 키워드를 발표 자료에 담는다. 문장이 아니라 키워드를 담는다. 자료에 글자가 없을수록 자유롭고 청중과 대화할 수 있다. 문장을 통째로 넣으면 발표하다 어디까지 말했는지 못 찾는 경우가 생긴다. 청중을 보다가 다시 발표 자료를 볼 때 헷갈린다. 결국 실수할까 봐 발표 자료만 보며 읽는다. 이렇게 발표 자료에 갇혀서는 안 된다.

⓭ 사진, 영상 자료를 찾는다. 사진이나 영상을 보여주면 효과적인

부분에 집어넣는다. 시각적인 자료는 너무 많이 넣어도 산만해 보이므로 적당히 활용한다.

⓮ 소리 내 연습한다.

⓯ 녹음해서 듣는다.

⓰ 스크립트를 고친다.

⓱ 14번과 16번을 무한 반복한다.

⓲ 일어서서 발표한다. 녹음한다. 듣는다.

⓳ 일어서서 발표한다. 촬영한다. 모니터링한다.

⓴ 발표 직전까지 스크립트를 기계음으로 듣는다.

타일러는 10분 정도 발표하고 질문을 받았다. 이에 나는 바늘방석에 앉은 듯 좌불안석이었다. 남은 50분을 질의응답으로 채워갈 수 있을까? 우리나라 사람들은 질문을 거의 안 하지 않는가? 그런데 반전이 일어났다. 너나없이 손을 들었다. 관계자들은 넓은 객석을 뛰어다니며 마이크를 건네느라 바빴다. 심도 있는 질문, 가벼운 질문, 개인적인 질문, 강연 내용과 상관없는 질문, 자신의 고민 등 온갖 질문이 쏟아졌다.

모두 타일러가 만들어낸 일이었다. 처음부터 끝까지 청중이 발표에 주목할 수 있도록 이야기했기 때문이다. 타일러는 최선을 다해 성실하게 대답했다. 궁금한 게 있으면 질문자에게 다시 물었다. 그는 토론 자체를 즐기는 사람이었다. 대화 끝에는 감사 인사도 빠뜨리지 않았다. 관중의 질문이 넘쳐나는 것이야말로 발표의 성공을 명명백백하게 보여주는 일이다.

결론-결론-결론, 중요한 것만 말하라

요즘은 SNS 활용도가 높아지면서 짧고 간결한 형태로 메시지를 전달하는 게 일반화됐다. 동영상 공유 서비스 틱톡(TikTok)은 그런 숏폼(short-form)의 선두 주자다. 처음엔 15초 세로 영상으로 출발했다. 짧은 영상을 반복적으로 노출해서 사람들이 보게 하고, 누구나 영상을 올리고 따라 하면서 유행하는 콘텐츠를 만들어냈다. 사람들이 많은 콘텐츠를 짧은 시간 안에 볼 수 있도록 만든 점이 주효했다.

틱톡의 인기로, 긴 동영상 공유 서비스를 하던 유튜브는 짧은 동영상 서비스 쇼츠(Shorts)를 내놓았고 페이스북은 릴스(Reels)를 만들었다. 그만큼 사람들이 짧은 동영상을 선호하게 됐다는 이야기다. 이제는 짧고 간결한 게 대세다. 말하기도 마찬가지다. 처음부터 말하고자 하는 핵심을 꺼내야 한다. 여기서는 짧고 간결하게 말하는 방법에 대해 알아보자.

다 빼고 결론부터
먼저 말해주세요

틱톡 관계자는 나의 첫 영상을 보고 결론부터 말해달라고 했다.

"안녕하세요. 예쁘게 인사하는 법 알려드릴게요. '안녕하세요'라는 인사 자주 하시죠. 여기서 중요한 글자는 '하, 요' 두 가지입니다. 하, 히읗 자는 이렇게 중간에 끼어 있으면 소리가 묻혀서 들려요. 예를 들면 '안녕아세요'처럼 들립니다. 그래서 히읗 자를 발음할 때는 톤을 살짝 높여주는 게 좋아요. 안녕하세요! 잘 들리죠? 또 하나, '요'는 [여]로 발음하는 거예요. [안녕하세요]라고 하면 조금 딱딱하죠. 오히려 '요'는 [여]로 발음하는 게 상냥하게 들려요. 같이 해볼까요? 안녕하세요. 톤이 중요해요. 아래에서부터 점점 올리는 거예요. 마치 나이키 로고를 그리듯이. 안녕하세요."

　이걸 더 줄여보자.

"안녕하세요. '하', '요'를 제대로 발음해야 예쁘게 인사할 수 있습니다. 하, 히읗 자는 이렇게 중간에 끼어 있으면 소리가 묻혀서 들려요. 예를 들면 '안녕아세요'처럼 들립니다. 그래서 히읗 자를 발음할 때는 톤을 살짝 높여주는 게 좋아요. 안녕하세요! 잘 들리죠? 또 하나, '요'는 [여]로 발음하는 거예요. [안녕하세요]라고 하면 조금 딱딱하죠. 오히려 '요'는 [여]로 발음하는 게 상냥하게 들려요. 같이 해볼까요? 안녕하세요. 톤이 중요해요. 아래에서부터 점점 올리는 거예요. 마치 나이키 로고를 그리듯이. 안.녕.하.세.요. 글자의 길이를 똑같이 해줄수록 세련되게 인사할 수 있습니다."

도입을 없애고 결론을 앞에 뒀다. 기존 원고에서는 6초에 결론이 나온다. 수정한 원고는 시작부터 결론이다. 6초의 불필요한 말을 줄였더니 요긴한 말을 더할 수 있는 6초를 벌었다. 틱톡에서는 내게 스피치 교육 영상을 올려줄 것을 제안했다. 그러면서 이제 소비자들은 더 이상 기다려주지 않는다며, '기-승-전-결'의 '기-승-전'을 없애고 '결-결-결'만 영상에 담아달라고 했다.

사람들은 더 이상
기다려주지 않는다

요즘 노래는 가사가 나오길 기다릴 필요가 없다. 90년대 명곡을 노래방에서 부르면 리모콘의 '간주 점프' 버튼을 눌러야 하지만 최근에 나온 노래들은 간주 점프가 필요 없는 곡들이 주를 이룬다. 지구인을 사로잡은 방탄소년단의 〈다이너마이트〉는 시작부터 가사가 나온다. 가수 겸 프로듀서 윤종신은 음악 소비 행태와 관련해 "요즘엔 사람들이 3초 안에 이 음악을 들을지 말지 결정한다."라고 말했다.

최신 드라마는 첫 장면에 그날의 주요 장면을 하이라이트로 짤막하게 보여준다. 가령 남자 주인공이 2층에서 추락하는데 이때 여자의 손이 나온다. 누가 떨어뜨렸는지 시청자를 궁금하게 만들어 이탈을 방지하고 드라마를 끝까지 보게 하는 것이다. 드라마 끝에 나오는 예고편이 다음 회의 시청을 유도하는 것이라면 드라마 초입에 나오는 하이라이트는 해당 회차의 시청을 붙잡아두는 장치다.

넷플릭스가 제작한 드라마는 틀자마자 시작한다. 음악이 깔리면서 제목, 출연진, 감독, 작가 이름 등이 나오는 오프닝은 드라마를 시청한 지 몇 분 지나서 나온다. 그마저도 '오프닝 건너뛰기' 버튼을 누르면 바로 넘어간다. 다음 회가 올라올 때까지 기다릴 필요도 없다. 넷플릭스 드라마는 마지막 회까지 한 번에 다 올리므로 1회부터 16회까지 하루 만에 몰아 보기가 가능하다.

소비자는 더 이상 기다려주지 않는다. 이 심리를 반영한 콘텐츠에 사람들은 매료되고 있다. MZ(엠제트) 세대는 이런 흐름의 중심에 있다. 이들은 영상을 볼 때도 1.5배속 이상으로 빨리 본다. 그러면서 "한국 드라마도 자막을 켜놓고 본다. 그래야 빨리 볼 때 도움이 된다." 또는 "영화관에서는 빨리 감기가 안 돼 답답하다."라고 말한다. 앞으로는 이런 흐름이 보편화될 것이다.

발표의 소비자는 청중이다. 청중 역시 기다려주지 않는다. 상투적인 말, 다 아는 말, 뻔한 말은 더 이상 듣고 싶어 하지 않는다.

내용이 여러 개면
중요한 순으로 말하라

뉴스는 중대한 기사부터 보도한다. 가장 처음 등장하는 헤드라인, 즉 주요 뉴스는 오늘의 중요한 기사 4~5개를 요약해 전한다. 그것만 봐도 오늘 어떤 일이 일어났는지 알 수 있다. 첫 소식은 하루 중 가장 주요한 쟁점이다. 뉴스는 생방송 한 시간 동안 평균 30개 정도의 기사를 다룬다. 뉴스 시간표에는 이보다 더 많은 기사가 배정돼 있지만 시간은 한정돼 있다. 따라서 보도국은 회의를 통해 중요도 순으로 기사를 배치한다. 속보나 특보가 들어오면 긴급히 보도한다. 그러면 기사는 하나씩 뒤로 밀려난다.

생방송 홈쇼핑은 재핑(zapping)에 영향을 받는다. 재핑은 시청자가 채널을 돌리는 순간을 말한다. 뉴스나 드라마가 끝나고 채널을 넘기는 찰나에 홈쇼핑은 판매를 높이려고 공들인다. 한 상품을 보통한 시간 동안 판매하지만 재핑은 불규칙적으로 일어난다. 그래서 쇼호스트는 재핑에 따라 3분간 멘트를 하기도 하고, 15분간 말하기도하고, 30초 만에 상품을 소구하고 주문을 받기도 한다. 고객이 이 방송을 왜 봐야 하는지 제일 처음 말한다. 지나가는 고객을 붙들기 위해 총력을 다하는 것이다.

뉴스나 홈쇼핑은 생방송으로 진행하는 만큼 시간을 최우선으로여긴다. 정해진 시간 안에 최대의 효과를 누리기 위해 모든 이가 고군분투한다. 시간은 계속 흐르고 있기에 쓸데없는 이야기는 할 수없다. 치열하고 빈틈없이 돌아간다. 모두가 집중하고 그만큼 예민하다. 뉴스는 정치, 경제, 사회, 문화 순으로 보도하지 않고 비중이 높은 순서에 따라 내보낸다. 홈쇼핑은 고객의 추이를 보고 매출을 최대로 올리기 위해 각고의 노력을 한다.

나는 생방송 뉴스와 홈쇼핑을 경험했기 때문에 결론을 먼저 말하는 습관이 들었다. 시간은 귀하다. 생방송 뉴스를 처음 하는 날, 카메라에 빨간 불이 들어온 순간 시간의 존재를 몸으로 느꼈다. '한마디도 허튼 말을 해선 안 된다.'라고 각오를 다졌다. 중요한 말을 아껴서 뒤에 하거나 서론 또는 배경 설명을 길게 늘어놓는 일은 정말이지 합당하지 않다. 가장 중심이 되는 내용을 제일 먼저 말해야 한다.

'그래서 뭐'라고
질문하고 답하기

홍버튼의
강의 영상

결론부터 말해야 한다. '그래서 뭐?'라고 계속해서 질문하라. 이에 대한 답이 결론이다.

결론부터 말하는 방법

❶ '그래서 뭐?'라고 묻기
❷ 소비자 입장에서 혜택을 말하기

다음은 삼성의 의류청정기 광고 문구다.

"매일 새 옷같이 입을 수 있습니다. 강한 바람으로 미세먼지를 99%까지 털어냅니다. 옷의 겉면뿐 아니라 안감에 묻은 미세먼지를 제거합니다."

'그래서 뭐?'라는 생각이 드는 문구다. 매일 새 옷같이 입을 수 있으면 뭐가 좋을까? 왜 매일 새 옷같이 입어야 할까? 왜 강한 바람으로 미세먼지를 털어내야 할까? 약한 바람이면 안 될까? 왜 꼭 바람이어야 할까? 미세먼지를 99퍼센트까지 털어내는 게 왜 필요할까?

빨면 안 될까? 왜 털어야 할까? 옷의 겉면과 안감에 미세먼지를 제거하면 어떤 점이 좋을까? 왜 그래야 할까? 위 문구만 봐서는 설득이 안 된다.

위 문구는 기능 위주의 설명이다. 회사에서 하는 내부 보고, 발표, 회의에서도 이렇게 말하는 사람이 많다. 고객에게 직접 영업하고 판매하는 사람들도 이렇게 한다. 매출이 안 오르는 이유다. 이는 회사 입장에서 하는 말하기다. 결론이 빠져 있다. 소비자가 제품을 구매하는 이유는 자신에게 필요하고 도움이 돼서다. 따라서 상품을 구매함으로써 얻는 혜택과 이득 그리고 가치를 제시해야 한다. 그것이 결론이다. 이번에는 '그래서 뭐?'라고 물어보고 결론을 도출해 보자.

"매일 새 옷같이 입을 수 있습니다. (그래서 뭐?) 강한 바람으로 미세먼지를 99%까지 털어냅니다. (그래서 뭐?) 건강을 지킬 수 있습니다. (그래서 뭐?) 미세먼지가 있는 날엔 KF94 차단 마스크를 쓰고 다니잖아요. 경보 문자도 오고요. 그 마스크는 나중에 버립니다. (그래서 뭐?) 그런데 미세먼지가 있는 날 입은 옷은 어떻게 관리하나요? 빨래를 하거나 빨기 어려운 옷은 그대로 옷장에 들어갑니다. (그래서 뭐?) 옷에 붙은 미세먼지는 옷장에 남아 다른 깨끗한 옷에 붙거나 집 안 공기 중에 떠다닐 수 있습니다. (그래서 뭐?) 건강을 해칠 수 있습니다. 옷을 청정하게 관리해야 한다는 인식은 아직 부족합니다. (그래서 뭐?) 의류청정기는 미세먼지를 99%까지 제거합니다. (그래서 뭐?) 옷 겉면뿐 아니라 안감에 묻은 미세먼지까지 말끔히 없앱니다. (그래서 뭐?) 깨끗하게 매일 옷을 관리하는 건 건강을 지키는 현명한 방법입니다. (그래서 뭐?) 미세먼지가 많아지는 시기가 다가오는 만큼 소비자에게 건강 이슈와 관련된 광고를 진행한다면 매출 증대를 기대할 수 있습니다. (그래서 **결론은?**)
옷에 붙은 미세먼지를 관리하는 건 가족의 건강을 지키는 현명한 수단입니다."

설득하고 싶다면
상대의 입장에서 말하라

기업에서 의류청정기라는 제품을 만든 목적은 소비자에게 많이 팔아 수익을 창출하기 위해서다. 그런데 대부분의 실무진은 이를 놓친 채 자신의 직무에만 매몰된 발표를 한다. 디자인이면 디자인 위주, 기술이면 기술 위주의 설명까지만 한다. 그게 소비자에게 왜 필요한지, 어떤 점이 구매를 이끄는 요소가 될지 말하지 않는다.

조직이 클수록 분업화되다 보니 부서별 관점이 다르고 업무 이해도가 낮은 경우가 많다. 이들이 함께 회의하면 소통이 안 되는 이유다. 보고 대상에 따라 발표를 어디까지 어떻게 말해야 할까 고민하지만 무조건 상사를 고려한 발표는 무용하다. 목차를 읊고, 시장 배경과 산업 현황을 설명하고, 전문 용어를 남발하고, 결론은 뒤에 둔다. 무엇보다 상사의 눈치를 본다. 확실하지 않을까 봐 두루뭉술하게 말한다. 임원진과 경영진은 참아주기 힘들다. "그래서 뭐?"라는 소리가 입 밖으로 튀어나온다.

소비자의 관점으로 보고하고 발표해야 한다. 목표를 고려한 발표를 해야 한다. 당신이 어느 회사에 다니든, 무슨 상품과 서비스를 제공하든 소비자를 대상으로 사업을 한다. 기업의 목표는 판매를 늘려

이윤을 창출하는 것이다. 최상의 목표를 고려하지 않은 발표는 결론이 빠진 발표다.

발표 초반에 결론을 제시하라. 결론은 이 보고를 들어야 하는 이유다. 결정적인 말을 하라. 소비자 중심의 발표로 바뀌어야 한다.

임원진도, 경영진도 한 사람의 소비자다. 소비자를 염두에 두고 발표해야 그들을 설득할 수 있다. 임원진과 경영진은 의사결정을 해야 할 일이 줄지어 있다. 아무리 똑똑해도 수많은 프로젝트가 어디까지 진행되고 얼마나 효과를 거둘지 다 알 수 없다. 그래서 일 잘하는 직원을 믿는다. 일 잘하는 직원은 그들의 결정을 빠르게 도와주는 사람이다. 확실한 조사와 탄탄한 근거를 통해 프로젝트 추진 방향과 예상되는 성과를 분명히 말할 수 있어야 한다.

가끔 보고하는 와중에 임원이 말을 끊고 질문을 퍼붓는 경우가 있다. 이때 보고자가 똑바로 대답하지 못하면 그의 상사를 불러 대신 보고를 시키기도 한다. 결국 다시 조사하고 준비한 뒤 보고하라고 지시한다. 이런 일이 반복되면 임원은 그 직원을 오랫동안 신임하지 않을 것이다.

임원진과 경영진은 조직의 리더다. 리더를 설득하고 싶다면 리더의 입장에서 생각하라. 리더는 회사의 미래를 본다. 회사의 미래는 곧 사업의 존속과 확장이다. 진행 중인 사업의 이윤 확대, 신사업 개발, 고객 확보, 고객 증대, 가치 창출 방법을 구체적으로 제시해야 한다.

결론부터 말하는 게
성숙한 배려다

흥버튼의
강의 영상

대학교를 졸업하자마자 회계사가 된 수강생이 있었다. 그는 전문가처럼 말하고 싶다고 했다. 전화 업무가 많은데 사무실에는 선배들이 있어서 회의실에 들어가거나 밖에서 전화를 건다고 했다. 왜 그러냐고 물어보니 부끄러워서 그랬단다. 다음은 그의 통화 내용이다.

"안녕하세요. 정영우 회계사인데요. 혹시 통화 괜찮으신가요? 바쁘실 텐데 5분만 통화 괜찮으실까요? 제가 며칠 전에 이메일로 자료 요청했는데, 보셨죠? 아직 서류를 보내주지 않으셔서, 이게 회계 처리를 해야 하는데 기한이 얼마 남지 않아서 연락드렸어요. 죄송합니다만 전년도 결산 재무제표 언제까지 주실 수 있으세요?"

결론을 마지막에 말했다. 이렇게 말하면 본전도 못 찾는다. 본인은 친절하게 말한다고 했겠지만, 사실은 불친절한 것이며 미숙함이 여실히 드러난다. 한 문장씩 살펴보자.

"정영우 회계사인데요."

자신을 소개할 때는 직업을 먼저, 이름을 나중에 말한다.

"혹시 통화 괜찮으신가요? 바쁘실 텐데 5분만 통화 괜찮으실까요?"

상대방에게 통화가 괜찮은지 묻지 마라. 바쁘면 전화를 안 받기 마련이다. '바쁘실 텐데' 같은 뻔한 말도 필요 없다. 오히려 시간을 뺏는 말일 수 있다.

"제가 며칠 전에 이메일로 자료 요청했는데, 보셨죠? 아직 서류를 보내주지 않으셔서, 이게 회계 처리를 해야 하는데 기한이 얼마 남지 않아서 연락드렸어요.

빙빙 돌려 말하지 말고 용건만 말하자. 사족을 붙이지 말자. 처음부터 곧장 요구하라. 상대방도 그러길 원한다. 경력 있고 일 잘하는 사람은 효율적으로 일한다. 상대의 시간을 아껴주는 게 성숙한 행동이고 예의다.

"죄송합니다만 전년도 결산 재무제표 언제까지 주실 수 있으세요?"

사정하듯 말하지 마라. 일하는 관계에서는 서로 협조해야 하는 대등한 위치에 있음을 기억하자.

"안녕하세요. 회계사 정영우입니다. 전년도 결산 재무제표 오늘 오후 3시까지 이메일로 보내주시길 바랍니다. 고맙습니다."

청중의 관점으로
쉽게 말하라

발표는 듣자마자 한 번에 알아들을 수 있는 쉬운 말로 해야 한다. 다시 말해 청중의 관점으로 쉽게 말해야 한다. 그러려면 자신의 언어가 아닌 청중의 언어로 말해야 한다. 보고서나 발표 자료를 만들 때부터 주의하자. 나만 쉽고, 나만 이해하는 단어나 전문 용어, 한자와 영어가 혼용돼 있으면 어렵게 말할 수밖에 없다. 이는 청중과의 소통을 저해한다.

쉽게 말하는 게
진짜 실력이다

해마다 다래끼가 나서 어릴 때부터 눈을 째고 약을 먹으며 고생했다. 그러다 30년 만에 드디어 다래끼가 나는 원인을 알았다. 친절한

안과 의사는 내 눈의 기름샘이 태어날 때부터 막혀서 자주 다래끼가 생긴다고 했다.

"눈물샘 아시죠? 눈물샘처럼 우리 눈에는 기름이 나오는 기름샘이 있어요. 속눈썹이 있는 부위를 보세요. 제가 여기를 누르면 기름이 나오죠. 눈을 깜빡일 때 부드럽게 해주는 역할을 해요. 그런데 이 부분은 기름이 안 나오죠? 여기가 선천적으로 막혀 있어요. 안에서 기름이 고여 다래끼가 나는 거예요."

유레카! 그동안 이런 말을 해준 의사가 없었다. 나는 그동안 세안을 잘못하고 있는지 나를 의심했다. 의사는 화장도, 피곤해서도 아닌 선천적인 원인이라고 했다. 온찜질을 자주 하면 다래끼가 덜 날 거라고 했다. 그날 이후 처방대로 했더니 다래끼 나는 횟수가 확 줄었다. 그런데 만약 의사가 이렇게 말했다면 어떨까.

"눈꺼풀에는 짜이스샘, 몰샘, 마이봄샘 등 여러 분비샘이 있는데요. 그중에서 짜이스샘, 몰샘에 생긴 급성 화농성 염증을 겉다래끼라고 하고요. 마이봄샘의 급성 화농성 염증을 속다래끼라고 해요. 마이봄샘에 생긴 만성 육아종성 염증은 콩다래끼라고 부릅니다."

아마도 다신 그 병원에 가지 않을 것이다. 앞서 친절한 의사가 내 눈높이에 맞춰 쉽게 설명했다면, 이 불친절한 의사는 자신의 눈높이에 맞춰 어렵게 얘기했다. 상대방이 알아듣기 쉬운 언어로 말하는 것은 설득력을 높일 뿐 아니라 그 사람의 진짜 실력을 보여준다.

초등학생도
이해하도록 말하라

우리가 매일 보고 듣는 뉴스는 쉽다. 뉴스에 담긴 내용은 중대하고 복잡하지만 이해하기 쉬운 말로 풀어 말해주기 때문이다. 나는 아침마다 헤어드라이어로 머리카락을 말리면서 뉴스를 본다. 드라이어 소음 때문에 말은 들리지 않지만 자막만 봐도 어떤 내용인지 이해할 수 있다. 운전하면서 라디오 뉴스를 들어도 어떤 사건 사고가 벌어졌는지 알 수 있다. 한 번에 이해되기 때문에 뉴스의 내용을 그대로 흡수하는 것이다.

뉴스는 초등학생도 이해할 수 있도록 쉽게 기사를 쓴다. 한자보다 우리말을 선호하며 영어는 우리말로 대체한다. 대체할 수 없는 전문 용어나 외래어는 쓰되 우리말로 풀어서 보충한다. 어려울 수 있는 내용은 비유하거나 예시를 들어 이해를 돕는다. 기사만 봐도 전체 상황을 파악할 수 있고 궁금함이 생기지 않도록 충실히 말한다.

다음 사항에 유의하며 이해하기 쉽게 말하는 연습을 해보자.

단체명

단체명은 최초에 전체 이름을 밝힌 뒤 약자로 말한다. 굳이 말하지 않아도 되는 어려운 약자는 언급하지 않는다.

주택도시보증공사(HUG), 세계보건기구(WHO), 주요 7개국 모임(G7), 국제금융결제망(SWIFT), 글로벌 이동통신 전시회 모바일 월드 콩그레스(MWC), 저전

력 반도체 중앙처리장치(CPU), 기업의 환경·사회·지배구조(ESG), 지능형 사물

인터넷(AIoT)

시기와 나이

시기와 나이는 '현재'를 기준으로 한다. 그러면 듣자마자 알아듣기 쉽다. 예를 들어 지금이 2022년 8월이라고 하자. 이를 기준으로 시기와 나이 표현은 다음과 같이 한다.

2018년: '4년 전', '지난 2018년'

2020년 8월: '2년 전 이맘때', '지난 2년간', '지난 2020년 8월'

2021년 5월: '지난해 5월', '작년 5월'

2022년 3월: '지난 3월', '올해 봄이었죠', '지난봄에는'

2022년 11월: '오는 11월', '석 달 뒤', '석 달 후', '3개월 뒤'

2022년 상반기: '지난 상반기', '올해 상반기엔', '올 상반기 실적은'

2023년 2월: '내년 2월'

2025년: '3년 뒤', '3년 후', '앞으로 3년 뒤', '오는 2025년'

1972년생: '우리 나이로 쉰한 살입니다', '올해 만으로 50세입니다'

전문 용어, 신조어, 기업명

전문 용어, 신조어, 기업명은 다음과 같이 풀어서 설명한다.

"고기가 들어가지 않은 고기, 이른바 '콩고기'로 불리는 대체육 시장."

"가상을 의미하는 '메타'와 세상을 뜻하는 '유니버스'의 합성어죠, '메타버스'."

"글로벌 IT 기업인 '페이스북'."

"최대 반도체 설계 업체 'ARM'."

"높은 인지 기능과 연관된 '감마'는⋯."

"재산세, 종합부동산세 같은 '보유세'가⋯."

비유 · 비교

비유나 비교를 사용해서 의미를 가늠할 수 있도록 한다.

"플라스틱을 생산하고 소비하는 과정에서 발생하는 탄소의 양은 24kg이나 됩니다. 한 사람당 30년을 산 소나무를 해마다 세 그루 반 이상 없애는 것과 같은 수치입니다."

"ARM의 연매출은 2조 원가량으로 많지 않지만, 반도체 시장에 미치는 영향력은 압도적입니다. 참고로 삼성전자 연매출은 300조 원가량입니다."

"동계 올림픽의 꽃으로 불리는 '크로스컨트리 스키'."

"어른 가슴 높이 정도의 담벼락을 사이에 두고⋯."

"여의도 면적의 여섯 배가 넘는 규모입니다."

"이 정도 칼로리는 학교 운동장을 240바퀴를 뛰어야 빠지는 수치입니다."

"11m, 아파트 3층 높이에 해당합니다."

"두 뼘 정도 길이예요, 40cm."

　초등학생도 이해할 수 있게 말하라는 건 초등교육을 받은 사람도 이해할 수 있는 언어로 말하라는 뜻이다. 쉽게 말하는 건 어려운 내용을 빼고 쉬운 내용만 말하는 게 아니다. 간추려서 대략 말하거나 유치한 수준으로 말하는 것도 아니다. 중요한 사실을 있는 그대로 전하되 단번에 이해할 수 있도록 말하는 것이다.

뉴스는 특정 사람들만 알아들을 수 있도록 말하지 않는다. 시청자 누구나 정보를 접할 수 있도록 보도한다. 만약 어렵게 말한다면 해당 방송사의 뉴스를 보는 사람은 적을 것이다. 어렵게 말하면 들리지 않기 때문이다. 기자와 아나운서는 기사 쓰는 훈련을 한다. 정보를 취합하고 핵심 사안을 시청자에게 알기 쉽게 전달하는 능력을 기르기 위함이다.

발표나 보고도 마찬가지다. '상사가 더 똑똑하니까.', '상사가 더 잘 알고 있으니까.', '사내에서 쓰는 대로 전문 용어와 영어를 혼용해도 되겠지. 다들 그렇게 하니까.'라는 생각으로 하는 발표는 수준 미달이다. 무엇이든 남들과 똑같은 수준으로 하면 언젠가 도태된다. 지향점을 멀리, 높이 두도록 하자.

요직에 있는 사람은 대중을 설득하는 말하기를 한다. 기업의 임원진과 경영진, 대표는 언론사 인터뷰를 하고 관련 분야 대규모 회의, 전시회, 학술 대회, 강연 등에 연사로 서는 경우가 비일비재하다. 다른 산업 분야 고위 관계자들과의 교류가 빈번히 일어난다. 이런 곳에서 자신의 언어로만 말하면 소통할 수 없다는 걸 그들은 경험으로 안다. 성장하기 위해선 더 많은 생각을 품을 수 있어야 한다.

모두가 알아들을 수 있게 말하는 건 결코 쉬운 일이 아니다. 하지만 그렇게 할 수 있다면 수많은 사람을 내 편으로 만들 수 있다. 대통령을 보자. 위대한 포부를 얼마나 간결하게 연설하는가. 국민의 지지를 받고 신임을 얻기 위해 대통령은 끊임없이 고민한다. 오바마 전 대통령은 뛰어난 연설가이기도 했다. 그는 연설하기 직전까지 연설문을 뜯어고친 걸로 유명하다. 한 사람이라도 더 설득하기 위한 분투다.

설득력은 어려운 단어나 전문 용어, 외국어를 쓴다고 드러나는 게 아니다. 논리 구조의 탄탄함, 사물을 꿰뚫어 보는 통찰력, 반박할 수 없는 예리함, 전체를 파악하는 거시적인 관점, 다양성을 받아들이는 포용력, 사리를 분별해 파악하는 이해력, 평범함에서 공통점을 발견해내는 관찰력에서 드러난다. 진리는 단순하다. 진실은 꾸밈이 없으며 본질은 명백하다.

쉽게 말하는 건 어렵다. 반면 어렵게 말하는 건 쉽다. 그래서 많은 사람이 어렵게 말하는 것이다. 편하기도 하고 자신의 우월함을 뽐내고 싶은 것일 수도 있다. 그러나 이런 태도야말로 더 이상 진전할 수 없는 자신의 한계를 내보이는 것이다. 말은 상대방에게 가닿을 때 살아 움직인다. 누군가를 설득하고 싶다면 쉽게 말하라. 상대방의 관점에서 생각하고 끝없이 고민하라.

"세상에서 유일하게 다른 사람에게 영향을 미칠 방법은 다른 사람이 원하는 것에 대해 이야기하고, 어떻게 하면 그것을 얻을 수 있는지 보여주는 방법뿐이다."
_데일 카네기, 《데일 카네기 인간관계론》

누구나 공감할 만한
이야기로 설득하라

홈쇼핑 매출은 충동구매가 90퍼센트 이상을 차지한다. 어떤 물건을 마음먹고 돈을 모아 언제 살지 계획하는 건 목적 구매다. 이와 반대로 충동구매는 갑작스러운 욕구가 일어 물건을 사는 것을 말한다. 홈쇼핑의 충동구매 비율이 압도적으로 높은 이유는 쇼호스트의 말에 홀리기 때문이다. 가만 듣고 있으면 재미있다. 왠지 필요한 물건 같기도 하다. '지금 아니면 이 가격에 못 산다고?' 얼른 산다.

쇼호스트는 공감할 수 있는 이야기를 잘한다. 판매 전략이다. 쇼호스트는 매출 100퍼센트 달성을 목표로 방송에 임한다. 각 상품은 할당된 시간 동안 팔아야 하는 목표 금액이 정해져 있다. 목표 금액은 상품 판매가에 따라 다르지만 한 시간에 몇천만 원부터 몇억 원까지도 한다. 그래서 쇼호스트는 상품에 얽힌 자기 이야기를 들려주며 공감을 얻고 판매를 유도한다. 홈쇼핑에선 영어로 '마이 스토리'라는 용어를 붙여 교육한다.

가령 귀에 꽂는 무선 이어폰 '에어팟'을 판다고 하자. 못 파는 쇼호스트는 이렇게 말한다.

"에어팟은 한번 충전하면 8시간 내내 들을 수 있어요. 소음이 차단돼 시끄러운 곳에서도 노래에 집중할 수 있어요. 1초에 200번 잡음을 잡아주는 기능이 내장돼 있어요."

홍버튼의
강의 영상

마치 사용 설명서를 읽어주는 것 같다. 그러나 잘 파는 쇼호스트는 자기 이야기를 한다.

"제가 토요일마다 카페에서 책을 읽는데요. 에어팟으로 잔잔한 피아노 음악을 들어요. 집중이 잘 돼요. 네 시간은 꼬박 책만 봐요. 주변이 조용해지거든요. 이게 에어팟의 소음 차단 기능입니다."

예를 하나 더 들어보자. 자율주행 기능을 강조하며 테슬라 전기자동차를 판다고 하자.

"테슬라는 자율주행 기능인 '오토 파일럿'이 장착돼 있습니다. 설정한 속도에 따라 자동차가 알아서 가다 서기를 반복합니다. 이 기능으로 주행 스트레스를 줄일 수 있습니다."

여기에 자기 이야기를 보태면 맛이 산다.

"운전하기 싫을 때가 언제죠? 막힐 때죠. 저도 아침마다 막히는 강변북로를 1시간 30분 동안 뚫고 출근했어요. 회사에 도착하면 오전부터 기진맥진해요. 다시 집에 가고 싶어요. 그런데 이젠 살 것 같아요. 차가 알아서 운전합니다. 가다 서기를 반복해요. '오토 파일럿 기능'이 저 대신 운전을 해줍니다."

물건을 사고 설명서를 읽는 사람은 거의 없다. 일단 작동해보거나 모르면 인터넷에 검색해 쉬운 설명을 찾아본다. 쇼호스트는 이걸 잘한다. 어떤 상품이든 자신의 경험에 빗대어 쉽게 설명해서 고객이 사게 만든다. 홈쇼핑이 온갖 상품을 판매하는 이유다. 홈쇼핑은 아파트 분양권, 신차, 명품 등 고가 상품부터 가전, 의류, 생활용품, 음식까지 제조사를 대신해 팔고 높은 판매 수수료로 이득을 챙긴다.

상품이 가진 장점을 제조사 입장에서 말하는 건 어렵게 말하는 것이다. 그러나 상품의 장점이 내게 어떤 장점으로 발휘됐는지, 상품을 썼더니 어떤 점이 좋은지, 상품이 있었을 때와 없었을 때는 어떻게 다른지, 상품을 사고 난 뒤에 어떤 혜택이 생겼는지 생생한 자기 이야기로 들려주면 공감을 얻는다. 이 상품이 지금 당장 필요한 이유를 자신의 예로 비유해보자.

스크립트를 써야
발표 실력이 는다

신문방송대학원을 다닐 때였다. 영화에 쓰인 '미장센' 기법에 대해 발표해야 했다. 미장센은 화면에 담기는 이미지의 구성 요소들이 주제를 드러내도록 하는 연출 방식을 말한다. 미장센에 대해 이날 처음 알았다. 어쩔 수 없이 스크립트를 써서 달달 외웠다. 발표가 시작되고, 주제를 말하자마자 머릿속이 하얘졌다. 얼른 스크립트를 집어 들었다. 10분간 내리읽고 발표를 마쳤다.

그날 이후 졸업할 때까지 모든 발표는 스크립트를 읽었다. 스크립트 없이 발표하는 사람을 보면 마냥 부러웠다. 내가 발표 실력이 는 건 스크립트를 엄청나게 썼기 때문이다. 스크립트는 발표의 얼개를 짜는 데 도움이 될 뿐 아니라 말의 논리 구조를 단단하게 하고 표현력을 높인다.

면접과 발표를 위한
스크립트 쓰기

스크립트를 외우기 위해 써서는 안 된다. '말의 구조화'를 위해 써야한다. 최적의 전개와 개연성 있는 설명, 적확한 어휘를 고르기 위해 스크립트를 쓰는 것이다. 오바마 전 대통령도 연설 직전까지 연설문을 고쳤지만 연설문을 보면서 말하지 않았다. 물론 스크립트를 쓰지 않아도 발표를 잘하는 사람이 있다. 그러나 곧 표현력의 한계에 부딪히고 만다. 스크립트를 잘 쓰면 발표를 말 그대로 찬란하게 잘할수 있다.

스크립트를 쓸 때는 정보의 오류, 모호한 표현, 설명 부족, 불필요한 말, 잘못된 어휘를 바로잡으며 쓴다. 글을 읽으면서 말이 들려야한다. 여기서는 면접 답변으로 준비한 글과 발표를 위해 쓴 글을 각각 어떻게 고쳐야 하는지 해설과 첨삭 내용을 살펴보자.

1. 면접을 위한 스크립트 쓰기

면접 질문은 "리더의 역할을 했던 경험이 있나요?"이다.
수강생이 답변으로 준비한 스크립트를 살펴보자.

"재작년 여름에 대학 친구들과 아동센터 아이들을 위한 봉사 캠프에 참여한 적이 있습니다. 첫 리더의 역할이라 처음에는 성공적으로 해낼 수 있을지 걱정됐지만, 경청의 자세로 팀원들의 생각과 아이디어를 들어주며 프로그램을 기획했습니다. 적극적으로 경청한 덕에 팀원들도 이에 만족하게 돼 서로 결속을 다지게 됐습니다. 이로써 팀워크를 더 발휘할 수 있게 됐고 성공적으로 재능 봉사를 마칠 수 있게 됐습니다."

추상적이다. 면접에서 이렇게 답하면 떨어진다. 구체적인 표현이 하나도 없다. 한 문장씩 살펴보자.

"재작년 여름에 대학 친구들과 아동센터 아이들을 위한 봉사 캠프에 참여한 적이 있습니다."

구체적이지 않다. 친구들 몇 명과 어느 지역 아동센터 아이들을 위해 어떤 봉사를 했는가?

"첫 리더의 역할이라 처음에는 성공적으로 해낼 수 있을지 걱정됐지만, 경청의 자세로 팀원들의 생각과 아이디어를 들어주며 프로그램을 기획했습니다."

길다. 한 문장에 한 가지 메시지만 담도록 하자. 그리고 '첫 리더'라는 표현이 있는데, 정말 인생에서 처음 맡은 리더인가? 어릴 적 소꿉놀이를 이끈 아이는 리더가 아니었을까? 당신이 생각하는 리더는 무엇인가? 성공적으로 해낸다는 건 무슨 뜻인가? 왜 걱정하는가? 원래 기대보다 걱정을 먼저 하는가? 경청의 자세는 어떤 자세인가? 팀원들은 몇 명이고 누구이며 당신과 어떤 관계인가? 그들의 생각과 아이디어는 무엇인가? 어떤 프로그램을 기획했는가?

"적극적으로 경청한 덕에 팀원들도 이에 만족하게 돼 서로 결속을 다지게 됐습니다."

적극적으로 경청했다는 건 어떻게 들어줬다는 것인가? 팀원들이 만족한 건 어떻게 알았는가? 그들이 실제로 말했는가, 아니면 그들의 표정을 보고 짐작했는가? 결속을 다져서 무엇을 이뤘는가? 그래서 좋았다는 것인가? 어떤 결과가 있었는지 제시하도록 하자. 그리고 '만족하게 돼', '다지게 됐습니다' 등 '되다'라는 수동 표현도 지양하자.

"이로써 팀워크를 더 발휘할 수 있게 됐고 성공적으로 재능 봉사를 마칠 수 있게 됐습니다."

무슨 팀워크를 어떻게 발휘했는가? 성공적으로 재능 봉사를 마친 건 어떤 의미인가? 아동센터에서 상을 받았는가? 아이들이 고맙다고 했는가?

다음 스크립트를 보자.

"지난 2017년이었습니다. 여름엔 충북에서, 겨울엔 태국에서 동기들과 태권도 봉사 캠프를 이끌었습니다. 아이들에게 태권도를 알려주며 체력 증진과 운동에 흥미를 심어주는 재능 기부였는데요. 막상 봉사 현장에 가니까 예상보다 아이들이 많아서 팀원들이 당황했습니다. 저희는 7명이었는데요. 아이들은 100명 가까이 됐습니다. 일주일 넘게 봉사하면서 팀원들이 지쳐갔는데요. 저는 리더로서 앞장서서 아이들을 지도했고, 팀원들에겐 "끝까지 즐겁게 하자."고 동기부여를 했습니다. 팀원들은 힘을 냈고, 봉사가 끝날 땐 아이들과 헤어지는 걸 아쉬워할 정도로 친해졌습니다. 성공적으로 봉사를 마쳤던 뿌듯한 경험이었습니다."

리더로서의 경험이 구체적으로 드러나 있다. 앞서 수강생이 쓴 세 개의 긴 문장이 10개의 짧은 문장으로 재탄생했다. 적극적인 단어를 사용했다. 한 문장씩 살펴보자.

"지난 2017년이었습니다. 여름엔 충북에서, 겨울엔 태국에서 동기들과 태권도 봉사 캠프를 이끌었습니다."

언제 어디서 누구와 무엇을 했는지 나타나 있다. '이끌다'라는 주체적인 어휘로 리더십을 표현했다.

"아이들에게 태권도를 알려주며 체력 증진과 운동에 흥미를 심어주는 재능 기부였는데요."

누구에게, 무엇을, 어떻게, 왜 했는지 구체적으로 썼다.

"막상 봉사 현장에 가니까 예상보다 아이들이 많아서 팀원들이 당황했습니다."

실제 사례를 제시한다. 흥미를 유발한다.

"저희는 7명이었는데요. 아이들은 100명 가까이 됐습니다."

숫자의 비교만으로 힘든 이유가 드러난다.

"저는 리더로서 앞장서서 아이들을 지도했고, 팀원들에겐 "끝까지 즐겁게 하자."고 동기부여를 했습니다.

'앞장서다'라는 어휘로 리더십을 나타냈다. 자신이 한 말을 직접 인용해 생생함을 담았다.

"팀원들은 힘을 냈고, 봉사가 끝날 땐 아이들과 헤어지는 걸 아쉬워할 정도로 친해졌습니다."

머릿속에 장면이 떠오르게 말했다.

2. 발표를 위한 스크립트 쓰기

발표 주제는 '헬스케어 시장 현황 보고'다. 수강생이 답변으로 준비한 스크립트를 살펴보자.

"글로벌 헬스케어 관련 시장은 약 50조 원 규모로, 연간 21%씩 성장하고 있습니다. 운동에 대한 방해 요소로서는 일, 육아 및 시간 부족 등의 이슈가 있고, 또한 이러한 영향으로 건강 악화 인구도 매년 증가하고 있습니다. 한국의 건강 악화 인구는 15년 이후 평균 8.5%씩

홍버튼의
강의 영상

증가하여 현재 50만 명에 이르며 현재 고객들은 건강 개선을 위해 식습관 관리, 운동 등록, 12시 전에 잠들기 등 인당 다섯 가지 이상의 노력을 하고 있습니다."

한 문장씩 살펴보며 고쳐보자.

글로벌 헬스케어 관련 시장은 약 50조 원 규모로, 연간 21%씩 성장하고 있습니다.
→ 한국스마트헬스케어협회에 따르면 세계 헬스케어 시장은 지난해 기준 약 50조 원 규모로, 해마다 21%씩 성장하고 있습니다.

'글로벌'은 '세계'로 고친다. 우리말을 우선으로 사용하자. 외래어보다 우리말을, 한자어보다 순우리말을 먼저 쓰자. 이 정보의 신뢰성을 위해 출처를 밝혀야 한다. 발표 자료에 적어놓았다고 해도 말로 한다. '관련'은 삭제해도 말이 된다. '-와/과 관련해', '-에 대해', '-로 인해', '-의 경우'는 대부분 삭제해도 의미를 해치지 않는다. 50조 원을 기록한 시점이 빠졌다. 언제인지 밝혀줘야 한다. '연간'은 '해마다'로 바꾼다.

운동에 대한 방해 요소로서는 일, 육아 및 시간 부족 등의 이슈가 있고, 또한 이러한 영향으로 건강 악화 인구도 매년 증가하고 있습니다.
→ 운동 방해 요소는 일, 육아, 시간 부족 순으로 높았고요. 이로 인한 건강 악화 인구는 해가 바뀔수록 늘고 있습니다.

'-에 대한'이 또 나왔다. 삭제한다. '방해 요소로서는'은 '로서'를 빼고 말해야 편하다. '및'은 문어체에 주로 나온다. 말할 때 쓰지 말자. 가능하면 글을 쓸 때도 '및'을 쓰지 말자. 모호하게 해석될 수 있다. '일과 육아와 시간 부족', '일과 육아로 인한 시간 부족', '일과 육아의 시간 부족' 등 여러 개로 풀이된다. 한눈에 의미를 헤아릴 수 있어야 한다. 이런 이유로 국립국어원에서도 공문서 등에서 '및'의 사용을 줄이자는 캠페인을 벌였다.

'이슈' 같은 영어를 사용하지 말자. 대체 불가능한 경우를 제외하고는 한국어를 쓴다. 언어의 통일은 빠른 이해를 돕는다. '있고'라고 말을 길게 하지 말고 '-요'를 붙여 문장으로 쪼갠다. '또한'은 생략한다. 접속사 남발을 줄이자. 전개상 반드시 써야 하는 순간에 등장해야 접속사가 빛난다. '그리고, 또한' 등은 연결어미 '-고요'에 의미가 포함된다. '-데요'는 '그런데'를, '-하지만요'는 '하지만'을 대신해 쓸 수 있다.

'이러한'은 쉽게 앞말을 가리킬 때 쓰는 표현이다. 쉬워서 접속사처럼 마구 쓴다. 글을 작성할 때는 쓰지 말자. '이러한, 저러한, 이런, 저런, 이, 저, 그'도 마찬가지다. 입버릇처럼 나오는 거라 일부러 사용 빈도를 줄이려고 노력해야 한다. 스크립트를 쓸 때는 적지 말자.

'매년'은 '해가 바뀔수록', '증가하다'는 '늘다'로 바꿀 수 있다. 표준국어대사전에서 단어를 검색한 뒤 유의어를 함께 살펴보면 비슷한 의미를 지닌 여러 단어를 만날 수 있다. 국어사전을 자주 찾는 습관은 어휘력을 높이는 데 보탬이 된다.

한국의 건강 악화 인구는 15년 이후 평균 8.5%씩 증가하여 현재 50만 명에 이

르며 현재 고객들은 건강 개선을 위해 식습관 관리, 운동 등록, 12시 전에 잠들기 등 인당 다섯 가지 이상의 노력을 하고 있습니다.

→ 한국의 건강 악화 인구는 지난 2015년부터 매년 평균 8.5%씩 증가했는데요. 2022년 현재 기준 50만 명에 달합니다. 고객들은 건강을 개선하기 위해 식습관을 관리하고요. 운동 센터에 등록하거나 자정 전에 잠들기 위해 노력합니다. 대략 한 사람당 다섯 가지 이상의 노력을 하는 걸로 집계됐습니다.

'15년 이후'는 '1915년'으로도 해석할 수 있다. '2015년'이라고 정확히 써야 한다. 표현할 때는 '지난 2015년'으로 말한다. 또한 얼마마다 '평균 8.5%씩 증가'했는지 정보가 빈약하다. '증가'는 바로 앞 문장에도 썼다. 주로 직장인과 공무원들이 한자를 자주 쓴다. 우리말을 먼저 쓰는 습관을 기르면 다채로운 어휘를 구사할 수 있다. '증가하여'는 '증가해'로 줄여 쓰고 말한다.

한 문장에 '현재'가 두 번 나온다. 중요하지 않은 단어는 중복해서 쓰지 않는다. 중요한 단어는 반복해서 강조할 수 있지만 그렇지 않은 단어는 여러 번 쓰지 않는다. '현재'라는 의미도 여러 가지로 해석될 수 있다. 발표하는 시점인지, 자료를 조사한 시점인지, 언제부터를 현재라고 하는지 분간이 안 된다. 기준을 항상 정확하게 명시해야 한다.

'이르며'는 문어체다. 말할 때는 안 쓴다. '이르고'가 자연스럽다. 발표는 대화다. 흔히 쓰는 말로 하자. '건강 개선을 위해'는 딱딱한 말투다. '건강을 개선하기 위해'라고 풀어서 말해야 알아듣기 편하다. '인당'은 잘 쓰지 않는 표현이다. '1인당 국내총생산', '1인당 한

개씩' 등에 어울린다. '한 사람당', '한 명당', '개인당' 등이 적합하다. '12시'는 오전인지 오후인지 나타나 있지 않다.

최종적으로 완성한 글을 살펴보자.

"한국스마트헬스케어협회에 따르면 세계 헬스케어 시장은 지난해 기준 약 50조 원 규모로, 해마다 21%씩 성장하고 있습니다. 한국의 건강 악화 인구는 지난 2015년 부터 매년 평균 8.5%씩 증가했는데요. 운동 방해 요소는 일, 육아, 시간 부족 순으로 높았고요. 이로 인한 건강 악화 인구는 해가 바뀔수록 늘고 있습니다. 2022년 현재 기준 50만 명에 달합니다. 고객들은 건강을 개선하기 위해 식습관을 관리하고요. 운동 센터에 등록하거나 자정 전에 잠들기 위해 노력합니다. 대략 한 사람당 다섯 가지 이상의 노력을 하고 있는 걸로 집계됐습니다."

이전의 원고와 비교해보면 훨씬 이해하기 쉽게 고쳤다는 것을 알 수 있을 것이다.

3분 스피치, '내 인생에서 가장 기억에 남는 여행지'

수강생들과 가장 많이 하는 3분 스피치 주제로 '내 인생에서 가장 기억에 남는 여행지'가 있다. 자신이 다녀온 곳이라서 잘 알고 있고 기분 좋은 추억과 이야깃거리가 있어 스피치 주제로 적당하다. 사람들에게 스피치를 시키면 두 가지 유형으로 나뉜다.

첫째, 할 말이 없다는 유형이다. 3분을 채우지 못하고 짧게 마친다. 30초 만에 끝낸 사람도 있었다. 이들은 여행 책자에 기술된 것처럼 말한다. 정보 위주로, 누구나 할 수 있는 이야기를 한다. 그리고 평소에 자기 이야기를 쉬이 하지 않는다. 소수의 친한 사람에게만 자기 이야기를 한다. 여러 사람이 모인 자리에서는 주로 이야기를 듣는 역할을 한다. 발표에 대한 긴장도가 높은 편으로, 심할 경우 면접에서 단답형으로 말하기도 한다.

둘째, 할 말이 많다는 유형이다. 3분을 훌쩍 넘겨서 이야기한다. 이들은 자기 이야기를 잘하지만 내용이 뒤죽박죽이다. 할 말이 많다. 평소에도 자기 이야기를 즐겨 한다. 이들은 여러 사람이 모인 자리에서 이야기를 주도한다. 발표에 대한 긴장도가 높지 않으나 두서 없이 말하는 경향이 있다. 정리된 말하기가 필요하다. 말을 잘하기 위해서는 경청하는 훈련도 해야 한다.

그러면 스크립트를 써보자. 자신이 다녀온 여행지 중에서 하나를 고른다. 여행지가 어디인지 제일 처음 밝힌다. 그리고 왜 기억에 남는지 한 가지 이유를 고른다. 주제는 하나로, 예시는 다양하고 구체적으로 들자. 자신만의 이야기를 하자. 자기 이야기를 할수록 청중은 빠져든다. 과거에 다녀온 사실도 바로 어제 다녀온 것처럼 생생하게 말하라. 다음의 순서로 쓰자.

3분 스피치 구성

❶ 결론부터 말하기　　　　　❷ 이유 설명하기

❸ 1분짜리 동영상을 머릿속에 틀기

수강생이 쓴 재미있는 3분 스피치 글이다. 참고해서 스피치 글을 작성해보자.

"가장 기억에 남는 여행지는 친구와 함께 갔던 제주도입니다. 남편과도 같이 간 적이 있는데요. 친구와 단둘이 간 게 가장 기억에 남아요. 운전을 시작한 친구 덕분에 처음으로 차를 렌트해서 여행했기 때문입니다. 친구는 회사 차를 몰면서 운전 실력을 키웠다고 했는데요. 도로 위의 그녀는 너무 무서웠습니다.

제주도 내륙 지역은 안개가 많기로 유명한데요. 자동차의 헤드라이트를 찾지 못해서 10분 넘게 안개 속에서 헤맸습니다. 아침에는 숙소에서 나와 관광지로 향하고 있었는데요. 대로변 한복판에서 갑자기 친구가 소리를 지르면서 차를 갓길에 세운 거예요. 알고 보니까 사이드미러를 접은 채 20분 넘게 운전한 거 있죠.

심지어 숙소 1층에 차를 세웠는데요. 나갈 때는 갑자기 차를 2층으로 몰고 올라가기도 했어요. 당시 장롱 면허였던 저는 친구를 안심시키고 격려했어요. 무사히 탈출할 수 있도록 애썼습니다. '다음엔 내가 운전을 해야겠다.'는 생각도 했지만 그 뒤로 우리는 함께 여행을 가진 않았습니다.

친구의 아찔한 도전 덕분에 우리가 계획한 목적지가 아닌 뜻밖에 보석과 같은 장소를 발견했고, 사진으로 추억을 남겼어요. 용기 있는 친구와 함께라서 시간을 아끼고 편하게 여행할 수 있었어요. 물론 내비게이션 역할을 한 저는 소리를 너무 많이 질러서 목이 쉬긴 했지만요. 4년이 지난 지금도 그때의 긴장감 넘치는 여행을 생각하면 웃음이 절로 납니다."

외우지 않고
키워드로 말하기

3분 스피치 스크립트를 쓴 뒤에는 키워드만 뽑아낸다. 외우지 않고 말하기 위한 방법이다. 스크립트는 어떤 내용을 말할지 선별하고, 내용을 정리하고, 어휘를 고른 것으로 만족해야 한다. 글 쓴 대로 똑같이 외워서 말하려고 하는 순간 실패한다. 욕심이다. 똑같이 말할 필요는 없다. 커다란 흐름만 기억하자. 다음은 앞서 수강생이 쓴 3분 스피치 글의 키워드다.

제주도, 친구 단둘, 렌트, 무서워, 안개, 갓길, 숙소 2층, 여행 못 가, 뜻밖에 보석, 시간 절약, 목쉼, 4년

스크립트에서 한두 개 문장 단위로 한 개의 키워드를 고른다. 키워드는 단어나 문구로, 글자 수가 적을수록 좋다. 그런 다음 키워드만 보면서 말하자. 스크립트를 덮어둔 채 키워드만 보면서 이야기하는 것이다. 하나의 키워드를 한 문장으로 말한다. 말이 유연하게 나오면 점점 키워드의 개수를 줄이자.

제주도, 단둘, 렌트, 안개, 갓길, 뜻밖에 보석, 4년

키워드 앞뒤로 붙일 말을 고민하지 않는다. 서술어를 무슨 어휘로 끝맺을까 고민하지 않는다. '-입니다', '-예요'라고만 마무리해도 된다. 깔끔해야 잘 들린다. 말을 할 때는 전개가 중요하다. 표현보다 내용이 기억에 남아야 한다. 발표에서는 화려함보다 단순함이 필요하다. 어휘력과 표현력에 대한 고민은 스크립트 단계에서 충분히 했다. 그걸로 끝낸다.

실전에서는 '그 멋진 표현을 꼭 써야지. 이 한 문장은 외워서 꼭 말해야지.' 생각하지 말자. 쓸데없는 욕심이다. 청중은 '저런 표현을 할 줄 알다니!' 감탄하지 않는다. 다만 재미가 있는지 없는지, 감동이 있는지 없는지, 울림이 있는지 없는지, 기억에 남는지 아닌지만 생각한다. 스크립트를 열심히 준비하고 키워드를 뽑아서 말하는 연습을 성심껏 했다면 자신을 믿자. 이미 준비돼 있다. 당당하게 발표하자.

상황별 말하기 노하우

일기를 쓰면 스피치에 도움 된다

발표를 시키면 자기 이야기를 못 하는 사람이 널렸다. 실무적인 이야기는 잘 하는데 자기 이야기는 머뭇거린다. 자기 생각을 정리하는 시간을 갖지 못한 채 바쁘게 살아서일 수도 있고, 타인에 대한 관심을 잃어버려서일 수도 있다. 인간은 자기 생각에 집중할수록 타인의 생각에도 관심을 기울이는 법이다. 인간에 대한 관심은 공감력을 기른다. 나는 글을 쓰기 시작한 이후 30년 넘게 일기를 매일(밀려서 몰아 쓰기도 하지만) 쓴다. 나의 가장 큰 재산은 일기장이다. 일기를 쓰면 대화할 때 소재가 풍부해지고 더 즐거운 시간을 보낼 수 있다.

면접은 '소개팅'이다

면접은 나를 소개하는 자리다. 따라서 내 이야기를 중심으로 한다. 결론을 첫머리에 말하고 이어서 관련 일화를 상세하고 간결하게 밝힌다. 면접관의 머릿속에 그림이 그려지도록 말한다. 실패한 이야기를 해도 되고 실패에 머물러 있어도 된다. 단, 깨달음이 있어야 한다. 육하원칙으로 구체적인 정황을 표현하자. 철저히 나와 관련된 이야기만 말한다. 나도 할 수 있고, 백봉선도 할 수 있고, 장성윤도 할 수 있는 이야기를 해선 안 된다. 답변은 1분을 넘기지 않는다. 당당하게 말하라. 자신을 특별하고 가치 있는 존재로 여겨야 한다. 나는 당신이 비전을 품고 꿈을 꿀 수 있는 사람이길 바란다.

강연할 땐 한 문장만 남겨라

강연을 할 때는 욕심부리지 않는다. 강연 주제와 관련해 한 가지 이야기만 한다. 책도 마찬가지다. 한 문장이 가슴을 파고들면 인생 책으로 남는다. 모든 구절이 좋아도 모든 게 기억나지 않는다. 강연도 그래야 한다. 아무리 많은 걸 알려주고 싶어도 청중이 받아들이고 흡수하는 데는 한계가 있다. 하나만 기억하게 만들겠다고 다짐하자.《책은 도끼다》의 저자이자 광고기획자로 한 획을 그은 박웅현 씨의 강연이 기억에 남는다. 그는 '발견'을 강조하기 위해 수십 개의 예시를 들었고 '보다, 관찰하다, 들여다보다'의 중요성을 일관되게 강조했다. 훌륭한 강연은 한 단어, 한 문장을 남긴다.

회사에서의 나를 기록하라

내가 어떻게 말하는지 알아야 한다. 녹음하면 알 수 있다. 회사에서 말하는 모습이 가족이나 친구에게 말하는 모습과는 다를 수 있다. 실제로 많은 사람이 그렇다. 사람은 원래 여러 가지 모습이 있다. 회사에서 직급별, 상황별로 다른 말투를 구사할 수 있다. 발표나 회의를 할 때는 녹음해서 들어보자. 자신이 어떤 식으로 논리를 풀어가는지 알아야 한다. 만약 닮고 싶은 말하기를 구사하는 사람이 있다면 그의 말을 녹음하고 분석하자. 같은 주제라도 선배가 말하면 상사가 귀담아듣고, 자신이 말할 때 그렇지 않다면 원인을 찾을 수 있을 것이다.

즉석 스피치는 팩트를 먼저 말한다

즉석에서 말하기 실력을 기르는 연습을 하자. 현장에 파견된 리포터가 돼 지금 나와 있는 장소를 설명한다. 여기서 자기 생각은 제외한다. "저는 지금 카페에 나와 있습니다. 사방이 하얀 벽입니다. 테이블은 여섯 개 있고요. 테이블 간격이 1m 정도 떨어져 있습니다. 카운터와 부엌은 가게 정중앙에 있습니다. 손님은 저를 포함해 세 명이 있습니다."

그다음 감정이나 생각을 추가한다. "저는 지금 카페에 나와 있습니다. 얼마 전 새로 생긴 카페로 보입니다. 사방이 하얀 벽입니다. 깔끔한 인테리어로 장식했고요. 테이블은 여섯 개 있는데요. 앉을 자리가 많진 않습니다. 테이블 간격이 1m 정도 떨어져 있습니다. 간격이 넓어 여유로운 분위기입니다. 카운터와 부엌은 가게 정중앙에 있습니다. 카페로 들어오자마자 주인이 보이는 구조이고요. 손님은 저를 포함해 세 명이 있습니다. 현재는 한가합니다."

1분 동안 술술 말하는 연습을 하자. 목표는 유창하게 말하기다.

발표는 복기가 중요하다

같은 주제로 다르게 발표한다. 발표 현장 상황을 복기해 전체를 수정한다. 어떤 지점에서 청중의 반응이 뜨거웠는지, 어떤 지점에서 청중의 집중력이 떨어졌는지 상기한다. 이를 토대로 발표 순서를 완전히 갈아엎어서 새로 짠다. 주요 안건에는 새로운 예시를 가져와서 말한다. 먼저 결론을 말하고, 발표 내용을 요약해서 이목을 끌어라. 자기 이야기를 할 수도 있고, 발표와 상관없는 이야기로 집중을 높일 수도 있다. 트렌드와 이슈를 접목할 수도 있으며 부정적인 말로 위협할 수도 있다.

발표할 때 궁금해요

Q. 유머러스하게 말하고 싶어요.

A. 평생의 소원이 사람들을 웃게 하는 거라면 노력할 수 있다. 내 수강생 최재효 씨는 언젠가 꼭 '스탠딩 코미디'를 하고 싶다고 했다. 스탠딩 코미디는 홀로 무대에 서서 관중을 웃게 하는 형식의 희극이다. 그는 어릴 적부터 사람들이 웃는 걸 보면 행복해했다. 발표하거나 회의하거나 대화할 때도 상대를 웃게 만드는 재주가 있는 재미있는 사람이다. 밝고 에너지가 넘치며 긍정적이고 시원하게 웃는다. 함께 있으면 즐겁다. 나는 그가 뜻하는 바를 이룰 것이라고 믿는다.

자신의 발표 실력이 경지에 이르렀다고 생각하면 다음 단계로 유머러스하게 말하는 방법을 연구해볼 수 있다. 무대에 올라가는 게 가슴 벅차고, 자신이 하고자 했던 말을 모두 전하고, 청중과 각각 눈을 맞추고, 무대를 씩씩하게 활보하고, 청중과 소통하면서 현장에 몰입하고, 청중에게 희망과 열정을 품게 할 수 있다면 이제는 유머러스하게 말하는 목표에 도전해보자.

아직 그 단계에 이르지 못했다면 유머를 찾는 건 욕심이다. 괜히 웃기려고 시도했다가 되레 분위기를 망칠 수 있다. 풍자는 사회의 병폐를 잘 알고 비틀어야 통쾌하다. 함부로 조롱했다가는 뭇매를 맞을 수 있다. 누군가를 깔아뭉개면서 웃기려는 시도는 눈살이 찌푸려진다. 오래 알고 지

내는 사이에서는 통하는 개그 코드라도 처음 보는 대중에게는 그렇지 않을 수 있다.

코미디언은 무대에 오르기 전까지 아이디어 회의를 거치고, 서로 작품을 선보이고, 수정과 보완을 거듭한다. 여러 번의 무대 경험 끝에 어떻게 해야 대중을 웃길 수 있는지 감을 찾고 자신만의 입지를 확보한다. 그전까지는 웃지 않는 관중과 언론의 비난과 안쓰러운 시선과 좌절을 견뎌야 한다. 그런 노력이 있어야 정말로 유머러스하게 말할 수 있다.

유머는 자연스러워야 한다. 나는 강연자로 나설 때 청중이 웃기를 바라지 않는다. 청중이 내 강연을 들은 뒤 반드시 변화하기만을 염원한다. 그래서 각종 예시와 내 경험담을 바탕으로 청중의 이해를 높이기 위해 전념한다. 내가 추구하는 건 '유용성, 실용성, 즉시성'이다. 그런데도 청중은, 즉 내 수강생들은 수업에서 정말 많이 웃는다. 나는 웃음을 주기 위해 열중한 적 없지만 그들은 웃는다.

내가 웃고 있기 때문이다. 나는 현장에서 강연하는 게 몹시 즐겁다. 청중이 나의 이야기를 경청하는 모습이 기뻐서 진짜 웃음이 나온다. 아마도 청중은 내가 그들을 존중하고 있다는 걸 느낄 것이다. 나는 청중이 이해하도록 최대한 실감 나게 재연한다. 그들은 내 이야기에 공감하고 깨달으며 재미를 얻는다. 만약 내가 긴장하고 있었다면 청중도 잔뜩 긴장해 있었을 것이다.

말하기의 목적이 무엇인가? 자신의 가치관이 무엇인가? 청중에게 나는 어떤 메시지를 전하는 사람이 되고 싶은가? 스스로 묻고 답을 찾으면 자신만의 길을 개척할 것이다. 과연 유머러스하게 말하는 게 중요한지 곰곰이 생각해볼 필요가 있다. 어디에 초점을 맞출지 정해야 한다.

Q. 발표하다가 흥분해서 뒤죽박죽 말할 때가 있어요.

A. 그럴 수 있다. 나도 흥분한다. 그렇게 삼천포로 빠졌다가 다시 돌아온다. 멀리 가더라도 다시 돌아오면 된다. 정신을 차리고 순식간에 제자리로 돌아오자. 나는 이렇게 말한다.

"아무튼", "어쨌든", "하여간", "다시 돌아와서", "자!"

탁 끊어버린다. 어디까지 이야기했는지 헷갈리면 발표 자료를 보자. 눈에 보이는 단어를 언급하고 관련 이야기를 이어서 하면 된다. 어떤 설명도 덧붙일 필요 없다. 자연스러우면 된다. "제가 말이 길었네요. 어디까지 이야기했죠? 죄송합니다. 말하다 보니 별 얘기를 다 했네요." 이런 말은 삼가라. 듣는 순간 '지금까지 내가 쓸데없는 말을 들은 거야? 저 사람 뭐야. 내 시간을 뺏었네?'라는 생각이 든다.

말이 길어지거나 다른 길로 빠져도 괜찮다. 자신만의 신념을 강변한다면 문제가 되겠지만 그게 아니라면 개의치 말자. 친구와 한창 수다 꽃을 피우다 보면 별의별 주제를 넘나들지 않는가. 자연스러운 현상이다. 만약 여럿이 돌아가며 말하는 자리에서 다른 사람의 시간까지 빼앗아 혼자 오래 발언했다면 사과해야겠지만 말이다.

이와 달리 발표나 강연은 단독으로 이야기하는 자리다. 어떤 종류의 이야기든, 순서를 뒤섞든, 주제에서 벗어나든 괜찮다. 때로는 주제와 무관한 이야기를 할 때 청중의 집중력이 높아지기도 한다. 발표 순서는 자신만 안다. 혼자서 계획한 것이다. 내 계획은 나 말고 아무도 모른다. 순서대로 하지 않아도, 순서에서 잠시 벗어나도, 순서와 상관없어도 괜찮다.

건너뛰어도, 생략해도, 까먹어도 괜찮다. 연연할 필요 없다. 중요한 걸 빼먹고 말해도 괜찮다. 나중에 생각날 때 말하면 된다. "제가 아까 꼭 하려던 말이 있었는데요. 이제야 기억이 나네요." 할 말을 한 뒤에는 이렇게 말한다. "다시 돌아가서, 이어서 볼까요?" 발표자는 시간을 리드하는 사람이다. 발표하는 순간만큼은 리더다. 당황하지 마라. 자연스러운 흐름이 중요하다.

Q. 빠르게 발표 실력을 키우는 방법이 있나요?

A. 발표 실력을 키우기 위해서는 발표가 일상이 돼야 한다. 발표할 일이 있으면 나서서 맡자. 학교나 회사에서 자청해서 발표를 맡아라. 수강생 중에는 발표나 면접을 앞두고 수업을 듣는 사람이 그렇지 않은 사람보다 실력이 빨리 는다. 조급한 만큼 집중력이 올라가기 때문이다.

발표 기회가 자주 없다면 스스로 만들어라. 친구나 가족에게 발표하는 것도 방법이다. 오늘 하루 있었던 일을 서서 발표하는 것이다. 시간을 정해놓고 3분 스피치를 할 수도 있다. 재미있게 본 책이나 영화를 소개하는 것도 좋다.

유튜브를 하는 것도 도움이 된다. 방송은 말솜씨를 늘려주는 훌륭한 수단이다. 나는 책을 소재로 유튜브 채널 '홍버튼'을 시작했다. 책은 읽고 나면 시간이 지나서 기억이 잘 안 난다. 나를 위한 독후감 영상을 기록하고 싶었다. 구독자들도 좋은 책을 소개받으면 유익하리라고 판단했다.

초기에는 책 한 권을 요약하고 생각을 정리하는 게 쉽지 않았다. 익숙해진 뒤에는 한 주에 세 권을 소개했다. 나는 줄거리보다 내 이야기를 더 많이 한다. 책을 읽게 된 계기, 책을 읽고 난 뒤의 변화, 책에서 본 감명 깊은 이야기, 아주 간략한 책의 내용을 말한다. 요즘 다시 봐도 내게 유익하다. 그래서 만족한다.

수강생들에게도 유튜브를 권한다. 많은 사람이 시작했고, 확실히 말 실력이 늘었다. 최초에는 자신만 볼 수 있도록 한다. 자신감이 붙으면 친구에게 링크를 전송해 공개하자. 실력이 더욱 늘어나면 전체 공개를 한다. 소재는 자신이 관심 있는 것이어야 재미있게 꾸준히 한다.

Q. 모르는 질문이 나오면 어떡하죠?

A. 모른다고 솔직히 인정한다. 괜히 아는 체했다가는 안 좋은 인상만 준다. 모르는 게 있는 건 당연하다. 자신의 분야와 관련된 내용인데 모른다면 언제까지 알아보고 말하겠다고 하자. 죄송하다고 할 필요 없다. 모르는 게 죄송할 일은 아니다. 죄송하다고 하면 상대는 얕잡아보거나 머쓱해지거나 둘 중 하나로 반응한다. 궁금해서 물어본 것이므로 궁금한 사항을 언제까지 해결해주겠다고 말하는 게 맞는 답변이다. 자신의 분야가 아니라면 담당자를 안내하자.

신입이거나 이직한 지 얼마 되지 않았다면 모른다고 솔직히 말하라. 얼버무리거나 상황을 모면하기 위해 섣불리 아는 체하지 말자. 이것도 시간을 잡아먹는 행위다. 당당해지자. 실수하면서 배우는 것이다. 그래도 사람들은 이해한다. 누구나 신입이었던 시절이 있었기 때문이다. 모른다고 말하고, 담당자에게 알아본 뒤 빠르게 알려드리겠다고 양해를 구하라. 자신이 할 수 있는 최선을 다하면 된다.

비언어를 잘 활용하면
매력적으로 보인다

비언어는
더 직관적인 말이다

당당하고 우아해지자. 서 있는 자세만으로 당당한 사람이 있다. 손짓만으로 우아함이 드러나는 사람도 있다. 당신은 현재 어떤 이미지인가? 한번 생각해보자. 당신은 서 있는 자세에서 의지가 드러나는가? 두 눈을 똑바로 응시하고 말하는가? 말할 때 어떤 얼굴을 하고 있는지 아는가? 지금 어떤 자세로 앉아 있는가?

앞으로 어떤 사람으로 보이고 싶은지 생각해보자. 말하지 않을 때의 이미지, 무대 위로 걸어 나올 때 모습, 중요한 것을 가리킬 때 손동작, 청중을 바라보는 눈빛, 업무에 집중하고 있을 때의 모습, 사랑하는 사람에게 각인될 표정, 미래를 말할 때 인상, 즐거울 때 웃는 표정, 말할 때 눈빛과 입술의 모양까지 하나씩 그려보자.

이 모든 게 비언어다. 비언어는 자세, 태도, 눈빛, 표정, 손짓 등을 포함한다. 비언어는 말을 강조하기도 하고 나를 표현하기도 한다. 중요하게는 첫인상을 결정짓고 일의 성패를 좌우하기도 한다. 그래서 비언어는 언어만큼

이나 중요하다. 뒷모습도 멋있는 사람, 걸음걸이가 당당한 사람, 확신에 찬 제스처, 마음을 사로잡는 눈빛, 만인을 아우르는 결연함, 무엇이든 털어놓게 만드는 다정한 표정, 가만히 있어도 눈길이 가는 사람, 발자국에도 의연함이 깃든 사람, 이런 사람으로 변모하자. 적재적소에 비언어를 사용하는 법부터 피해야 할 비언어까지 꼼꼼하게 배워보자.

당당해
보이지 않는 이유

수강생들은 내가 그들을 본 지 몇 분 만에 성격을 맞히면 놀란다. 관찰력이 대단하다고 한다. 나는 스스로 모니터링을 하면서 관찰력을 키웠다. 고등학교 3학년 때 치아 교정을 했다. 그 상태로 대학에 들어갔고 2년 만에 교정기를 제거하는 날, 엠티를 갔다. 숙소에 들어가자마자 동기들을 보며 씨익 웃었는데 동기들은 교정 전이 더 낫다고 했다. 집에 돌아와서 내 얼굴이 얼마나 이상한지 카메라로 촬영해서 봤다. 내가 봐도 어색했다. 2년 동안 입을 거의 벌리지 않고 말한 탓이었다.

자연스럽게 웃는 방법을 터득해야 했다. 드라마 속 주인공들이 짓는 표정을 열심히 관찰했다. 그리고 그들이 윗니를 보이며 웃는다는 사실을 발견했다. 그들을 따라 웃고, 카메라로 촬영하면서 몇 달간 연습했다. 지금처럼 환하게 웃을 수 있는 건 그때의 특훈 덕분이다.

행동은 그 사람의
성격을 반영한다

나는 수강생을 처음 본 순간부터 관찰한다. 행동만 봐도 상대가 성격이 급한지 아닌지 알 수 있다. 이를테면 사무실에 들어올 때부터 저마다 특징이 있다. 성격이 급한 사람은 사무실 문을 열고 들어오면서 동시에 고개를 숙여 "안녕하세요."라고 말한다. 세 가지를 한 번에 한다. 문 열기, 사무실 들어가기, 인사하기. 느긋한 사람은 다 따로 한다. 먼저 문을 두드리거나 문을 열고 들어가도 되는지 묻는다. 그러곤 들어와서 인사한다.

성격 급한 사람은 대답도 여러 번 반복해서 한다. "네, 네, 맞아요. 네, 네, 네." 말하면서 여기저기 빠르게 주위를 둘러본다. 대화하면서 메시지를 보내고, 여러 주제를 넘나들고, 말허리를 끊고 끼어든다. 상대의 말이 듣기 싫어서(그럴 때도 있지만)라기보다 말이 먼저 나오는 편이다. 말수가 많은데, 의외로 낯을 가리고 조용한 분위기를 견디지 못해서 무슨 말이라도 먼저 하는 것이다. 남의 눈치를 살피는 편이다.

성격이 급하지 않은 사람은 대답을 여러 번 하지 않는다. 조용한 편이다. 한곳을 지그시 바라본다. 한 가지 주제로 대화하고, 상대의 말이 끝날 때까지 기다린다. 침묵에 익숙하다. 말수가 없어서 얼핏 내성적인 것 같지만 소수의 사람에게는 종알종알 쉴 틈 없이 말한다. 쉽게 당황하지 않는 의연함과 강인함을 겸비한, 내면이 단단한 사람이 많다. 남들의 시선에 관심이 없다.

나는 이런 점을 본다. 서 있는 자세, 상체 각도, 첫마디와 움직임, 걸음걸이, 발, 눈빛 변화, 무의식적 손짓, 제스처 활용, 어깨높이, 몸의 균형, 경청 수준, 호응 방식, 몰입의 자세, 감정 표현, 눈썹과 눈꺼풀과 미간의 움직임, 입꼬리 높이, 얼굴 근육 사용량, 고갯짓 빈도, 고개의 기울기, 턱의 각도, 청결도, 매무새, 실수할 때, 지적받을 때, 물 마실 때, 스마트폰 할 때, 직원과 대화할 때, 낯가리고 경계할 때, 어색할 때 등등. 그렇다. 눈에 보이는 것은 전부 관찰한다.

비언어적 요소는 광범위하고 의사결정에 막대한 영향을 미친다. 겉모습과 이미지, 분위기는 그가 어떤 사람인지를 말해준다. 습관이 합쳐지면 성격이 된다. 행동은 성격을 나타내는 지표다. 따라서 어떤 자세로 말할 것인가, 어떤 눈빛으로 상대를 볼 것인가, 어떤 태도를 취할 것인가, 어떤 표정을 지을 것인가, 어떤 손짓으로 메시지를 전할 것인가 고민해야 한다. 청중은 발표자의 말을 듣고 본다. 비언어적 요소를 훈련해야 하는 이유다.

당당함은
한눈에 드러난다

당당한 사람들은 공통점이 있다. 이들은 곧게 뻗은 나무처럼 똑바로 선다. 흐트러짐 없이 반듯하게 앉는다. 목적지를 향해 앞만 보고 걷는다. 시선은 분산되지 않고 한곳을 주시한다. 이들의 표정과 손짓에는 확신이 담겨 있다. 가만히 있어도 눈길이 간다. 등장만으로 이목을 끄는 분위기가 있어 이들이 무슨 말을 할지 기대감이 든다. 이들의 목소리가 궁금하다. 이렇듯 당당한 태도는 말에 신뢰를 더하고 설득력을 높인다.

당당해 보이지 않는 사람들은 각종 특이한 비언어적 습관이 있다. 긴장하면 자기도 모르게 하는 행동이 있다. 한 수강생은 어깨가 결린 것처럼 한쪽 팔을 돌리면서 발표했다. 다른 수강생은 발뒤꿈치를 올리고 내리기를 반복했다. 콧물이 흐르지 않는데 끊임없이 훌쩍이며 손으로 코를 훔치는 사람도 있었다. 목을 가만두지 않고 수시로 헛기침을 하면서 긴장을 잠재우려고 애쓰기도 했다.

눈을 어디에 둘지 몰라 발표 자료만 뚫어지게 보거나 천장 또는 바닥을 보고 말하는 사람도 많다. 눈에 먼지가 들어간 것처럼 쉴 새 없이 눈을 깜빡이는 사람도 있다. 손을 아무렇게나 휘젓기도 하고 팔이 몸에 달라붙은 것처럼 미동이 없는 사람도 있다. 안 그래도 나와 있는 배를 한껏 내밀면서 말하기도 하고, 한없이 작아지고 싶은 사람처럼 어깨를 움츠린 채 말하는 사람도 있다. 표정은 어색하거나 좋지 않다.

자세가 불량해서 당당함과는 별개로 호감이 가지 않는 사람도 있다. 팔짱을 끼거나 의자에 등을 기댄 채 삐딱하게 앉아 있는 사람, 다리를 꼰 채 앉아 있는 사람, 호주머니에 손을 넣은 채 말하거나 삐딱하게 서 있는 사람, 고개를 치켜들고 눈을 내리깐 채 말하는 사람 등. 이들의 말은 유익한 내용일지라도 듣고 싶지 않다. 자신이 비호감이란 사실을 아는지 묻고 싶다.

모니터링으로
나는 성장한다

방송을 하는 10년간 모니터링에 주력했다. 매일 방송이 끝나자마자 여러 번 모니터링했다. 뉴스를 마치면 곧장 편집실로 들어가 내가 보도한 뉴스를 보며 기사마다 전달 방식에 차이가 있었는지 분석했다. 예를 들면 북한의 미사일 발사 소식과 미술관 개관 소식은 사안의 무게가 다르다. 보도 내용에 따라 단호함과 결연함, 기대감과 기쁨의 다양한 감정을 어조와 어감, 표정과 눈빛으로 알맞게 표현하고 싶었다.

뉴스에 시청자가 집중할 수 있는 환경을 만들고 싶었다. 앉아 있는 자세가 삐뚤어지지 않았는지, 표정이 튀어서 몰입에 방해되지 않았는지, 옷에 먼지가 묻지 않았는지, 잔머리가 삐져나오지 않았는지 꼼꼼히 살폈다.

원고를 볼 때 고개를 숙이는 각도에 따라 음성의 차이가 나지 않았는지 점검했다. 게스트와 함께 나올 때는 화면에 균형 잡히는 시선 처리와 몸의 각도를 확인했다. 시청자와 눈을 맞추고 싶어서 선배에게 부탁해 카메라 작동법을 배웠다. 덕분에 렌즈 가운데보다 위쪽을 봐야 안정적인 시선 처리가 가능하다는 걸 알았다.

다른 부서의 업무를 이해할수록 나의 직무를 잘 이행할 수 있었다. 편집실에서 보는 것으론 부족해 편집을 배워 모니터링 영상 파일을 만들어 소장했다. 이를 기사별, 날짜별로 짜깁기해 비교하며 모니터링했다.

쇼호스트 인턴 때 타사 방송 모니터링 과제가 있었다. 그때 나는 1등을 했다. 선배는 내 꼼꼼함에 혀를 내둘렀다. 정식 쇼호스트로 발령을 받은 뒤에는 역시 방송이 끝나자마자 쇼호스트실에서 모니터링을 했다. 방송의 생생함이 남아 있을 때 모니터링을 하면 큰 도움이 됐다. 홈쇼핑 모니터링 프로그램은 매출 추이와 주문량도 시간대별로 확인할 수 있다. 판매량에 미친 요소가 무엇인지 면밀하게 파악하려고 했다.

홈쇼핑은 리허설도, 각본도 없이 생방송으로 투입된다. 보통 두 명의 쇼호스트가 함께 방송하기 때문에 호흡을 잘 맞추는 게 필수다. 모니터링할 때도 둘의 손발이 맞았는지, 적극적인 태도로 방송에 임했는지, 즐거워 보이는지, 화면에 상품이 어떻게 잡힐 때 주문이 치솟았는지, 패널은 야무지게 들었는지, 제스처는 깔끔했는지 세세하게 살폈다. 귀감이 되는 타사 쇼호스트 방송을 포함해 관련 상품을 판매한 다른 방송과 내가 하고 싶은 상품 방송을 모니터링하며 공부했다.

모니터링 실력은 유튜브를 계기로 더 늘었다. 1인 미디어는 방송과 달랐다. 편집자와 감독에게 촬영 기법과 편집 프로그램 다루는 법을 배웠다. 배울수록 복잡하고 어려웠지만 아는 만큼 발전할 수 있었다. 직접 기획하고 촬영하고 편집하면서 그동안의 방송 노하우를 발휘했다. 유튜브를 시작으로 틱톡 콘텐츠와 온라인 클래스까지 모두 운영할 수 있었다. 편집은 모니터링 실력을 한층 끌어올렸다.

오랜 기간 모니터링을 하면서 이제 나는 내가 어떻게 보일지 안다. 현재 내 표정이 어떤지, 나의 걸음걸이와 자세가 상대에게 어떤 인상을 줄지, 나의 눈빛을 어떻게 해석할지 안다. 모두 내가 의도한 것이다. 모니터링은 나를 객관적으로 볼 수 있게 한다. 방송을 한 사람과 안 한 사람은 자세와 표정이 다르다. 방송을 한 사람은 모니터링을 할 수밖에 없고 자신이 어떻게 보이는지에 신경을 쓴다. 자세와 표정과 몸을 다룰 줄 안다.

1일 1번 1분
촬영하고 모니터링하기

스마트폰으로 동영상을 찍어보자. 자신의 모습을 마주해야 한다. 하루에 한 번 1분 이상 찍고 기회가 닿을 때마다 촬영하자. 가능하면 실제 상황을 촬영하고 여의치 않으면 연출해서 찍는다.

1분 촬영하기

❶ **혼자 말하는 모습:** 카메라를 보지 않고 원고를 읽을 때, 카메라를 보면서 말할 때, 자료를 띄우고 발표할 때, 교육할 때, 면접에서 대답할 때, 면담할 때 등.

❷ **가만히 있는 모습:** 공부할 때, 책 읽을 때, 영상 볼 때, 식사할 때, 음료를 마실 때, 생각할 때, 소파에 앉아 있을 때, 식탁 의자에 앉아 있을 때 등.

❸ **대화하는 모습:** 통화할 때, 친구·가족·회사 직원·어린아이·어르신·낯선 사람과 이야기할 때 등.

아나운서 학원, 연기 학원, 쇼호스트 학원, 스피치 학원에는 촬영 장비가 구비돼 있다. 수업 때 수강생들은 돌아가면서 카메라 앞에 서서 발표하고 촬영한다. 그런 다음 큰 화면으로 함께 본다. 처음에는 다들 창피해하고 부끄러워한다. 하지만 얼마 지나지 않아서 익숙해진다. 다른 사람 보듯이 자신의 모습을 관찰하는데 바로 이때부터 실력이 는다.

품격을 높이는 제스처의 기술

이정민 KBS 아나운서의 제스처가 매우 인상적으로 다가왔던 적이 있었다. 교양 프로그램 진행자였던 그는 당시 출연자로 나온 의사에게 이렇게 질문했다.

"박사님, 제가 잘 이해가 가지 않아서 그러는데요. 이게 사회 전반에 나타나는 현상인가요?"

이정민 아나운서는 잘 이해가 가지 않는다고 말할 때 손을 머리에 댔다. 사회 전반에 나타나는 현상을 말할 때는 손바닥을 아래로 향한 채 크게 원을 그렸다. 찰떡같은 제스처였다. 나의 말을 살려주면서도 상대방에게 나를 각인시킬 수 있는 동작이었다. 이처럼 소통을 원활하게 하고 서로를 배려하는 제스처에는 무엇이 있는지 살펴보자.

중요한 내용을
강조하는 제스처

중요한 단어와 문구, 문장을 강조할 때는 제스처를 적극적으로 활용한다. 팔과 손바닥, 손끝까지 힘을 준다. 강조할 때는 몸 밖에서 크게 제스처를 한다. 동작이 크고 시원해야 당당하다. 무대 규모가 크고 사람이 많을수록 동작이 절도 있고 확실해야 기품이 있어 보인다. 몸 안에서 제스처를 하면 소심해 보인다.

강조할 단어나 문구에서 팔 뻗기

❶ 팔꿈치를 구부린 채 아래팔을 펴는 동작이다.

❷ 팔뚝 전체를 펴는 동작이다. 한 팔만 써도 되고, 양팔을 함께 써도 된다.

머리 위로 엄지손가락 펴기

최고라는 의미를 나타내거나 찬사를
보낼 때 머리 위로 두 팔을 들어서 엄
지를 올릴 수 있다.

검지손가락으로 가리키기

❶ "하나만 기억하세요."라고 말하며 검지를 위로 들거나,

❷ 검지로 머리를 짚어주는 동작을 할 수 있다.

❸ "주목하세요."라는 말과 함께 청중을 가리키는 동작이다.

손가락으로 숫자 나타내기

"세 가지만 말씀드리겠습니다."라고 말할 때는
엄지, 검지, 중지 세 개를 펼친다. 기억하라고 하
면서 손가락을 활용할 때는 네 개 이하로 한다.
다섯 개 이상은 정보의 양이 너무 많다.

손바닥을 정면으로 보이기

❶ 손바닥을 정면으로 보이는 것은 신뢰를 나타낸다. 법정에서 선 서할 때 손바닥을 드는 것과 같은 맥락이다.

❷ 청중에게 동의를 구할 때는 손을 들어 손바닥을 보여준다.

❸ 인사할 때는 팔을 들어 손바닥을 청중에게 향한다.

❹ "여러분 모두를 포용합니다."라고 말하면서 두 손바닥을 펼친 채 청중을 끌어안는 동작을 한다.

❺ "상황이 원활하게 돌아가고 있습니다."라고 말할 때는 두 손끝을 나란히 마주 보게 한 다음 타래 돌리듯 뱅뱅 돌린다.

❻ 손바닥을 가슴에 둔 채 말하면 진실함을 뜻한다.

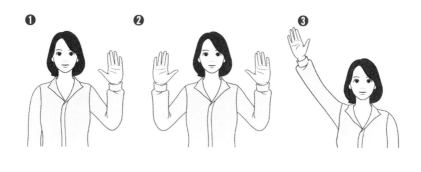

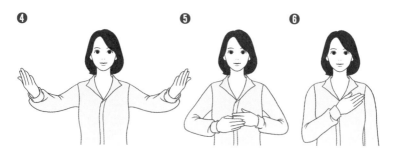

주먹 활용하기

❶ 주먹을 쥔 채 팔을 높이 치켜들면 한곳으로 힘을 모으자는 의미를 표현한다.

❷ 옷깃을 주먹으로 부여잡은 채 말하면 비장함, 결연함, 단호함 같은 심정이 전해진다.

방향을 정확히
가리키는 제스처

"왼쪽 아래를 보시겠습니다.", "두 번째 사진을 보세요.", "위쪽 가운데 보이는 파란색 그래프의 의미는⋯." 등의 말은 헷갈린다. 발표자가 볼 때 왼쪽 아래인지, 청중이 볼 때 왼쪽 아래인지 상세히 말해야 정확하다. 제스처를 사용하면 굳이 안 해도 되는 말들이다.

대상에 손을 뻗어 가리킨다

자신이 말하고자 하는 곳으로 가서 손을 뻗어 확실히 짚어준다. 다음과 같은 말을 덧붙일 수 있다. "여기 보세요.", "이 그래프를 보실까요?", "화면을 보시겠습니다.", "어딘지 아시겠어요?", "무엇을 나타낸 걸까요?" 등. 발표자는 청중의 시선을 이끌어야 한다. 청중에게 보라고 한 다음 2초 정도 머물렀다가 말하자. 청중이 내용을 인지할 시간을 주는 것이다.

청중의 이름을 부를 때 손동작을 곁들인다

객석에 앉아 있는 사람을 호명하고 앞으로 나오라고 말할 때는 손동작을 곁들인다. "김대연 님, 앞으로 나와주시죠." 이름을 부를 때는 마치 내 손을 잡으라는 듯 상대를 향해 손을 내밀며 팔을 뻗는다. 앞으로 나오라고 할 때는 무대 쪽으로 팔을 옮겨 그가 올라설 곳을 알려준다. 회사 행사나 결혼식 사회를 볼 때 유용한 제스처다. 손동작만 더해져도 특출한 진행 실력을 뽐낼 수 있다.

제스처는 빠르게 하고 천천히 거둔다

팔을 펼칠 때는 빨리 펼쳐야 한다. 팔을 펼 때 느리게 하면 동작이 굼뜬 사람 같다. 제스처는 날렵하게 한다. 펼쳐진 팔은 1~2초 정도 그대로 둔다. 그런 다음 여유롭게 팔을 거둔다. 제스처를 빠르게 바꾸면 산만하고 조급해 보인다. 그리고 발표할 때 팔을 뻗었다가 빠르게 거두면 손바닥이 허벅지를 때리면서 '짝' 소리가 날 수도 있으니 조심하자.

제스처를
안 할 때의 제스처

홍버튼의
강의 영상

강조하는 메시지가 아닌 평이한 문장을 말할 때, 제스처를 하지 않을 때의 자세도 중요하다. 정돈되고 세련된 자세는 사람들의 시선을 집중시키는 효과가 있다.

두 손 포개기

손가락을 편 채 두 손을 모아 허리 높이에 올린다. 사진을 촬영할 때의 전형적인 자세다. 손을 허리 높이에 올리면 다리가 길어 보인다. 손을 포갤 때는 양손을 움켜쥐지 않는다. 살짝 걸쳐두는 느낌으로 슬며시 잡자. 두 손을 꽉 쥐면 긴장한 듯 보인다.

두 손 모으기

가슴 밑에서 두 손을 모은다. 기도하는 모양과 비슷하지만 두 손바닥 사이는 테니스공이 들어갈 만큼 간격이 벌어져 있다. 이 손 모양은 발표하면서 서 있을 때나 걸을 때, 앉아서 책상에 팔을 올려두고 말할 때 두루 적합하다.

깍지 끼기

열 손가락을 엇갈리게 잡은 모양이다. 손마디가
바닥을 향하고, 손가락이 슬며시 맞물려 느슨하
게 깍지를 낀 손동작이다.

한 팔 구부리기

한쪽 팔은 팔꿈치를 구부려 상체에 붙인다. 다른
팔은 내려놓는다. 이 동작은 산뜻한 인상을 준
다. 구부린 팔로는 제스처를 하고, 내려놓은 손
은 발표 자료를 넘기는 프레젠터를 잡는다. 프레
젠터를 잡는 손과 제스처를 하는 손은 달라야 한
다. 가령 오른손잡이라면 오른팔로 제스처를 하

고 왼손으로 프레젠터를 쥔다. 프레젠터를 쥐고 있는 손으로 제스처
를 하면 손을 펼칠 수 없어서 제스처가 한정적이다. 손이 자유로워
야 손바닥도 보여주고, 지목도 하고, 손가락도 개수를 바꿔 들며 여
러 가지 메시지를 전할 수 있다.

두 팔 내리기

두 팔 모두 늘어뜨린다. 핵심은 팔에 힘을 빼는
것이다. 팔에 힘을 준 채 내려놓으면 차렷 자세
가 된다. 제스처를 안 할 때의 제스처가 당당해
보이려면 힘을 빼야 한다.

프레젠터를 사용할 때
손의 위치와 작동법

프레젠터를 쥔 손은 바닥을 향해 무심하게 내려놓도록 한다. 버튼을 누르는 티가 안 나야 멋지다. 프레젠터는 노트북이나 컴퓨터에 블루투스로 연결해 쓰는데 마치 텔레비전 리모컨처럼 쓰는 사람이 있다. 발표 자료가 띄워진 화면에 프레젠터를 대고 흡사 채널을 넘기듯 누르는 것이다. 이러지 않아도 다 넘어간다. 누군가 자료를 넘겨주는 것처럼 아무렇지 않게 버튼을 누르면 능숙해 보인다.

레이저 기능이 있는 프레젠터가 있다. 보통 레이저는 작은 점으로 표시된다. 이 점은 지름이 매우 작아서 화면에서 파르르 흔들리기도 한다. 레이저가 흔들리면 보기 불편하다. 레이저를 사용할 때는 팔을 몸에 고정한 채 쏴야 그나마 덜 흔들린다. 카메라로 사진을 찍을 때는 숨을 참아야 흔들리지 않는다. 그러나 발표할 때는 숨을 참을 수 없고 말하면서 레이저를 쏘다 보니 흔들릴 수밖에 없다. 이런 단점을 보완하기 위해 커다란 동그라미 레이저가 표시되는 프레젠터도 있다.

나는 레이저를 안 쓴다. 제스처로 가리킨다. 간혹 앉아서 발표하면 멀리서 레이저를 쏴야 하는 경우도 생긴다. 이때도 웬만하면 다른 방법을 고안하기를 권한다. 레이저 초점을 맞출 때 발표자가 집중하느라 침묵이 생기는데, 그 찰나가 아깝다. 자료를 만들 때부터 레이저가 필요하지 않도록 핵심 문구가 잘 보이게 해두자.

불필요한 제스처는
산만하게 보인다

말할 때마다 손을 쓰는 사람이 있다. 특히 말을 많이 하고 성격이 급한 사람은 단어가 떠오르지 않거나 문장이 완성되기 전에 손을 먼저 쓰기도 한다. 급한 성격은 사업을 할 때는 신속하게 추진해나가는 장점이 되지만 대화를 할 때는 상대방을 불안하고 조급하게 만드는 단점이 된다. 차분함과 여유로움으로 상대방을 편하게 만드는 것 또한 설득력을 높이는 방법이다.

손을 너무 많이 쓰면 손에 시선을 빼앗긴다. 제스처 사용량을 줄이자. 지나치게 손을 많이 쓴다면 안 쓰는 연습을 하자. 앉아서 양손은 깍지를 끼고 허벅지 위에 올려놓고 말하자. 책상 위로 손이 올라오지 않게 붙잡는다. 이 자세로 말하면 손이 올라오고 싶어서 난리일 것이다. 차츰 익숙해지면 이전보다 손을 쓰는 양이 줄어든다. 그때부터 상황에 어울리는 제스처를 하면 된다.

다양한 제스처를 찾아보고 개발하는 것도 좋은 방법이다. 인터넷 포털사이트에 '제스처, 손동작, 손짓, 몸짓' 등을 검색해보자. 다양한 이미지 중에서 멋있다고 생각하는 제스처를 캡처하고 연습한 뒤 그날 바로 활용해보자. 친구나 가족, 직원들과 대화하면서 해볼 수 있다. 그래야 내 것이 된다. 자신의 롤모델이 연설할 때 하는 동작을 따라 하는 것도 도움이 된다. 스스로 제스처를 창작하는 것도 좋다. 궁리할수록 특별한 제스처가 나온다.

안 좋은 인상을 남기는
피해야 할 제스처

일부러 의도한 게 아니라면 하지 말아야 할 제스처를 살펴보자. 한 두 번은 괜찮지만 여러 번 하거나 오래 하고 있으면 안 좋은 인상을 줄 수 있다. 대개는 무의식중에 나오는 행동들이므로 평소에 주의해야 한다.

팔짱 끼기

❶ 방어적인 행동이다. 청중과 거리감이 생긴다. 질문에 답할 때 팔짱을 끼고 말하면 거만해 보인다.

❷ 마이크를 든 손을 다른 팔로 받치면서 손을 겨드랑이에 넣기도 한다. 이상한 자세다. 하지 말자.

❶

❷

뒷짐 지기

흔히 한발 물러난 태도를 보일 때 뒷짐을 진다. 문제에 대해 책임지지 않는 사람을 두고 '뒷짐만 지고 있다'라고 표현하기도 한다. 적극적으로 보여야 상대의 마음이 움직인다. 뒷짐을 지고 있으면 사안에 대해 잘 모르거나 소극적으로 보인다.

가운뎃손가락 쓰기

펜이나 프레젠터를 쥔 손으로 제스처를 하다가 실수로 중지를 펴서 가리키는 경우가 있다. 하지만 이 동작은 욕을 뜻한다. 주의하자.

손바닥 비비기

손에 땀이 나는 것처럼 손바닥을 비비는 동작이다. 긴장할 때 나타난다.

손가락 꺾기

손마디를 꺾으면서 소리를 낼 때가 있다. 공식적인 자리에서 어울리지 않는 행동이다.

한 문장에
한 사람씩 눈을 맞춰라

"근데 너, 왜 나 안 봐?"

그녀가 묻는다. 짝사랑 그녀는 친구의 애인이다. 마음을 접어야 한다. "너를 보면 가슴이 미어져서."라는 말을 그는 차마 할 수 없다. 고백한 적 없지만 포기해야 한다. 그녀의 눈을 보면 마음을 들킬 것 같아 고개를 떨군다.

드라마의 한 장면이다. 이런 상황이 아니라면 눈을 보고 말해야 한다. 특히 대화할 때는 상대방의 눈을 보며 말해야 한다. 얼굴도 보지 않은 채 인사하면 성의 없어 보인다. 형식적인 인사치레처럼 느껴진다. 누군가의 마음을 얻고자 한다면 눈으로 진심을 전해야 한다. 때론 입이 아닌 눈으로만 전할 수 있는 말도 있다.

한 문장에 시선은
2초 이상 머물러라

홍버튼의
강의 영상

한 문장에 한 사람씩 보려면 단문으로 말해야 한다. 지금 내가 쓰고 있는 문장의 길이가 단문이다. 한 문장을 말하고 다음 문장으로 넘어갈 때 다른 사람을 본다. 예를 들어 "시스템을 개편했습니다. 새로운 방식이 적용돼 교육이 필요한데요. 외부 접속 경로가 가장 크게 바뀌었습니다."를 말한다고 하자. 한 문장에 한 사람씩, 총 세 문장이므로 세 사람을 본다.

긴 문장일 경우에도 한 문장에 한 사람만 응시해도 된다. 눈을 오래 마주 보고 있을 자신이 있다면 말이다. 하지만 여러 명에게 말해야 하는 상황에서 긴 문장으로 말하며 한 사람만 보는 것은 적절하지 않다. 일단 긴 문장으로 말하는 건 썩 좋은 말하기가 아니다. 단문으로 말해야 한 문장을 한 번에 말할 수 있다. 한 문장을 한 번에 말하면서 한 사람씩 봐야 자연스럽고 당당하다.

시선은 2초 이상 머무른다. 하나의 문장을 말하면서 이 사람, 저 사람 쳐다보면 정신없다. 사람을 보는 건지, 어디를 보는 건지 헷갈린다. 말하는 사람이 바빠 보여서 내용에 집중할 수 없다. 발표자가 분주하면 듣는 사람도 여유가 없어진다. 특히 이런 사람은 일대일로 대화할 때 눈을 쳐다보지 못하는 경우가 많은데, 자신 없어 보인다. 눈을 마주 보며 말하는 습관을 기르자.

무작위로 바라봐야
긴장감이 생긴다

청자가 5명이든, 10명이든, 1,000명이든 모든 사람을 봐야 한다. 내 이야기를 들으러 와준 사람들이다. 한 사람도 빼놓지 말고 다 보도록 하자. 실제로는 청중이 50명을 넘으면 모두와 눈을 맞추기 힘들다. 발표장이 크고 넓으면 뒤편에 앉은 사람까지는 멀어서 보이지 않을 수도 있다. 그러나 마음가짐은 차이를 만든다. 한 사람씩 눈을 마주치려고 노력하는 사람의 눈빛은 호소력이 짙다.

모든 사람을 무작위로 보자. 가령 면접관이 일렬로 1번부터 8번까지 앉아 있다고 하자. 1번 봤다가 4번 봤다가 3번 봤다가 8번 봤다가 하는 식으로 본다. 발표나 강의, 회의도 똑같다. 청중을 무작위로 쳐다보자. 예상할 수 없어야 집중력이 생긴다. 말하는 사람이 특정인을 오랫동안 보거나 시선을 처리하는 패턴이 있으면 집중력이 떨어진다. 적당한 긴장감은 집중력을 올린다.

몸은 가까이, 시선은 멀리 둔다. 이는 움직이면서 발표할 때 유용하다. 내 몸과 가까운 쪽은 보지 않고, 내 몸과 멀리 있는 쪽을 보는 것이다. 나와 가까운 곳에 앉아 있는 사람은 이미 내게 집중하고 있다. 발표자가 가까이 다가오면 갑자기 집중력이 확 생긴다. 예상치 못한 움직임이기 때문에 환기 효과가 있다. 나의 몸과 멀리 있는 쪽을 봐주면 전체를 포섭할 수 있다.

청중과 나, 단둘이
있다고 상상하라

발표할 때 무척 긴장돼 눈을 볼 수 없을 것 같으면 청중의 어깨를 보자. 여러 명이 있다면 누군가의 어깨를 봐도 티가 나지 않는다. 긴장이 풀릴 때까지 어깨를 보자. 이때도 한 문장에 한 사람씩, 어깨에서 어깨로 시선을 옮긴다.

어느 정도 진정이 되고 긴장이 가라앉으면 눈을 보자. 경청하는 사람을 보는 것도 도움이 된다. 시간이 길어지면 청중이 집중력을 잃는다. 발표자도 덩달아 힘이 빠질 수 있다. 그러면 내게 호응해주는 사람을 보자. 누군가는 나를 향해 고개를 끄덕이고 있을 것이다. 그 사람과 단둘이 있다고 가정하고 생기 있게 말을 이어가자. 분위기를 다시 살릴 수 있다.

나를 쳐다보지 않는 사람도 있다. 회사에서 시켜서 마지못해 강의에 참석해 앉아 있는 직원, 면접에서 일부러 각을 잡는 면접관, 내 말을 듣지 않고 딴짓하는 사람, 졸고 있는 사람 등 각양각색이다. '내 얘기가 재미없어서 그런가?', '내 말이 지루한가?'라는 생각은 버리자. 그들은 그날 피곤하거나 무슨 일이 있는 것이다. 나 때문이 아니다. 위축되거나 소심해지거나 기분 나빠할 필요 없다. 그들도 보자. 그러면 그들도 고개를 들고 나를 볼 것이다. 그런 적 있지 않은가. 등 뒤에서 따가운 시선이 느껴져서 돌아보면 누군가와 눈이 마주칠 때 말이다. 한 사람도 포기하지 말자.

청중에게 옆모습이 아닌
앞모습을 보여라

한자리에 서서 고개만 돌리고 청중을 보지 않는 사람이 있다. 그런 가 하면 눈만 옆으로 굴려서 청중을 보기도 하는데 그건 째려보는 것이다. 발표나 강연할 때 한자리에 서서 말하면 이렇게 된다. 우리의 발은 땅에 붙어 있지 않다. 움직이자. 그래야 시선 처리도 자유롭고 풍부해진다. 청중을 볼 때는 항상 정면으로 보자.

회의할 때도 정면으로 본다. 원탁이나 'ㄷ' 자 모양의 회의실에서 회의할 때 자료나 모니터만 보는 사람이 허다하다. 말하는 사람의 눈을 보자. 돌아가는 의자라면 살짝만 몸을 틀어도 말하는 사람과 정면으로 눈을 맞출 수 있다. 얼굴과 상반신이 정면으로 마주 봐야 진정한 경청의 자세다.

발표 자료가 띄워진 화면을 함께 본 뒤 내게 다시 집중하게 만들고 싶다면 화면을 가리고 정면으로 서서 청중과 마주 본다. 청중의 시선이 나만 향하도록 만든다. 좋은 발표는 청중과 발표자가 얼마나 시선을 주고받았는가로 판가름 난다.

마이크가 없는 상황에서 발표할 때도 있다. 이때 자료를 보면서 말하면 청중에게 발표자의 목소리가 잘 안 들린다. 소리의 방향은 언제나 청중을 향해야 한다. 화면을 다 본 다음에 몸을 청중과 정면으로 돌려놓고 말하자. 발표 자료를 읽지 말고 청중과 대화해야 한다는 것을 기억하자.

지나치게 눈을 깜빡이면
긴장돼 보인다

눈꺼풀을 빠르게 깜빡이면 긴장돼 보인다. 만화책을 보면 인물이 당황한 장면에서 '끔벅끔벅'이라는 단어가 나온다. 눈을 깜빡이는 행동은 당황하거나 긴장됐을 때 나오는 행동이다. 모르는 척할 때도 '눈만 깜빡인다'고 표현한다. 정말 모르거나, 모른다고 잡아떼는 게 아니라면 눈을 깜빡이는 횟수를 줄이자. 눈을 또렷하게 뜨고 있어야 똑똑해 보인다.

비대면으로 회의하거나 면접을 볼 때, 유튜브를 촬영할 때 주의해야 한다. 얼굴이 잘 보이는 구도다. 눈 깜빡임의 횟수가 많으면 눈에 띈다. 긴장한 것 같고 불편해 보인다. 눈 깜빡임은 자연스러워야 한다. 깜빡임을 줄이고 싶다면 눈이 따갑기 직전에만 감는다.

고개를 치켜들고 눈을 내리깐 채 말하는 사람도 있다. 눈썹으로 눈을 뜨는 사람이 이렇다. 눈꺼풀을 드는 근육이 약해서 눈썹으로 눈을 뜨는 것이다. 이를 안과에서는 '안검하수'라고 한다. 발표자가 서 있고 청중은 앉아 있는데 이렇게 보면 무섭다. 청중을 경시하는 것처럼 보이기도 한다. 서 있을 때는 턱을 당긴 채 말하자.

반대로 턱을 너무 당겨서 눈을 치켜뜨고 보는 사람도 있다. 앉아서 회의할 때 이런 사람이 있는데 주로 안경을 쓴 사람이 그렇다. 안경을 코에 걸치고 안경 너머로 상대의 눈을 본다. 꼭 노려보는 것 같다. 앉아 있을 때는 턱을 들고 상대의 눈을 정면으로 보자.

나를 돋보이게 하는 반듯한 자세

일곱 살 때 아버지를 따라 북한산 정상에 올랐다. 아버지가 앞장서고 내가 뒤를 따랐다. 아버지의 곧은 뒷모습이 듬직했다. 아무리 험난한 길도 아버지의 발자국만 따라가면 안전할 거라는 생각이 들었다. 그런 아버지를 통해 바른 자세가 신뢰와 강직함을 나타낸다는 것을 깨우쳤다.

반면에 어머니는 자유분방함 그 자체다. 어머니는 편한 자세를 최고로 여긴다. 내가 "어깨 펴세요. 배 집어넣으시고요. 걸을 땐 발뒤꿈치부터 땅에 닿도록 힘주세요."라고 하면 어머니는 웃으며 듣지만 자세는 그대로다. 어머니는 자신의 만족을 최상의 가치로 삼는다. 그런 어머니를 통해 '내가 하고 싶은 행동을 원할 때 마음껏 하는 것'이야말로 당당함이라는 걸 배웠다.

당당하게 선 자세는
긍정적인 이미지를 만든다

홍버튼의
강의 영상

하루에도 여러 번 우리는 선 자세를 취한다. 엘리베이터를 타기 전에, 엘리베이터에서 내릴 때도 선 자세다. 회사라면 직원들과 함께 서서 이동한다. 거래처와 식사 약속이 있으면 계산할 때 상대방과 같이 선다. 이동할 때 차를 타기 전에 함께 서서 차를 기다린다. 막간이지만 자세를 통해 그 사람의 이미지와 분위기가 새겨진다.

공식적인 발표 자리에서 당당하게 서 있는 것도 그렇지만 비공식적인 자리에서도 선 자세는 중요하다. 당당하게 서 있는 자세는 긍정적인 이미지를 형성한다. 평소 이미지를 잘 가꿔놓으면 설득이 필요한 순간 한결 수월하다. 이미 내게 좋은 인상을 품은 사람은 빠르게 설득되기 때문이다.

발뒤꿈치에 무게를 실어라

어깨너비로 선다. 발뒤꿈치가 땅에 뿌리를 내리고 있다고 생각한다. 체중을 뒤꿈치에 싣는 게 중요하다. 앞꿈치로 체중이 쏠리면 허벅지 앞쪽에 힘이 들어가고 옆에서 봤을 때 몸이 앞으로 기운다. 뒤꿈치에 무게를 실으면 옆에서 봤을 때 일직선이다. 엉덩이와 허벅지 뒤쪽에 자연스레 힘이 들어간다.

아랫배에 힘주며 서기

아랫배는 단단하게 힘을 줘 배를 집어넣는다. 배를 내밀고 있는 사람이 많은데 배가 나와 있으면 고개가 젖혀져 말할 때 둔탁한 소리가 나기도 한다. 허리 통증을 유발할 수도 있다. 코어 근육이 약해서 그렇다. 코어 근육은 몸의 중심부인 배, 등, 골반을 지탱하는 근육이다. 이 근육을 단련하면 나이가 들어도 곧은 자세를 유지할 수 있다. 아랫배에 힘을 주고 서서 사선이 정면을 향하도록 얼굴과 몸을 수직으로 정렬한다.

견갑골이 만나도록 어깨를 펴자

전신 거울 앞에 똑바로 서서 정면을 보자. 손등이 많이 보일수록 어깨가 말려 있는 것이다. 나도 어깨가 말려서 손등이 보인다. 어깨가 말리지 않은 사람은 손바닥이 보인다. 어깨를 펼 때는 흔히 '날개뼈'라고 부르는 견갑골 근육을 활용한다. 가슴을 내밀어 어깨를 뒤로 젖히는 게 아니다. 양쪽 견갑골이 등에서 서로 만나는 느낌으로, 주변 근육을 아래로 잡아당겨 어깨를 연다.

교탁에서 한 발 물러나 서라

발표, 사회, 연설, 강연 등을 할 때 교탁에 몸을 붙이고 말하는 경우가 있다. 그러면 교탁에 하체가 가려진다는 생각에 자세가 쉽게 틀어진다. 짝다리로 서 있거나 교탁에 상체를 기댄 채 서기도 한다. 교탁에서 한 발짝 물러나 서면 자세를 바로잡을 수 있다. 두 발의 무게를 똑같이 나눠서 반듯하게 선다. 앞에 교탁이 없다고 생각하고 발표를 진행한다.

발표할 때는 자연스럽고
역동적으로 움직여라

훔버튼의
강의 영상

인사할 때 말과 동작을 분리하라

말과 동작은 분리한다. 허리를 숙여 인사하면서 동시에 "안녕하세요." 하지 말자. 먼저 "안녕하세요. 김복음입니다."라고 인사말을 한다음 고개를 숙인다. 말하면서 허리를 숙이면 바닥에 인사하는 것이다. 그러나 동작과 말을 분리해 인사하면 첫인상부터 전문가다워 보인다. 마지막 인사할 때도 마찬가지다. "고맙습니다." 한 다음 허리를 굽힌다. 허리를 숙여 인사할 때는 몸 전체가 보이도록 한다. 무대정중앙에 서서 하거나 교탁 옆으로 나와서 인사한다.

처음 시작할 때는 정중앙에 서기

처음부터 한쪽에 서 있을 필요는 없다. 무대에 올라가서 일단은 정중앙에 서자. 화면에 글씨가 안 보여도 된다. 청중과 호흡하는 발표가 좋다. 인사할 때부터 소통해야 한다. 무대 중앙 앞쪽에 서서 전체를 둘러본 뒤 활기차게 인사하사. 이런 사세는 성중하고 예의 있으면서 당당해 보인다.

화면을 볼 때만 옆으로 서라

발표 자료가 다음 장으로 넘어갈 때만 화면 옆에 서고, 그 외에는 움직이자. 대체로 발표하다 보면 한곳에 붙박이처럼 서 있게 된다. 그러나 한자리에 있을 이유가 없다. 가만히 있으면 청중의 집중력도 떨어진다. 다음 장으로 넘어갈 때는 옆으로 서서 청중이 화면 전체를 볼 수 있게 한다. 무슨 내용인지 헤아릴 때쯤 이동하자.

자료에 가까이 다가가서 중요한 곳은 손으로 짚어주며 말하자. 이렇게 하면 발표자가 서 있는 쪽은 가려지는데, 집중이 잘 된다. 봐야할 곳이 명확해지기 때문이다. 청중에게 뒷모습을 보여도 된다. 화면을 오랫동안 봐야 한다면 청중과 함께 보자. "화면에 있는 문장을 읽어보시죠."라고 말하고 화면으로 시선을 옮긴다.

말하면서 다음 장으로 넘어가야 자연스럽다

발표 자료를 넘길 때는 각 장의 마지막 부분을 말하는 동시에 다음 장으로 넘겨야 자연스럽다. 발표 자료를 다음 장으로 넘길 때마다 침묵하는 경우가 있다. 발표자가 다음 장에 무슨 내용이 나올지 몰라서 화면을 응시하고 있기 때문이다. 침묵은 강조할 때 해야 집중을 끌어낼 수 있다. 그 외의 침묵은 발표를 지루하게 만드는 원인이 된다. 침묵은 아꼈다가 강조할 곳에 쓰도록 하자.

걸으면서 발표하기

발표할 때 한자리에서 하지 않는다. 가만히 있을수록 발표할 때 긴장된다. 우리는 앞에 나와서 여러 명의 시선을 한 몸에 받으며 말하는 경우가 적다. 발표 상황 자체가 특수하다. 게다가 가만히 오래 서 있는 경우도 거의 없다. 그런데 발표는 한자리에 서서 하기 때문에 몸이 불편해 더욱 긴장하는 것이다.

발표나 강연을 잘하는 사람은 무대를 걷는다. 가만히 서 있기만

하지 않는다. 내가 대학생일 때 그런 사람이 있었다. 경영학과 학생이었다. 그는 교탁에서 발표 자료를 튼 다음 가운데로 나왔다. 왼쪽에서 발표했다가 오른쪽으로 갔다가 형식 없이 몸을 움직였다. 그는 학과를 통틀어 발표를 가장 잘했다.

나는 중앙대학교 강연에서 처음으로 무대를 걸었다. 70명 대학생에게 면접 말하기를 수업했다. 강연장은 영화관처럼 교단에서부터 객석이 점점 높아지는 구조였다. 교탁은 구석에 있어서 뒤에 앉아 있는 학생들과 눈을 맞출 수 없었다. 나는 교탁을 벗어났다. 그 순간 결박에서 풀려난 것 같은 해방감을 맛봤다. 이제는 청중 바로 옆으로 간다. 청중의 집중력이 타오른다. 물리적 거리가 줄어들수록 친밀감이 생긴다. 콘서트장에서도 가수가 객석으로 뛰어 내려오면 관중이 열광하지 않는가.

긴장하는 사람일수록 발표할 때 걷기를 강하게 권한다. 걸으면 심장 박동이 점점 잦아든다. 산책하면 몸이 편안해지는 것과 비슷한 효과다. 나는 강연하다가 흥분해서 말이 빨라질 때가 있다. 곧바로 숨이 차는데, 이때 마이크를 떼고 복식호흡을 하며 조용히 3초 정도 걷는다. 순식간에 진정된다. 일단 교탁에서 한 발지국 벗이나자. 그리고 한 발자국 더 움직인다. 괜찮으면 두 발자국, 세 발자국 점점 걸음 수를 늘린다. 그러다 보면 어느새 타고난 연설가처럼 발표하는 자신을 마주할 것이다.

무대에서 멋지게 걷는 법
발표할 때 한곳에만 있으면 청중은 '저 사람은 저기 계속 서 있구나.', '나와 멀다.', '내가 안 쳐다봐도 괜찮겠지.'라고 생각한다. 집중하지 않는다. 그런 발표는 호응이 약할 수밖에 없고 분위기가 가라앉는다. 발표자도 재미없다. 청중이 주목하고 여유 있는 발표를 하고 싶다면 걷자.

보폭을 넓혀 산책하듯 걷는다. '성큼성큼' 걷는다. 어디서부터 어디로 걸을지 정하지 말고 몸이 가는 대로 간다. 청중을 무작위로 보면 집중력이 높아지는 것과 같은 효과다. 발표자가 어디로 갈지 예측할 수 없어야 청중이 집중한다. 발표자가 걸으면 청중이 다 함께 고개를 돌린다. 자신의 말에 모두 귀를 기울이고 있는 걸 볼 수 있다. 발표의 묘미를 느끼는 순간이다.

걸을 때는 청중을 쳐다보지 않아도 된다. 땅을 보면서 걷는 게 멋지다. 정말 산책할 때처럼 말이다. 걸으면서 말하지 않아도 된다. "어떻게 생각하시나요?" 질문한 뒤 말없이 걸으면 청중은 생각할 수 있고, 발표자는 여유를 얻는다. 숨을 고를 수도 있다.

바르게 앉은 자세는
신뢰감을 준다

홍버튼의
강의 영상

'정수리 실밥'을 떠올려라

신뢰를 주는 자세로 앉아서 말하자. 앵커가 뉴스를 진행할 때 앉아 있는 자세다. 정수리에 실밥이 달려 있다고 상상하자. 누가 위에서 실밥을 잡아당긴다. 정수리부터 목, 등이 직선으로 쭉 펴진다. 엉덩이 위로 상체를 세운다. 양쪽 엉덩이에 똑같은 무게를 주며 앉는다. 허리가 꺾이지 않도록 한다. 배에 힘을 주고 어깨를 편다. 시선은 정면을 향한다. 앉아 있을 때는 복부와 허리, 엉덩이 근육에 집중한다. 등받이에 기대지 않는다.

두 발을 나란히 바닥에 두자

식당이나 카페에 가서 앉아 있는 사람들의 발을 보면 까치발을 들고 있는 경우가 많다. 몸이 앞으로 쏠린 자세로 앉아 있다. 이 자세로 회의하거나 발표하면 몸이 흔들린다. 이러면 말에 집중할 수 없다. 두 발을 바닥에 나란히 놓는다. 발이 땅에 붙어 있어야 상체를 가눌 수 있다.

사무실 책상에 앉아서 혼자 일할 때 주의하자. 발이 바닥에서 떨어지지 않는 습관을 들여야 한다. 한쪽 다리를 다른 쪽 다리에 올려놓거나 다리를 꼬는 습관도 없애자. 이 글을 쓰면서 내가 지금 이렇게 앉아 있다. 나도 고치려고 노력하는 부분이다.

큰 보폭으로 여유롭게
정면을 보며 걷는다

발표하기 위해 앞으로 나올 때, 면접장으로 들어갈 때, 무대 끝에서 중앙으로 걸어갈 때부터 이미 발표는 시작된 것이다. 끝나고 나서 무대를 퇴장할 때까지 신경 써야 한다. 당차게 걷자.

보폭은 크게, 속도는 여유롭게

발표하러 나올 때 종종걸음으로 나오는 경우가 있다. 소극적이고 잔뜩 긴장한 것 같다. 여유롭게 걸어야 당찬 인상을 준다. 평소 종종거리며 걷는 사람은 보폭을 10센티미터 늘리자. 걸을 때도 배에 힘을 주고 어깨를 편다.

시선은 언제나 정면을 본다. 곁눈질하거나 주변을 둘러보지 않는다. 자신이 서야 할 곳을 향해 보폭은 크게, 속도는 여유롭게 걷는다. 팔이 부자연스러울 때는 허리 위로 모았다가 한 팔만 내리는 것도 괜찮다. 두 팔을 신경 쓰지 않으면 자연스럽게 흔들면서 걸을 수 있다.

아무도 없을 때 바른 자세 유지하기

혼자 있을 때 바른 자세를 유지해야 습관이 잡힌다. 대체로 사람이 있는 곳에서는 자세를 의식한다. 허리를 펴고 앉거나 배를 집어넣는다. 하지만 아무도 없을 때, 집에 있을 때, 차에서 혼자 운전할 때처럼 누구도 나를 신경 쓰지 않는 상황에서 바른 자세를 유지하는 사람은 드물다.

더군다나 말하면서 자세를 신경 쓰는 건 숙달되지 않으면 어렵다. 발표를 어려워할수록 말하는 것과 내용에 신경 쓰기 때문에 자세가 흐트러진다. 평소에 연습해서 몸이 알아서 올바른 자세를 잡을 수 있어야 한다. 밥 먹을 때, 책상에서 노트북을 볼 때, 게임을 할 때, 책을 읽을 때, 소파에서 텔레비전을 볼 때, 카페에서 친구들과 놀 때 반듯한 자세로 앉자.

우아한 분위기로
상대를 공략하라

홈쇼핑 분장실과 의상실은 항시 분주하다. 의상과 메이크업뿐 아니라 네일 아티스트까지 동원돼 쇼호스트를 화려하게 치장한다. 막 쇼호스트가 됐을 때는 그 풍경이 낯설고 놀라웠다. 분장 시간도 아나운서였을 때보다 세 배 이상 늘어났다. 뉴스는 앉아서 하기 때문에 상반신 위로만 치장했다. 반면 쇼호스트는 전신이 나온다. 머리부터 발끝까지 상품에 어울리는 의상과 헤어스타일, 메이크업을 한다. 하루에 두세 개 상품을 연달아 밑으면 그때마다 스타일을 바꾼다. 저음에는 이렇게까지 해야 하나 싶었는데, 시간이 흐르면서 깨달았다. 모든 게 '매출'을 위해서다.

눈에 좋아 보여야
마음을 사로잡는다

소비자는 상품이 싸다고 사지 않는다. 좋은 상품인데 저렴하니까 산다. 비싸도 좋은 상품이면 기꺼이 거금을 치른다. 한마디로 상품이 좋아 보이면 구매한다.

상품이 좋아 보이게 하는 역할을 바로 쇼호스트가 하는 것이다. 쇼호스트가 치장하는 건 상품의 가치를 높이기 위함이다. 손톱을 정리하는 것도 잘 팔기 위해서다. 소비자는 방송을 보면서 상품을 직접 만지고 싶은 욕구가 든다. 이 욕구를 해소해주기 위해 쇼호스트가 소비자 대신 상품을 만지면서 설명하고 카메라는 이 장면을 확대해 보여준다. 홈쇼핑에서는 이를 '핸들링'이라고 부른다.

예컨대 화장품을 손등에 바르면서 촉촉하다고 말하고, 핸드백 가죽을 부드럽게 쓰다듬으면서 고급 질감이라고 설명하고, 사과를 손가락으로 튕기면서 과육이 단단하다고 알려준다. 쇼호스트가 핸들링을 할 때 손톱 밑에 때가 끼어 있거나 손거스러미가 있으면 상품의 질은 급락한다. 반면에 핸들링을 잘하면 상품이 고급스럽게 보인다. 쇼호스트의 손길로 15만 원짜리 국내 브랜드 핸드백이 150만 원짜리 명품 핸드백으로 승격하기도 한다. 홈쇼핑은 이런 판매 전략으로 방송 한 시간 동안 억대의 매출을 올린다.

나는 방송을 하면서 눈에 보이는 게 얼마나 강력한 영향력을 행사하는지 체득했다. 세련되고 말끔한 차림의 앵커가 뉴스를 전하면 시청자는 믿는다. 화려하고 깔끔한 차림의 쇼호스트가 상품을 판매하면 소비자는 지갑을 연다. 믿을 만한 사람인지 검증할 생각은 하지 않고, 한 번도 만난 적 없고 이름도 모르는 사람에게 고스란히 설득당한다. 고객을 늘리고 회사에서 인정받고 싶은가? 원하는 기업에 들어가고 사업에 투자를 받고 싶은가? 우아한 분위기를 만들어라. 만인을 설득하는 힘으로 발휘될 것이다.

우아함은 겉모습이 아닌
본질에서 나온다

'우아하다'. 내가 애호하는 단어다. 표준국어대사전을 보면 고상하고 기품이 있으며 아름답다는 뜻이다. 뜻도 좋고 어감도 예쁘다. 어릴 적 어느 시점에 어떤 우아한 사람을 보고 선망했던 것 같다. 우아함은 외모가 아니다. 분위기다.

내가 동경하는 우아함은 겉모습이 아닌 본질에 맞닿았을 때 발산하는 '분위기'다. 이를테면 대화를 나눌 때 상대방에게 몰입하는 사람은 우아하다. 눈빛과 몸이 전부 상대에게 쏠려 있다. 그 시선에 압도돼 상대는 마음을 열 수밖에 없다. 그 힘은 우주에 단둘이 있는 착각을 불러일으킬 만큼 위력적이다.

진지하게 사색하는 사람은 우아하다. 헤르만 헤세의 《데미안》에 나오는 데미안처럼, 완전히 자기 속으로 들어가는 사람이다.

"내 인생에서 내게 흥미 있는 것은 오직 나 자신에 이르기 위해 내가 내디뎠던

걸음들뿐이다.", "내 속에서 솟아나려는 것, 바로 그것을 나는 살아보려고 했다."

내면으로 침잠하는 사람의 우아함은 형언할 수 없이 아름답다. 내면의 단단함이 강인한 우아함을 만든다.

여유로우면서 강단 있고, 단단하면서 부드럽고, 생기가 있으면서 진지하고, 단호하면서 포용적이고, 차가우면서 따뜻하고, 강인하면서 자애로운 사람, 이것이야말로 내가 추구하는 우아함이다. 클래식이나 고전문학처럼 시대를 초월하는 아름다움이다.

우아하게
상대를 맞이하는 방법

"문밖에 나설 때마다 턱은 당기고 머리는 높이 세우고 가슴을 최대한 부풀려라. 햇살을 들이켜고 미소로 친구들을 반기고 영혼을 담아 악수를 나눠라. 사람들이 당신을 오해할까 두려워 말고 적들을 생각하느라 일분일초도 낭비하지 마라. 하고픈 일을 확실히 정하려 노력하고 그다음에는 한눈팔지 말고 곧바로 목표를 향해 나아가라. 당신이 하고픈 위대하고 빛나는 일에 집중하라."

데일 카네기의《데일 카네기 인간관계론》에 나오는 문장이다. 이 글을 읽을 때면 어김없이 가슴이 벅차오른다. 내 기억 속에서 눈부시게 환한 웃음을 지었던 사람들의 얼굴이 떠오른다. 햇살을 머금은 그들의 얼굴은 섬광처럼 반짝인다. 나를 반갑게 맞이해주는 표정만으로 나는 마음을 열었다. 그들의 천연한 웃음은 여전히 내 가슴속에 아로새겨져 있다.

누구를 만나든 처음 본 순간 환하게 웃어라. 첫 번째 만남을 말하는 게 아니다. 만날 때마다 밝은 웃음으로 반겨라. 환한 웃음은 윗입술이 잇몸에 닿을 정도로 웃는 것이다. 윗입술이 윗니를 살짝이라도 덮고 있으면 웃어주는 것처럼 보인다. 진심으로 기쁘게 웃을 때는 치아 전체가 보이고 심지어 윗잇몸까지 드러난다. 아이들이 웃는 모습이 그렇다.

헤어질 때도 밝게 웃어라. 내 수강생인 김진 씨는 처음 만날 때도, 헤어질 때도 호쾌하게 웃는다. 이 글을 쓰기 며칠 전에도 그를 만났다. 그는 언제나 밝게 웃으며 나를 맞이하고 헤어질 때도 똑같이 밝게 웃는다. 직언을 서슴지 않고 예리한 통찰력을 소유한 그는 즐겁게 웃을 줄 아는 사람이다. 그와의 만남이 유쾌하게 남는 이유는 그의 미소 덕분이다. 만남의 시작만큼 만남의 끝에서도 환한 웃음은 좋은 인상을 남긴다.

긍정적인 표정,
긍정적인 단어로 말하라

확신에 찬 표정은 우아하다. 표정으로 당신이 나를 믿어도 된다고 말한다. '내가 하는 말은 진짜야. 나를 믿어.'라는 표정에서 확신이 드러난다. 진심으로 자신의 말에 확신이 있을 때 나타나는 표정이다. 신뢰가 깃든 표정은 눈빛이 깊다. 눈동자가 초롱초롱 빛난다. 진심이 없을 때는 드러나지 않는 눈빛이다.

면접 볼 때 입사하고 싶은 마음이 간절하면 눈만 봐도 알 수 있다. "내 사업은 세상을 바꿀 수 있는 혁신"이라고 말할 때 정말 그렇게 만들기로 마음먹은 사람의 눈에는 열정이 타오른다. 진심이 없다면 눈에 초점이 없다. 눈빛은 진심에서 우러나온다. 자신을 믿는 사람은 확신에 찬 표정을 짓는다. 확신에 찬 눈빛을 보내고 확신에 찬 어휘를 쓴다.

일상에서 긍정적인 단어를 사용할수록 표정도 밝아진다. "이 옷 괜찮지 않아?"라고 말하기보다 "이 옷 괜찮지?"라고 말하자. "그렇게 하는 게 좋지 않을까요?"라고 말하기보다 "그렇게 하는 게 좋겠죠?" 라고 말하는 것이다. "이거 정말 맛있지 않아?" 대신 "이거 정말 맛있지?"라고, "저게 더 낫지 않아?" 대신 "저게 더 나은데?", "그건 필요 없어 보여요." 대신 "이게 필요하겠어요.", "현금 없는데요." 대신 "카드뿐이에요.", "내가 싫어하는 건" 대신 "내가 좋아하는 건"이라고 말하도록 노력하자.

부정적인 표현은 강력하게 주장할 때 사용해야 힘을 얻는다. "지금 우리에게는 하나로 힘을 응집하는 것 외에는 어떤 것도 중요하지 않습니다.", "이익 증대를 위해서는 계열사 축소를 선택하지 않을 수 없는 상황입니다.", "지금 당장 그만두지 않으면 돌이킬 수 없는 결과를 초래하고 말 것입니다.", "금연하지 않으면 3개월 뒤에는 숨을 못 쉴 수 있습니다." 등. 강하게 의사를 표명할 때는 부정어를 쓰자.

모두의 호감을 얻는
미소 짓는 법

미소를 지을 때는 입꼬리가 입술 선보다 올라가야 한다. 입을 다물어보자. 입술 선이 아래쪽을 향한 사람이 있다. 미소를 지으면 입꼬리가 일자다. 이 경우 입을 다물고 있을 때도 미소를 지으려고 노력해야 입꼬리가 올라간다. 무표정이라고 생각하지만 시무룩한 표정이다. 미소를 지었지만 무표정이다.

대부분 입꼬리 높이가 비대칭이다. 내 입꼬리는 왼쪽이 오른쪽보다 높다. 나는 왼쪽 얼굴이 오른쪽 얼굴보다 마음에 든다. 사진을 찍을 때도 고개를 돌려서 왼쪽 얼굴이 나오게 찍는다. 이런 버릇 때문에 왼쪽 입꼬리가 잘 올라간다. 왼쪽 입꼬리는 뾰족하고 오른쪽 입꼬리는 둥글다. 촬영하거나 사진을 찍을 때는 의식적으로 오른쪽 입꼬리에 힘을 준다. 그러면 대칭이 얼추 맞다.

잘 웃지 않는 사람이 있다. 웃을 일이 별로 없어서가 아니라 웃긴데도 덜 웃는다. 대개는 치열이 고르지 않거나 입술에 콤플렉스가있는 경우다. 예전에 알던 사람은 웃을 때마다 혀를 올려서 앞니를가렸다. 그는 앞니 사이가 벌어져 있었다. 콧수염을 기르기도 했는데 시선을 돌리기 위해서라고 했다. 입을 덜 벌리고 말하는 사람도치열이 고르지 않거나 입술이 두꺼워서 입을 덜 움직이기도 한다.

실은 남을 신경 써서 그렇다. 자신이 이상해 보일까 봐 독특한 습관이 생긴 것이다. 하지만 아이들을 보자. 치아가 빠지고 듬성듬성고르지 않게 자라고 있을 때도 해맑게 웃는다. 폭소하는 아이들을 보고 있노라면 "치아가 대수야. 세상이 어떻든 무슨 상관이야. 나는 지금 너무 웃긴데."라고 말하는 것 같다. 입을 가리고 웃는 아이를 본 적 있는가.

사랑하는 나의 조카 리나는 옷을 벗어젖히면서 자신의 몸에 난 점을 일일이 가리키며 내게 자랑했다. 나는 점이 보기 싫어서 수없이 빼버렸다. 아이의 무구함을 통해 어른이 잃어버린 걸 발견할 때가 있다. 방송인 유재석 씨는 치열이 고르지 않지만 잘생겼다는 소리를 꽤 듣는다. 그의 명랑한 웃음을 보면 덩달아 기분이 좋아지기 때문이다. 상대방에게 호감을 얻고 싶다면 웃는 게 최선이다. 활짝 웃자.

청결한 모습은
집중력을 높인다

어느 기업에서 청결에 관해 강의한 적이 있다. 듣자마자 자신의 청결 상태를 점검하는 임직원들의 모습이 무척 재미있었던 기억이 난다. 나는 청결하지 못한 게 눈에 띄면 그 사람의 말은 안 들리고 그것만 보인다. 그날 내내 거울을 보지 않은 게 티 나는 눈곱, 자기 자리인 듯 안착한 비듬, 고개를 돌리면 마주치는 귀지, 콧구멍을 탈출하고 싶어 하는 코털, 뭘 먹었는지 알려주는 치아 사이 이물질, 삐죽 길게 자란 눈썹 한 가닥, 발톱은 얼마나 길까 궁금해지는 손톱, 옷에 묻은 음식물 자국 등. 그런 게 눈에 띄면 상대방은 당신에게 집중하지 못한다.

자신의 몸을 청결하게 관리해야 한다. 이렇게 생각해보자. 호텔에 갔는데 베개에 머리카락이 붙어 있거나, 상쾌하게 샤워를 마치고 수건을 펼쳤는데 머리카락이 붙어 있으면 당신은 어떻게 하는가? 나는 방을 바꾼다. 바꾼 방이 또 그러면 환불하고 다른 호텔로 간다. 맛집은 어떤가? 맛있게 먹으려고 숟가락을 꺼냈는데 설거지가 잘 안 돼서 음식물이 붙어 있으면 밥맛이 뚝 떨어진다. 맛집도 청결해야 고객의 발길이 이어진다.

청결한 사람은 어떤가? 언제나 깨끗한 차림으로 다닌다. 집 안을 말끔하게 가꾸는 사람은 차 내부도 깨끗하다. 오래 입은 옷도 늘 말쑥하다. 향수를 뿌리지 않아도 향기가 난다. 당연히 말하고 있는 얼굴도 깨끗하다. 말에 집중할 수 있다. 나는 이런 사람들과 자주 오래 이야기를 나눈다. 같이 있는 게 편하다. 청결은 기본 수칙이면서 설득의 중요한 요소다.

모두에게
격식을 갖춰 대하라

회의 석상에서 한 상사가 직원이 발표하는 걸 보고 소리가 잘 안 들린다고 지적한다. 직원이 당황해서 대답을 길게 하자 또 말을 자르며 "그래서 하고 싶은 말이 뭐야?"라고 묻는다. 직원은 주눅이 들어 말을 더 못한다. 어느 모로 봐도 우아하지 않은 상사다. 여러 사람 앞에서 한 사람을 면박했다. 본인은 직원을 위해 충고했다고 하겠지만 대놓고 나무란 것이다. 개선 방향을 제시하기보다 지적하는 게 더 많았다. 이는 자신이 싫어하는 점을 공표하는 것일 뿐 그 이상도 이하도 아니다.

우아한 리더는 부드러운 리더십을 바탕으로 직원을 받아들인다. 중요한 순간 강력한 리더십을 발휘해 결단을 내리고 책임질 줄 안다. 개선 방향을 제시하지 못하면 지적은 삼가도록 하자. "소리가 잘 안 들린다."라는 말의 속뜻은 '크게 말해. 자신감 없어 보이니까.'이다. 목소리를 크게 하는 건 도달할 결과지, 개선 방향이 아니다. 이런 말은 누가 못하는가. "숨을 마시고 배에 힘을 주면서 말하면 소리가 커져."라고 해야 올바른 조언이다. 개선 방향은 결과에 도달할 수 있는 과정이 담겨 있어야 한다.

직원의 성장을 이끌고 싶다면 따로 불러서 일대일로 이야기해야 한다. 자기 마음에 들지 않는다고 핀잔을 주거나 장난치듯 놀리면서 타박을 놓으면 직원들의 사기만 떨어진다. 여러 사람 앞에서 면박을 주면 혼났다고 생각할 뿐이다. 자신을 혼낸 상사 앞에서 위축되고, 관계는 멀어지고, 당신은 뒷담화의 대상이 될 것이다. 조언은 듣는 사람이 자신을 위한 것이라고 여길 때 유효하다. 일대일로 말하면 상사가 자신을 위해 시간을 내 조언해준다고 여기고 감사히 받아들일 것이다.

만약 직원이 팀워크를 깨뜨리거나 조직의 기반을 뒤흔드는 문제를 일으켰다면 사실을 조목조목 들어 얘기해야 한다. 역시 일대일로 말해야 한다. 사람은 잘못을 저질러도 여러 사람 앞에서 공개적으로 저격당하면 변명하며 자신을 감싸고돈다. 조직 문화의 기강을 잡고 싶다면 전 직원에게 공지 사항으로 알리거나, 격식 있는 자리를 만들어 전체를 대상으로 연설하는 게 바람직하다.

말을 자르는 건 예의에 어긋난다. 상대를 하대할 때 나오는 행위다. 위 상사는 아마도 본인보다 직급이 높은 상사의 말은 자르지 않을 것이다. 빠른 의사결정을 위해서라거나 자신도 상사에게 보고 배운 것이라며 항변할지 모르지만 그런 관행은 청산해야 한다. 직급에 따라 사람의 높낮이를 정하고 차별하면 결국 자멸하고 만다. 조직의 문화를 쇄신하고 직원들이 닮고 싶은 본보기가 되기를 바란다.

상대를 불편하게 만드는
우아하지 않은 행동들

말하는 도중에 키득거리기

사람들 앞에서 키득거리는 건 우아하지 않은 행동이다. 대개 혼자 웃긴 게 생각나서 그렇다. 웃긴 이야기가 생각났다면서 청중에게 친절히 설명하고 다 함께 웃는 건 괜찮다. 그러지 않으면 다른 사람들은 왜 웃는지 모른다. 죄송하다면서 웃음을 그치곤, 다음 말을 이어서 하면 흐름이 끊긴다. 웃음을 띠면서 말하되 말하다 말고 웃음소리를 내지 않도록 한다. 말과 웃음소리를 분리하자.

미간을 찌푸리며 말하기

미간을 찌푸린 채 말하지 말자. 미간을 찌푸리면 화난 것처럼 보인다. 잘 웃지 않거나 화를 잘 내는 사람은 진지하게 말할 때 인상을 쓴다. 발표 수업에서 한 스타트업 대표는 저작권 문제를 개선해야 한다고 주장했는데 거의 화를 내다시피 했다. 문제점을 지적할 때는 미간을 구기면서 언성을 높였다. 그의 이야기를 들으며 나는 내가 문제를 일으킨 장본인인 줄 알았다. 본인은 자신의 표정이 그런지 전혀 몰랐다고 했다.

감정을 분출하기 전에 무엇이 문제고, 어떤 피해가 발생했는지 논리정연하게 밝혀야 한다. 감정이 앞서는 사람은 신뢰할 수 없다. 감정과 기분에 따라 행동할 것 같기 때문이다. 반면에 안정적인 사람은 어떤 문제도 해결할 수 있을 것이라는 믿음을 준다.

자주 하는 말버릇

자기도 모르는 말버릇이 있다면 모니터링을 통해 없애자. 말끝마다 "어?", "알아들었어?", "그렇지?", "이해돼?", "내 말이 맞지?", "맞죠?", "알았지?" 등 확인하고 동의를 구하는 사람이 있다. 생각이 안 날 때면 "에, 에" 하는 사람도 있다. 기분 나쁜 이야기를 하다가 혀를 차면서 "쯧" 하는 사람도 있다. 쓸데없는 말버릇은 듣기 거슬린다. 애가 타는 사람같이 보인다.

입술에 침 바르기

발표할 때 입술에 침을 바르면 긴장해 보인다. 혀가 나오면 보기 좋지 않다. 애초에 입술에 침을 바르는 습관을 없애야 한다. 발표 직전 입술에 충분히 립밤을 발라 촉촉하게 만들자. 입술을 혀로 핥는 경우는 보통 음식물이 입에 묻을 때인데 그마저도 휴지로 닦거나 묻지 않게 먹자. 한 번에 먹기 적당한 양을 천천히 입에 넣으면 입가에 묻히지 않고 먹을 수 있다.

상황별 비언어 코칭

영상을 촬영할 때

무엇보다 자연스러워야 한다. 유튜브, 틱톡, 온라인 수업, 사내 교육용 등 개인이 소비하는 영상은 일대일로 소통한다고 여길 때 반응이 가장 뜨겁다. 제스처는 자연스럽게 하던 대로 한다. 손을 거의 안 쓰면 부자연스럽다. 문장에 어울리는 다양한 제스처를 하자. 손을 가슴 위로 들어 제스처를 하면 쾌활한 분위기가 난다. 손을 가슴 밑에서 움직이면 진중함이 전해진다. 다양한 제스처가 적재적소에 담겨야 한다.

의자에 앉아서 촬영한다면 허리 아래는 반듯한 자세를 유지한다. 화면을 보는 이들에 대한 예의를 갖추도록 하자. 삐딱하거나 구부정하거나 누워 있는 자세는 피한다. 앉아 있을 때는 하복부에 힘을 주고 엉덩이 양쪽 무게를 똑같이 한다. 등받이가 없는 의자에 앉아 촬영하면 반듯한 자세를 취할 수 있다. 등받이가 있는 의자라도 기대지 말자. 회전하는 의자라면 두 발을 바닥에 고정한 채 촬영한다. 발이 바닥에 붙어 있지 않으면 제스처를 하거나 몸을 움직일 때마다 의자가 돌아간다.

낮은 의자에 앉아 촬영할 때도 있다. 이때 무릎을 한 손으로 잡거나 다리를 벌리지 않도록 주의한다. 두 발을 바닥에 편하게 두거나 살짝 옆으로 앉는 게 화면에 자연스럽게 보인다.

시선은 혼자 출연한다면 카메라 렌즈에 고정한다. 그러면 일대일로 대화하는 느낌이 난다. 출연자가 있는 경우는 카메라와 출연자를 번갈아 본다. 카메라도 한 명의 출연자라고 생각하고 돌아가며 시선을 맞춘다. 카메라보다 출연자를 더 많이 봐야 자연스럽다.

종이를 들고 말할 때

얇은 종이나 A4용지를 들고 발표하는 상황이 있다. 이때는 종이가 힘없이 쓰러지지 않도록 드는 게 중요하다. 모서리의 대각선을 양손으로 잡는다. 왼쪽 윗부분과 오른쪽 아랫부분 또는 오른쪽 윗부분과 왼쪽 아랫부분을 각각 잡는 식이다. 발표할 때 떨리는 사람은 스크립트를 들면 긴장을 낮출 수 있어 도움이 된다. 뉴스에서 현장에 나가 있는 기자는 보도 내용을 적은 종이를 들고 리포트를 전하기도 한다.

종이를 들고 말할 때 시선은 자연스럽게 배분한다. 아나운서는 원고를 들고 방송할 때 고개를 들었다가 내렸다가 반복하며 말한다. 문장 앞부분에서는 카메라를 보면서 말하고, 고개를 숙여 중간 부분부터 원고를 보면서 읽고, 다시 고개를 들어 문장의 뒷부분과 다음 문장 시작 부분까지는 카메라를 보면서 말한다.

빳빳한 종이를 덧대서 단단하게 만드는 방법도 있다. 인터뷰가 있는 프로그램, 시상식 등에서 진행자가 빳빳한 종이로 된 큐카드(cue-card)를 들고 말하는 모습을 봤을 것이다. 진행자는 큐카드를 보면서 질문한다. 빳빳한 종이는 한 손으로 들어도 형태를 유지한다. 한 손은 종이를 들고 다른 손은 활발하게 제스처를 하자. 만약 분량이 많고 정확한 내용으로 묻거나 전달해야 하면 대놓고 읽는 걸 보여줘도 된다.

비대면으로 말할 때

비대면으로 회의나 면접, 발표, 수업을 하는 경우가 있다. 참여자와 눈을 맞추려면 렌즈를 정면으로 응시해야 한다. 노트북을 사용한다면 받침대를 활용해 높이를 조절하자. 받침대가 없으면 여러 권의 책을 깔자. 정면으로 시선을 맞출 수 있는 높이만큼 노트북을 올리는 게 좋다.

목을 빼고 구부정한 자세로 앉지 않도록 주의하자. 면접이라면 서로 실물을 보지 않았으므로 자세가 첫인상을 좌우할 수 있다. 비대면 화면에서는 머리부터 가슴 윗부분까지 크게 잡힌다. 반듯한 자세로 앉자. 제스처도 적게 사용한다. 손을 사용해도 거의 안 잡히기 때문에 제스처가 무용하다. 제스처를 과하게 하면 몸이 흔들린다. 중요한 비대면 일정이 있다면 전날까지 미리 시험해보고, 본인이 화면에 어떻게 나오는지 확인하자.

뒷배경을 모자이크나 다른 화면으로 대체하기도 하는데 나는 권하지 않는다. 지금 어디에 있는 걸까, 저 뒤에 무엇이 가려져 있을까 궁금해진다. 그러느라 상대방이 하는 말을 듣지 못한다. 면접자라면 하지 말자. 발표나 회의에서 발언해야 한다면 하지 말자. 뒤쪽을 깔끔하게 정돈하면 어디에서 접속하든 보여주는 게 낫다. 단순히 참여자로 한마디도 하지 않는 경우는 예외다.

대화할 때

대화할 때 눈빛은 매우 중요하다. 상대와 대화를 하면서 누가 지나갈 때마다 고개를 돌려 쳐다보는 사람이 있다. 산만하다. 한눈을 팔고는 "어디까지 말했지?" 되묻기도 한다. 대화의 몰입이 깨진다.

앞에 있는 사람만 보자. 온전히 시선을 줄 때 사람은 마음의 문을 연다. 지금 당신과 이야기를 나누는 게 가장 소중하다고 말하지 않아도 시선으로 전해져야 한다. 말할 때 집중하면 자연스럽게 몸이 상대방을 향해 기운다. 자신이 마음에 둔 사람이거나 친해지고 싶은 사람이라면 몸과 시선을 온통 상대방에게 기울이자.

사랑하는 사람에게 눈을 맞추는 연습을 하자. 사랑하는 사람의 눈을 보는 게 부끄럽다고 하는 사람이 많다. 단둘이 대화할 때 눈을 맞추는 게 어렵고, 발표할 때 청중보다 자료를 보는 게 편한 사람일수록 연습이 필요하다. 사랑하는 가족과 연인, 친구의 눈을 들여다보고 이야기하자. 상대의 이야기를 들으면서 눈을 응시하는 것만으로도 대화의 흐름이 매끄러워지는 걸 체감할 것이다.

비언어가 궁금해요

Q. 눈을 계속 보면 무례해 보이지 않나요?

A. 무례하지 않다. 나는 어릴 때부터 어른과 대화하기를 좋아했다. 어른들에게 인생 고민을 상담하곤 했는데, 그럴 때도 눈을 똑바로 응시한 채 대화했다. 그리고 지금까지 단 한 번도 눈을 쳐다보고 말한다며 꾸지람을 들은 적이 없다. 정반대다. 그들은 나와 이야기하는 걸 즐거워했다. 내 눈에서 그들의 이야기를 너무나도 재미있게 듣고 있다는 게 보였기 때문이다.

심지어 눈을 봐서 박수를 받은 적도 있다. 고등학생 때였다. 국어 학원 수업이 저녁이라서 학생들이 자주 졸았다. 선생님이 갑자기 내 이름을 묻고는 학생들에게 박수를 치라고 했다. 내가 언제나 똘망똘망한 눈빛으로 자신을 봐줘서 힘이 난다는 이유였다. 얼떨떨했지만 그때 어렴풋이 알았다. 눈을 보는 것만으로도 상대의 마음을 살 수 있다는 것을 말이다.

일대일 스피치 수업을 할 때도 나는 수강생의 눈을 바라본다. 그러면 수강생은 마음속에 간직한 트라우마부터 아무에게도 하지 않았던 이야기까지 털어놓는다. "살면서 이런 이야기는 처음 해봐요."라고 말한다. 우는 사람도 있다. 심리 치료를 받은 것 같다고도 한다. 그들이 내게 진솔한 마음을 꺼내놓을 수 있었던 건 내가 눈을 맞추고 그들을 바라봤기 때문이다.

만약 상사나 어른이 버릇없이 눈을 똑바로 본다고 타박한다면 아마도 화난 상태일 것이다. 그렇게 말한 다른 이유가 있을 것이다. 마음에 들지 않는 결과물을 가져왔거나 적절한 해결책을 제시하지 못했거나 그날 특별히 기분이 언짢아서 화풀이한 것일 가능성이 크다.

Q. 미간이나 인중을 봐도 괜찮나요?

A. 두 눈을 봐야 한다. 미간이나 인중을 보면 티가 난다. 자신은 눈을 보고 대화하는 걸 부끄러워하는 사람임을 드러내는 행동이다. 나는 상대가 눈이 아닌 다른 데를 봐도 의중을 짐작할 수 있지만 왜 그런지 모르는 사람이 태반이다. 차라리 "제가 원래 사람 눈을 잘 못 봐요."라고 먼저 말하자. 그렇게 하지 않으면 상대방은 어색하다. 어색하게 시선 처리를 하면 보는 사람도 덩달아 어색하다.

당당하게 보이고 싶은 자리라면 눈을 맞춰야 한다. 상대를 내 편으로 만들고 싶다면 눈을 보고 말하자. 사랑에 빠질 때를 떠올려보라. 사랑에 빠진 눈빛은 황홀하다. 그윽하고 이글이글 불타는 눈빛, 사랑스럽게 바라보는 눈빛. 하물며 '눈 맞았네'라는 표현도 있지 않은가. 누군가의 마음을 얻고 싶다면 눈을 봐야 한다. 눈빛으로 보내는 응원이 있고, 눈으로만 전해지는 메시지가 있는 법이다.

"오른쪽 눈을 봐야 하나요, 왼쪽 눈을 봐야 하나요?" 눈을 보고 말해야 한다를 주제로 틱톡에 영상을 올렸더니 이런 질문이 달렸다. 나는 두 눈을 한꺼번에 쳐다본다. 왼쪽 눈을 봤다가 오른쪽 눈을 보면 왜 그렇게 보는지 궁금해할 것이다. 두 눈을 맞추자.

Q. 생각이 안 날 때 눈을 굴려요.

A. 생각이 안 나면 바닥을 보자. 그러면 고뇌하는 것 같다. 발표하다가 기억이 안 나면 솔직하게 고백하자. "왜 기억이 나지 않을까요?"라고 하면서 바닥을 응시한 채 살짝 걸어도 된다. 자료를 보거나 청중의 눈을 보면서 다른 말로 넘어가도 된다. 결론은 자연스러우면 그만이다. "기억이 안 나면서 뭐가 저렇게 당당해?"라고 비난하는 사람은 없다.

면접도 마찬가지다. 할 말이 생각 안 나는 상황이 올 수 있다. 죄송하다거나 할 말이 기억나지 않는다면서 침묵으로 일관하지 말자. 나는 면접을 앞두고 질의응답을 1,000개 이상 준비했다. 이 정도로 준비하면 대답할 말이 넘친다. 더 질문받고 싶어서 안달이 난다. 수강생들은 나와 수업하면서 한 달간 50~100개의 질의응답을 만들었다. 처음에는 할 말이 없어 난감해했던 수강생들은 이후 "면접에서 하고 싶은 말을 다 하고 나와서 후련하다."라고 소감을 밝혔다.

Q. 분위기를 띄우려면 얼마나 웃어야 해요?

A. 자신이 생각하는 것보다 세 배 이상 감정을 끌어올려야 한다. 규모가 클수록 분위기를 끌어올리는 데 노력이 더 많이 든다. 큰 규모의 사회를 맡거나 커다란 장소에서 발표한다면 분위기를 밝게 만드는 방법을 고려해야 한다. 밝은 분위기일수록 사람들은 호의적으로 반응한다. 등장하는 순간부터 쾌활하게 웃자. 얼굴에 웃음을 띤 채 즐겁게 말하자.

쇼호스트일 때 나는 '미친 듯이 신난다'라는 주문을 걸고 방송에 임했다. 쇼핑은 즐거워야 한다. 홈쇼핑 채널에서 신나는 음악을 트는 이유다. 특히 식품 방송은 요리가 간편하고 맛있다는 걸 보여주기 위해 분위기를 더욱 띄운다. 게스트로 코미디언을 섭외하기도 한다. 나는 먹는 걸 좋아해서 즐겁게 했지만 안 좋아하는 음식을 팔아야 할 땐 괴로웠다. 좋고 싫고가 분명해서 얼굴에 다 보였다. 인상을 구기진 않았으나 방송에서 웃지 않으면 싫어하는 것처럼 나온다.

발표할 때 진지하게 임하는 사람은 대개 자신은 무표정하거나 살짝 미소 지었다고 생각한다. 그러면 좋으련만 실제로는 표정이 험상궂거나 인상을 쓰는 이들이 더 많다. 좋은 감정은 세 배 이상 표출해야 드러나는 것처럼, 안 좋은 감정은 세 배 이상 가라앉혀야 드러나지 않는다.

Q. 제스처는 얼마나 해야 적당한가요?

A. 적당한 기준은 없다. 똑같은 메시지일지라도 상황, 대상, 시간, 목적, 날씨, 분위기, 기분에 따라 모두 다르게 해야 성공적이다. 제스처도 그렇다. 오늘은 어제와 같지 않다. 오히려 다양한 방법을 다채롭게 시도해보기를 추천한다. 자신의 개성과 특성에 어울리는 제스처를 개발하고, 여러 상황에서 어떤 제스처를 했을 때 효과적인지 직접 알아보자.

부정적인 정서가 지배적인 상황에서는 제스처 사용을 줄이기를 당부한다. 화낼 때, 이성보다 감정이 앞설 때, 분노가 말로 표현되지 않아서 안에서 들끓고 있을 때 손을 휘두르는 사람이 있다. 나는 이런 사람이 무섭다. 그 손이 정말 위협적으로 느껴진다. 이럴 때는 손을 주머니에 넣고 감정을 가라앉히길 바란다.